高等职业技术院校汽车类专业教材

汽车营销与服务

（第二版）

主　编　张海龙

主　审　宋天明

中国劳动社会保障出版社

简介

本书主要内容包括：汽车营销概论、汽车推销技术、汽车传统营销模式、汽车互联网营销模式、二手车交易和汽车服务等。

本书由张海龙主编，李新浩、陈方圆、刘小丽、杨应平、郑莺、周翠参编，宋天明主审。

图书在版编目(CIP)数据

汽车营销与服务 / 张海龙主编. —2 版. —北京：中国劳动社会保障出版社，2017
高等职业技术院校汽车类专业教材
ISBN 978 - 7 - 5167 - 2991 - 5

Ⅰ.①汽…　Ⅱ.①张…　Ⅲ.①汽车-服务营销-高等职业教育-教材　Ⅳ.①F766

中国版本图书馆 CIP 数据核字(2017)第 102098 号

中国劳动社会保障出版社出版发行
(北京市惠新东街 1 号　邮政编码：100029)

*

山东韵杰文化科技有限公司印刷装订　新华书店经销
787 毫米×1092 毫米　16 开本　15 印张　278 千字
2017 年 5 月第 2 版　　2025 年11月第13次印刷
定价：29.00 元

营销中心电话：400-606-6496
出版社网址：http://www.class.com.cn
http://jg.class.com.cn

前言

为了更好地适应全国高等职业技术院校汽车类专业的教学要求，全面提升教学质量，人力资源和社会保障部教材办公室组织有关学校的骨干教师和行业、企业专家，在充分调研企业生产和学校教学情况、广泛听取教师对现有教材反馈意见的基础上，吸收和借鉴各地高等职业技术院校教学改革的成功经验，对现有全国高等职业技术院校汽车类专业教材进行了修订（新编）。

本次教材修订（新编）工作的重点主要体现在以下几个方面：

第一，合理更新教材内容。

根据企业岗位和教学实践的需求变化，确定学生应具备的能力与知识结构，调整部分教材内容，使知识技能点的深度、难度、广度与实际需求相匹配；根据相关专业领域的最新发展，淘汰陈旧过时的内容，补充新知识、新技术、新设备、新材料等方面的内容；根据最新的国家技术标准编写教材内容，保证教材的科学性和规范性。

第二，加强实践技能的培养。

根据就业岗位对技能型人才所需能力的要求，进一步加强实践性教学内容，采用了理论知识与技能训练一体化的编写模式，以体现“做中学”“学中做”的教学理念。

第三，衔接职业技能鉴定要求。

教材编写以相关国家职业标准为依据，涵盖国家职业标准（高级）的知识和技能要求，并在配套习题册中增加了相关职业技能鉴定考试的练习题。

第四，精心设计教材形式。

在教材的呈现形式上，尽可能使用图片、实物照片和表格等将知识点生动地展示出来，力求让学生更直观地理解和掌握所学内容。

第五，提供全方位教学服务。

本套教材配有习题册、教学参考书、电子课件和习题册答案，电子课件和习题册答案可通过中国人力资源和社会保障出版集团网站（http：//www.class.com.cn）或职业教育教学资源和数字学习中心（http：//zyjy.class.com.cn）下载。

本次教材的修订（新编）工作得到了辽宁、吉林、江苏、山东、河南、广东等省人力资源和社会保障厅及有关学校的大力支持，在此我们表示诚挚的谢意。

人力资源和社会保障部教材办公室

2014 年 8 月

目 录
Contents

模块一 汽车营销概论

课题一 汽车营销概述

学习目标

◆ 理解汽车营销的基本概念。

◆ 掌握汽车营销的特点及我国汽车营销的基本特征。

◆ 了解汽车营销环境，能初步运用 SWOT 分析法。

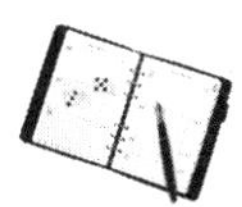

课题导入

美国一家汽车公司生产了一款名为“Cricket”（奎克脱）的小型汽车，这种汽车在美国很畅销，但在英国却不受欢迎，其原因就在于语言文字上的差异。“Cricket”一词有蟋蟀、板球的意思，美国人喜欢打板球，所以一提到“Cricket”就想到是蟋蟀，汽车牌子叫“Cricket”，意思是个头小，跑得快，所以很受欢迎。但在英国，人们不喜欢玩板球，所以一说“Cricket”就认为是板球。人们不喜欢牌子叫板球的汽车。后来，美国公司把其在英国的产品改名为“Avengex”，意思是复仇者。因为这个名称的侧重点不是说明它小，而是说明它很有力量，改名后该汽车品牌在英国很受欢迎，销量大增。

不同的目标市场，受众有不同的需求。这家美国汽车公司正是从市场出发，适应市场需求特点，调整营销策略，从而打开了营销市场。

一、汽车营销的概念

汽车营销即汽车市场营销，是汽车企业为了实现企业经营目标，更好地满足目标市场，通过计划、组织、指挥与控制等管理职能而进行的一系列活动。其基本内涵包括：

◇ 研究市场需求，如客户的需求特点和类型。

◇ 估量需求量的大小。

◇ 开展一系列更好地满足市场需求的整体营销活动。

汽车营销学将汽车市场与市场营销结合起来进行研究，是一门应用性很强的边缘综合学科，其研究对象是汽车企业的市场营销和营销管理相关活动，是从市场需求出发研究汽车产品营销活动全过程的科学。因此，汽车营销学不仅是一门科学，更是一门艺术。

二、汽车营销的特点

1．面向高消费人群

汽车是高价商品，少则几万元到几十万元，多则几百万元至几千万元；同时，汽车也是高价值商品，不仅仅是代步工具，还充分展示人的身份、地位、品味、爱好、生活方式和审美等多方面信息。目前，汽车的营销对象多是具有较高收入或稳定的职业群体，这是一个特定的高消费人群。

2．高科技营销

汽车是民用产品中结构最为复杂、技术含量最高的商品，也是技术更新最快的商品。每年有几百种新车型上市，每一款新车型上市都会带来技术的提升和改善。因此，可以说汽车营销是营销行业中最复杂、技术含量最高的工作，对汽车营销人员的要求也较高。

3．生活方式营销

汽车并不是生活必需品，而是人们在解决了温饱问题之后，提高生活品质、创造新生活方式的一种选择。汽车营销体现的是一种生活方式的营销。

4．营销业务广泛

汽车产品所带来的衍生业务非常广泛，因此汽车营销所涉及的相关业务也非常多，如汽车按揭、汽车保险、汽车改装、汽车美容、汽车维修、二手车置换以及汽车俱乐部等相关业务。能够协助客户办理相关业务，这也是其他产品营销中所缺少的。可以说，汽车营销人员不仅仅要了解汽车本身，还要了解与汽车相关的业务知识。有时，了解相关业务知识比了解汽车产品本身还重要。

5．营销周期长

汽车不同于一般的商品，客户在购车之前会有一个很长的比较、衡量过程；在购车过程中，各种因素的作用也会使客户的购车决策出现反复和变化。因此，营销人员在与客户对话过程中，要有打持久战的思想准备，这对营销人员的营销技术和心理素质有相当高的要求。

6．体现终生服务

汽车营销是一种终生销售和服务。在汽车销售之后，汽车的保险、维护、维修、美容和置换等售后服务活动贯穿于汽车营销始终。

三、我国汽车营销的特征

1. 国家政策性强

在我国，汽车营销各类法规纷纷出台与完善，使之对汽车营销权有严格的限制和规定。由于汽车营销的政策规定很多，而且经常会发生一定的变化，因此，汽车营销人员必须注意学习有关政策规定，预测市场动向，捕捉先机。

2. 进入壁垒高

汽车营销企业前期投资比较大，如建设一家4S店的成本超过1 000万元，向汽车生产商交纳保证金500万元左右，专用设备采购近1 000万元，日常流动资金超过1 000万元，这样计算下来，一家4S店的启动资金超过3 000万元，对于进入者的资金实力要求很高，进入壁垒比较明显，经销商生存压力大。

3. 汽车经营风险大

我国汽车市场受国家宏观调控、经济政策及国民经济发展影响较大，且易受国外汽车市场的冲击，是一个对外界刺激十分敏感的市场。因此，汽车营销是一种风险经营，必须审时度势，做出正确决策。

4. 营销体系不断完善

经历几十年的市场洗礼，我国汽车营销体系不断完善，逐渐发展成以4S店、代理制、汽车有形市场为主，以及分期付款、租赁、汽车超市、网络销售等多种营销模式并存的营销体系，呈现出规模化、品种化、品牌化和网络化等特点。

5. 发展中仍存在诸多问题

由于市场秩序规范化欠缺、营销水平还不够高等原因，汽车营销竞争同质化严重，价格战、产品战、广告战、公关战等营销方式存在恶性竞争现象；售后服务不规范、不到位、不透明等问题突出，汽车后市场存在霸王条款行为，导致消费者意见较大；营销网络盲目扩张，存在恶性竞争现象；退出机制缺失，容易给消费者造成损失，如之前的奥克斯汽车、2009年南京菲亚特退市事件，以及2016年5月广汽吉奥停产事件等。

四、汽车营销环境

汽车营销环境是指影响汽车企业营销活动，并与营销活动有关的所有外部力量和相关因素的集合。这些力量和因素影响着企业与目标客户建立并保持互利关系。营销环境既能为企业提供机遇，也能造成威胁。现代营销学认为，企业经营成败的关键，就在于企业能否适应不断变化着的市场营销环境。按照这些环境因素对汽车企业营销活动的作用方式的不同，营销环境可以分为微观环境和宏观环境两种。

1. 微观环境

汽车市场营销微观环境是指与汽车企业关系密切、能够影响企业服务客户能力的

各种因素，主要包括企业自身、销售渠道（供应商、营销中介）、客户市场、竞争者以及公众等，见表1—1—1。这些因素构成企业的价值传递系统，而这个系统的运行（运作）效率，在很大程度上决定着企业市场营销的绩效。通常，微观环境对企业营销活动的影响具有直接性和局部性，企业对微观营销环境在一定程度上也具有可控性，企业可以结合自身的营销目标，对部分微观环境因素进行必要的调整和控制。

表1—1—1　　汽车市场营销微观环境

微观环境	具体内容
企业自身	指企业的内部环境，包括企业的类型、组织模式、组织机构及企业文化等因素
供应商	指向企业提供生产经营所需资源（如设备、能源、原材料、配套件等）的组织或个人
营销中介	指协助汽车企业从事市场营销的组织或个人，包括中间商、物流商、营销服务机构、汽车金融服务机构等
客户市场	客户市场主要包括消费者市场、企业市场、经销商市场、政府市场和国际市场五类
竞争者	从汽车消费需求的角度划分，竞争者包括欲望竞争者、平行竞争者、产品形式竞争者、品牌竞争者等
公众	指对企业的营销活动有实际的潜在利害关系和影响力的一切团体和个人，一般包括融资机构、新闻媒介、政府机关、协会社团组织以及一般群众等

2．宏观环境

汽车市场营销宏观环境是指能影响整个微观环境和企业营销活动的广泛性因素。一般来说，汽车企业对宏观环境因素只能适应，不能改变。宏观环境因素对企业的营销活动具有强制性、不确定性和不可控性等特点，主要包括人口环境、自然环境、使用环境、科技环境、经济环境、政治环境以及社会文化环境等，见表1—1—2。

表1—1—2　　汽车市场营销宏观环境

宏观环境	具体内容
人口环境	指一个国家和地区（企业目标市场）的人口数量、人口质量、家庭结构、人口年龄分布及地域分布等因素的现状及其变化趋势
自然环境	指影响社会生产的自然因素，主要包括自然资源和生态环境等因素
使用环境	指影响汽车使用的各种客观因素，一般包括气候、地理、车用燃油、道路交通、城市建设等因素

续表

宏观环境	具体内容
科技环境	指一个国家和地区整体科技水平的现状及其变化
经济环境	包括能够影响客户购买力和消费方式的经济因素，如消费者现实居民收入、商品价格、居民储蓄及消费者的支出模式等
政治环境	又叫政策与法律环境，是指能够影响汽车企业市场营销的相关政策、法律及制定它们的权力组织
社会文化环境	指一个国家、地区或民族的传统文化，如风俗习惯、价值观念、伦理道德、生活方式、行为规范和宗教信仰等

3．SWOT 分析法

SWOT（Strengths Weaknesses Opportunities Threats）分析法，又称为态势分析法或优劣势分析法，用来确定企业自身的竞争优势（Strengths）、竞争劣势（Weaknesses）、机会（Opportunities）和威胁（Threats），从而将公司战略与公司内部资源、外部环境有机地结合起来。

SWOT 分析实际上是将对企业内外部条件各方面内容进行综合和概括，进而分析组织的优劣势、面临机会和威胁的一种方法。其中，优劣势分析主要是着眼于企业自身的实力及其与竞争对手的比较，而机会和威胁分析将注意力放在外部环境的变化及对企业的可能影响上。在进行 SWOT 分析的过程中，首先要列出公司的关键外部机会、威胁和内部优势、劣势，并将内部优势与外部机会、内部劣势与外部机会、内部优势与外部威胁、内部劣势与外部威胁相匹配，分别得出 SO、WO、ST 和 WT 战略，如图 1—1—1 所示。通过 SWOT 分析，一幅描绘决策可能结果的图画就会清楚地呈现在决策者的面前。

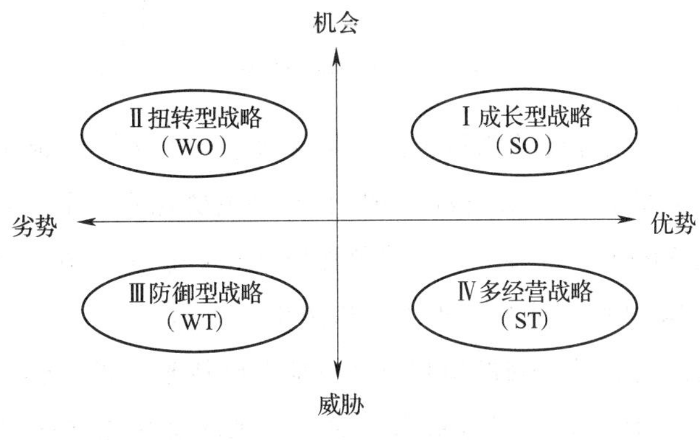

图 1—1—1　SWOT 分析法

SWOT 分析法的优点在于考虑问题全面，是一种系统思维，而且可以把对问题的“诊断”和“开处方”紧密结合在一起，条理清楚，便于检验。

（1）环境因素分析

外部环境因素包括机会因素和威胁因素，它们是外部环境对公司的发展直接有影响的有利和不利因素，属于客观因素；内部环境因素包括优势因素和劣势因素，它们是公司在其发展中自身存在的积极和消极因素，属于主动因素。在调查分析这些因素时，不仅要考虑到历史与现状，更要考虑未来发展问题。

优势，是组织机构的内部因素，具体包括：有利的竞争态势、充足的财政来源、良好的企业形象、技术力量、规模经济、产品质量、市场份额、成本优势和广告攻势等。

劣势，也是组织机构的内部因素，具体包括：设备老化、管理混乱、缺少关键技术、研究开发落后、资金短缺、经营不善、产品积压和竞争力差等。

机会，是组织机构的外部因素，具体包括：新产品、新市场、新需求、外国市场壁垒解除和竞争对手失误等。

威胁，也是组织机构的外部因素，具体包括：新的竞争对手、替代产品增多、市场紧缩、行业政策变化、经济衰退、客户偏好改变和突发事件等。

（2）构造 SWOT 矩阵

通过调查与分析，将得出的各种因素根据轻重缓急或影响程度等排序方式，构造 SWOT 矩阵，如图 1—1—2 所示。

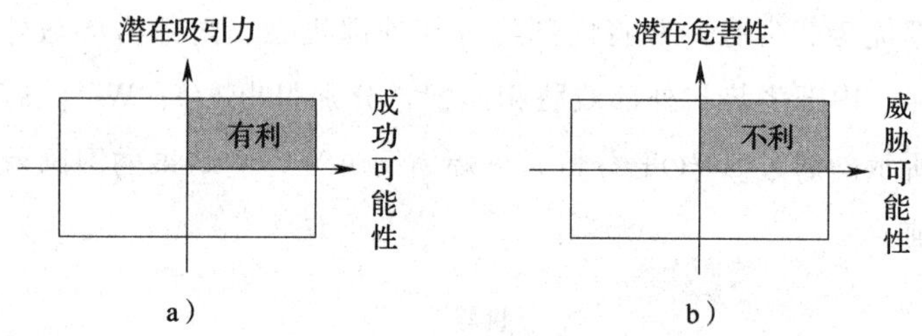

图 1—1—2　SWOT 矩阵

如果某种环境变化对企业营销机会的“潜在吸引力”大，而企业营销活动“成功的可能性”也大，如图 1—1—2a 所示，表明该种环境变化将对企业的营销活动非常有利，企业应抓住这样的机会；如果某种营销环境变化对企业营销活动的“潜在危害性大”，而这种“出现威胁的可能性”也大，如图 1—1—2b 所示，表明该种环境变化将对企业的营销活动产生非常不利的影响，企业应及时调整营销策略，以避开或减轻威胁。通过构造 SWOT 矩阵，可以分析出企业在营销环境变化过程中所处的地位和类型，如图 1—1—3 所示。

（3）制定行动计划

在完成环境因素分析和SWOT矩阵的构造后，便可以制定出相应的行动计划。制定计划的基本思路是：发挥优势因素，克服劣势因素，利用机会因素，化解威胁因素；考虑过去，立足当前，着眼未来。运用SWOT分析法，将各种环境因素加以组合，就能得出一系列公司未来发展的可选择对策。

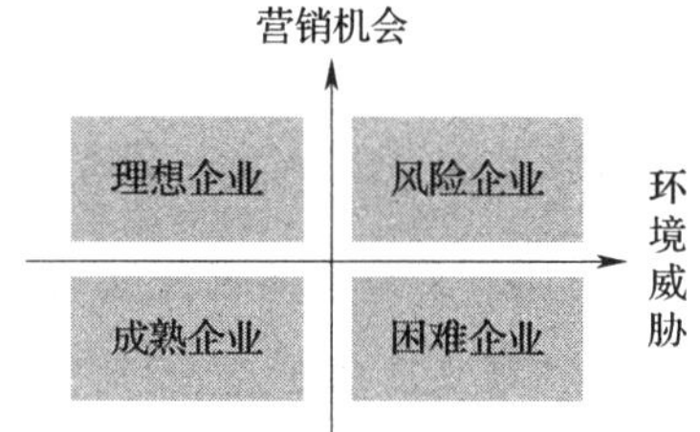

图1—1—3　企业在营销环境变化过程中所处的地位和类型

思考与练习

1. 简述汽车营销的基本概念。
2. 简述我国汽车营销的基本特征。
3. 简述我国汽车营销环境的类型。
4. 运用SWOT分析法，对你熟悉的某国内品牌汽车进行市场营销环境分析。

课题二　汽车市场需求

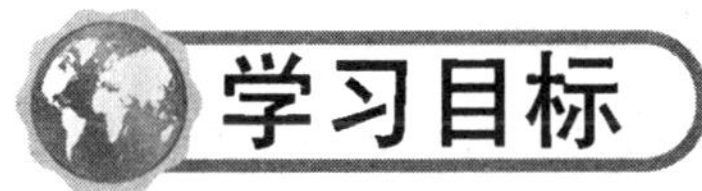

- 理解汽车市场需求发展形态，掌握我国汽车市场需求特征。
- 能够对汽车区域需求市场及需求域进行分析。

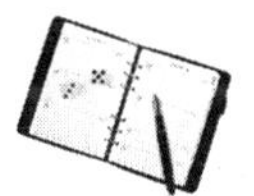

课题导入

全国乘用车市场信息联席会数据显示，过去几年间微型SUV（A0级）和经济型MPV（A0级）销量增速最快，其次是小型SUV（A级）。但在2015年，经济型MPV的增速明显放缓到9%，而微型SUV则出现年增幅120%的井喷，此外紧凑型SUV（B级）和小型MPV（A级）的增速均比过去五年有明显提升，达到30%以上。这显示出消费者的需求正在发生着从经济型MPV向微型SUV、从小型SUV向紧凑型SUV的转换与升级。

消费者在购车时的多元化和跨界化倾向也越来越突出。以往非SUV或者三厢轿车不买的思维定式正在被不同车身类型之间的交叉考虑所打破。尼尔森调查显示，在汽车消费者考虑购买的车身类型中，三厢轿车（88%）、5座SUV（76%）以及两厢轿车（45%）之间有着相当高的交叉考虑度。此外，还有31%的受访者表示考虑购买7座SUV，27%则更青睐5座MPV。这意味着越来越多的消费者在设定购车预算后，会在不同的品类之间基于自身用途、造型风格、品质和性价比的差异进行自由选择。因此，汽车企业应当从关注人气最旺的现有车型逐步转为思考未来可能出现的产品热点是什么，如何进行跨品类的产品开发以捕捉市场先机。

一、汽车市场需求发展形态

汽车市场需求的变化一般都不是平稳的，而是波动的，在波动中蕴含一定的形态。

1. 汽车市场需求的波动性

汽车作为社会经济生活的一种重要工业产品，其市场需求总是随国民经济运行的波动而波动的，二者具有高度的关联性。这种波动具有明显的周期性特点，其每一波动周期在理论上包括“衰退、萧条、复苏、高涨”等几个阶段，并呈现出明显的特征。

（1）衰退阶段

其主要特征包括：

1）宏观经济运行速度（代表指标一般是GNP或GDP的年增长率）明显呈下降趋势，固定资产投资和信贷投放规模呈压缩趋势，经济结构处于调整之中。

2）汽车产品供过于求，企业产能过剩，买方市场特征明显，汽车销售量和销售增长率（一般考察同比和环比指标）双双呈下降趋势，即销量下降，同比或环比销售增长率下降或为负数。

3）汽车库存数量增长。

4）汽车产品的整体价格水平或价格指数下降。

这一阶段属于汽车市场行情由需求旺盛向需求低谷转变的过渡阶段。

（2）萧条阶段

萧条阶段也称低谷阶段，其主要特征包括：

1）宏观经济处于低速运行，固定资产投资和信贷投放相对较小，增长缓慢，往往伴随着通货紧缩。

2）汽车销售量保持低谷水平，销售下降趋势得以停止，同比或环比销售增长率较小甚至为零，汽车市场呈现出买方市场特征。

3）汽车价格指数维持在低价水平。

（3）复苏阶段

其主要特征包括：

1）宏观经济运行速度明显加快，固定资产投资和信贷投放规模开始扩大。

2）汽车销售量和销售增长率保持同向增长，销售增长率为正数。

3）大多数汽车产品的生产回升，库存下降。

4）汽车价格指数开始上升。

（4）高涨阶段

即需求处于旺盛阶段，其主要特征包括：

1）国民经济处于高速运行状态，经济呈现繁荣局面，固定资产投资和信贷规模达到较高水平，通货膨胀明显。

2）汽车销售规模保持较高水平，呈现产销两旺局面，汽车库存量较少，但销售增长率缓慢增长，甚至开始出现停滞（零增长）或较小的负增长。

3）汽车价格指数维持在高位水平。

2．汽车市场需求波动的主要形态

汽车市场需求波动主要包括周期性波动、季节性波动、长期趋势和偶然性波动四种形态，其中后三种波动形态称为“非周期性波动”。在市场上，各种波动形态是相互交织、综合出现的，每种形态是在剔除其他形态的影响后才表现出来的。营销者应对汽车市场需求的波动形态进行科学研究，这样才能正确把握各种形态的发展变化，掌握汽车需求市场的本质。

（1）周期性波动

周期性波动以数年为周期，是与国民经济周期性的宏观波动进程大致相同的一种循环波动，受宏观经济周期性波动的影响。上述波动周期所包括的各个阶段都属于周期性波动。

（2）季节性波动

它以一年为周期，是一再发生于某个季节或某一月份的循环波动。由于季节关系而使汽车需求市场发生数量上的伸缩现象，这种现象总是在每年特定的时期有规律地出现。例如，我国汽车需求一般在每年的两头保持较好的销售形势，而夏季则为销售淡季。季节性波动主要由产业自身的市场需求规律决定。

（3）长期趋势

它是指在一个较长时期内，汽车市场总体上表现出来的一种倾向性发展趋势。例如，我国还是一个发展中国家，汽车的普及程度相对不高，汽车市场在一个较长时期内总体上仍保持上升态势，市场容量不断扩大。汽车市场在每一次周期波动结束时，

市场规模比该周期起点时的规模大，汽车保有量总体上在不断增加。

（4）偶然性波动

它是指处于外部环境或其他随机因素而引起的汽车市场的不定期、不规则的变动。这类波动的特点是波动的出现没有规律性，不可重复。例如，受钓鱼岛事件的影响，日系车在中国的销量出现较大幅度的下降。

二、我国汽车市场需求特征

1．汽车需求量保持较快增长

我国汽车需求市场目前仍处于增长阶段，产销量位居世界第一，成为名副其实的世界汽车产销大国。汽车消费也已成为消费需求趋势之一，家用汽车消费高峰正在形成。

2．自主品牌汽车稳定增长，并不断向中高端市场迈进

随着我国主要汽车厂商对自主品牌轿车研发力度的加大，自主品牌轿车的市场占有率不断增加，在巩固低端市场主体地位的同时逐步向中高端市场挺进。自主品牌竞争力的增强正改变着中国汽车产业的竞争格局。

3．新产品上市频率加快，汽车市场整体价格走低

据相关统计，我国每年新款车型上市超过100种，新产品上市频率加快，满足消费者需求。另一方面，受供给过剩与需求减弱、产能结构性过剩不断加剧等因素影响，汽车的价格在整体上不断走低。据中国汽车流通协会统计，2015年下半年以来，汽车库存预警指数持续超过50％警戒线，市场总需求指数降至43.9％；此外，2015年前10个月，17家汽车工业重点企业主要经济指标均呈下降趋势，企业利润下降，库存上升，车价下行，压力进一步加大。到2016年，车市降价依然延续。

4．汽车消费档次逐步提高，消费者日趋理性

根据中国汽车市场调查研究会调查报告，目前城市家庭购买汽车的价格档次比例最大的是8～15万元的车型。小排量、节能环保经济型轿车逐步深入人心。

消费者在购车时日趋理性。据有关调查，在构成性价比的要素排序中，价格落后于使用成本和质量稳定性。

5．不断出台的新政策左右车市

新出台政策主要包括以下几个方面：一是车船税的改革，二是小排量节能环保汽车的补贴政策，三是油价的刺激，四是受到地方限牌及限行管理规定的影响。

6．老年人将成为我国汽车消费的一个主要群体

根据《2015年社会服务发展统计公报》显示，截至2015年年底，我国60岁及以上老年人口约22 200万人，占总人口的16.1％。随着老龄化社会的到来，符合老年人

需求的汽车消费将呈现高峰。

7．二手车市场日益活跃

据统计，2016 年全国二手车交易过户量约为 1 068 万台，实际独立 VIN（车辆识别码）对应的单一车辆为 720.6 万辆。目前，中国二手车市场规模与新车市场规模的交易比例约为 1∶3，即新车销售规模是二手车销售规模的 3 倍左右。与之相反的是，在汽车销售市场相对成熟的国家，二手车市场与新车市场交易规模的比例恰恰相反。例如，以美国 2016 年二手车交易量约 4 100 万辆为基准，其 2016 年的新车交易量是 1 755 万辆，二手车交易量约为新车交易量的 2.3 倍；而且，在美国新车销售的增长也依赖于二手车市场，因为新车交易量的相当比例是来源于置换消费。

因此，假如参照美国市场基本格局的话，中国二手车市场的年度交易规模估计最少也要达到 6 000 万辆以上，这对于当前只有 720.6 万辆的二手车市场来说，其发展的空间和前景非常巨大。

三、区域市场需求分析

1．我国各地区汽车需求差异较大

从汽车保有量来看，华东地区最高，其次是中南、华北二区，西南、西北等地区最小。沿海地区及大型中心城市的汽车市场大于其他地区，这主要因为沿海地区大型中心城市的经济发展水平较高。

以区域划分来看，东部沿海省份依旧保持了份额最大的主流汽车消费市场地位，但不可忽视的是中西部地区汽车销量的增速普遍较高，尤其是以湖南、湖北、安徽和江西为代表的中部省份。

2．低线城市汽车需求市场消费潜力快速释放

随着一二线城市汽车占有量的日趋饱和，三四线城市以及农村市场的汽车保有量较低，刚性需求较大，成为未来汽车市场增长的主力。

中低价位、MPV 和自主品牌构成了低线城市消费者的需求特点。但同样不可忽视的是低线城市消费者在中国豪华车市场的重要地位。

3．农村汽车需求市场不断发展

随着我国社会主义新农村建设步伐加快，农村“村村通”公路建设快速发展，汽车正成为农村地区的主要运输工具。汽车发展势头快速增长，特别是价格低廉、使用经济、用途多样的轻型汽车和微型汽车在农村地区广受欢迎，客货两用车、柴油汽车和二手车需求旺盛。再加上出去务工的农民在经济上得到了极大的改善，消费观念也改变了，因此汽车需求市场在农村将迎来一个新的发展机遇。

四、需求域分析

需求域指购买者的不同类型构成的需求群体，每种不同类型的客户称为需求元。

1．私人消费者

汽车作为个人或家庭的特殊消费品，构成了私人消费市场。目前，这一消费市场是我国汽车需求市场中增长最快的细分市场，这与我国居民收入水平不断增长有关。

影响私人汽车消费行为的因素很多，主要包括文化因素、社会因素、个人因素和心理因素等。

（1）文化因素

1）社会文化。不同民族、不同社会，其文化内涵的差别很大。个人所处的社会阶层，不同的价值观念、风俗习惯、行为规范和宗教信仰等，必然影响其汽车消费行为。

2）亚文化。亚文化又被视为“文化中的文化”。各种文化都由若干更小的文化组成，它为某种文化群体带来更明确的认同感和集体感。亚文化群体的成员不仅具有与主流文化共同的价值观念，还具有自己独特的生活方式和行为规范，这种亚文化对个人汽车消费的影响则更为直接，更为重要。

（2）社会因素

汽车消费行为常常受到一系列社会因素的影响，如参照群体、家庭、角色与地位等。

1）参照群体。参照群体是指对个人的态度具有直接或间接影响的群体。它可能是一个团体组织，也可能是某几个人；可能是正式的群体，也可能是非正式的群体。参照群体是人们仿效的对象和行动的指南，在缺乏客观标准的情况下，个人购买汽车的选择往往是以群体的标准为依据的，如几个相处较好的朋友就可能会买同一品牌的汽车。

2）家庭。大部分的消费行为是以家庭为单位进行的。在一个典型的现代家庭中，父母、丈夫、妻子和子女在购买决策中的角色各不相同，这主要取决于家庭成员的生活习惯、内部分工、收入、职业与受教育程度等。营销人员应认真研究特定目标市场的特定家庭模式，确定不同家庭成员在购买汽车中的影响力，并采取相应的措施来影响家庭成员的选择。

3）角色与地位。角色是社会期望个人所承担的活动，每种角色都有相应的地位，它反映了社会对个人的综合评价。一个人在一生中会从属于许多群体，在群体中的位置又取决于个人的角色与地位。每个消费者同时承担着多种不同的角色，并在特定的时间里具有特定的主导角色，每种角色都代表不同的身份地位，并不同程度地影响着购买行为。

（3）个人因素

客户的购买行为还受到个人因素的影响，包括年龄、职业、身份、地位、生活方式、经济状况和个性等。

(4) 心理因素

消费者的购买行为还受到动机、知觉、学习、信念和态度这几个心理因素的影响。

1) 动机。根据马斯洛需求层次理论，人的需求是层次化的，按其重要程度依次为生理需要、安全需要、社会需要、尊重需要和自我实现需要，并且只有较低层次的需要被满足后，较高层次的需要才会出现并要求得到满足。根据这一理论，购买汽车的人，其前提是生活需求得到满足；而根据其在社会上的地位及其所需满足的需要，才会进一步选择更高层次的车型和品牌。马斯洛需求层次理论可以帮助营销人员理解消费者的生活和目标，更好地识别消费者的需要，并及时予以满足。

2) 知觉。一个受到动机驱使的人可能随时准备行动，但具体如何行动取决于他的知觉程度。所谓知觉，是指人们收集、整理、解释信息，形成有意义的客观世界影像的过程。具体地说，人们一般经历三种知觉过程，一是选择性注意，即人们在接触到的众多次知觉，大部分会被过滤掉，只有少数刺激会引起人们的注意，如消费者在面对众多的汽车广告中，可能引起他注意的只有一条，因为这条广告，消费者可能会对该广告宣传的车型作进一步的了解，很可能最终选择该车型；二是选择性理解，即消费者按自己的思维模式来接受信息，并趋向于将所获得的信息与自己的意志结合起来，如当消费者倾向于某一汽车品牌时，即使他了解到该品牌汽车有某些不足，也可能会无视这些不足而采取购买行动；三是选择性记忆，即人们往往会忘记接触过的大部分信息，而只记住那些符合自己态度与信念的信息，因此营销人员必须尽力吸引消费者的注意，把信息传递给消费者，如推出新款车型时举办一些大型的公关活动或销售促进活动，给消费者留下美好的印象。

3) 学习。人类的行为大多源于学习，一个人的学习是驱使力、刺激、诱因、反应和强化等相互作用的结果。由于汽车市场营销环境的不断改变，新产品、新品牌、新工艺和新技术不断涌现，汽车消费者必须经过多方收集有关信息后，才能做出购买决策，这本身就是一个学习的过程。汽车营销人员应把汽车产品与强烈的学习驱动力联系起来，利用刺激性诱因，提供正面强化手段，从而建立消费者对汽车产品的需要。如汽车企业通过汽车展销会、客户联谊会以及广告等形式来建立消费者对汽车产品的需要。

4) 信念和态度。人们通过实践和学习获得自己的信念和态度，而信念和态度又反过来影响着人们的购买行为。信念是人们对事物所持有的描述性思想。对于企业来说，信念构成了汽车产品和品牌的形象，错误的信念会阻碍消费者的购买行为。态度是指人们对某些事物或观点所持的正面或反面的认识上的评价、情感上的感受和行动上的倾向。态度导致人们喜欢或不喜欢，并一经形成就成为一种模式。一般情况下，汽车企业不要试图改变消费者的态度，而应该考虑如何改变自己的产品形象，以适应消费者的态度。当消费者已经对该汽车品牌产生良好印象时，那么企业就必须努力维护和提升这种印象。由此可知，汽车的售后服务工作是非常重要的。

2．集团组织消费者

指将汽车作为集团消费性物品使用，维持集团组织事业的集团用户，在我国通常称为“机关团体、企事业单位”，由其构成汽车的集团组织消费市场，如政府部门、学校等。这一市场是我国汽车需求市场中比较重要的一个细分市场，其重要性不仅表现在具有一定的需求规模，还常常对全社会的汽车消费起着示范作用。

3．运输营运消费者

指将汽车作为生产资料使用，满足生产、经营需要的组织和个人，构成汽车的运输营运消费市场。这类消费者包括具有自备运输机构的各类企业单位，将汽车作为必要运输装备的各类建设单位，各种专业的汽车运输单位和个人，如运输公司、旅游公司、城市公共交通运输公司、出租车公司等。这一消费市场在我国汽车市场上也占有重要地位，特别是对大中型载货汽车及大中型客车、特种车等而言，是这些车型的主要市场。

4．其他直接或间接消费者

指除以上消费者以外的各种汽车消费者，主要包括以进一步生产为目的的各种再生生产性购买者，以进一步转卖为目的的各种汽车中间商，它们都是间接消费者。

从总体上来说，以上各类汽车消费者大体分为消费者个人和集团组织两大类，前者构成汽车的私人消费市场，后者构成汽车的集团组织市场。就卖方而言，私人消费市场是“自然人”市场，集团组织市场多数是“法人”市场。

思考与练习

1．举例说明汽车市场需求波动的主要形态。

2．根据市场分析，概括我国汽车市场需求的特征。

3．以你熟悉的某品牌汽车为例，对你周围的人群进行消费者族群分析。

课题三　汽车品牌营销推广

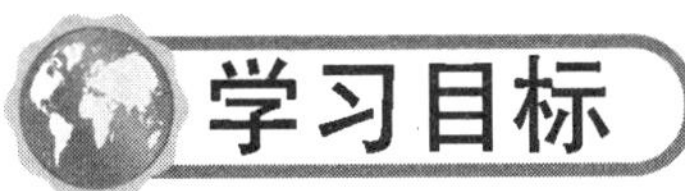

◆ 理解汽车品牌营销推广的内容及其内涵。

◆ 掌握传统的广告营销推广形式。

◆ 掌握网络营销推广及赞助营销推广的策略。

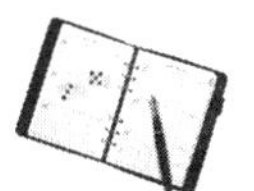

课题导入

汽车品牌营销推广的方式多种多样。例如，上海通用汽车雪佛兰品牌从2013年开始连续四年冠名赞助全国职业院校技能大赛中职组汽车运用与维修技能大赛；MINI cooper在电影《意大利任务》中，凯迪拉克在电影《黑客帝国》中的精彩上演；长安汽车冠名赞助央视一套《出彩中国人》节目，上海大众凌渡上市之前赞助浙江卫视《奔跑吧，兄弟》节目，上海通用雪佛兰科鲁兹赞助江苏卫视《最强大脑》节目，东风本田XRV赞助湖南卫视《我是歌手》节目，上海通用别克昂科威赞助湖南卫视《真正男子汉》节目等。

通过以上内容可以看出，品牌营销推广是营销的重心，广大车企以各种形式来传播、推广品牌，提升品牌形象，吸引消费者的青睐。

一、汽车品牌营销推广的内涵

目前的中国汽车市场，已经整体面临增速放缓的必然局面。远离“井喷”时代的理性市场，面对更为复杂的媒体环境、竞争环境、客户行为环境，品牌营销先行尤其重要和迫切。

广告宣传是汽车品牌营销推广的主要载体。企业通过广告向广大消费者宣传其产品用途和产品质量，展示企业形象，是一种实现品牌营销的商业手段。从广告触达引起消费者认知，到最后试驾和购买，已是大家熟知的汽车品牌营销推广的经典流程。

不论是传统媒介，还是网络传播或各类品牌推广活动，汽车品牌都是通过广告宣传的形式，向广大消费者宣传汽车产品的性能、质量、款式、上市时间、促销活动以及优惠情况等，以展示企业形象，提高汽车品牌的知名度。

汽车品牌营销推广的内涵主要体现在以下几个方面：

1．人与车气质的融合

越来越多的汽车企业开始通过高契合度代言人的完美展现，将其车型特点与代言人气质有机结合，达到事半功倍的传播效果。例如，北京现代的代言人金秀贤、东风悦达起亚的代言人吴秀波、凯迪拉克的代言人布拉德·皮特、一汽丰田的代言人古天乐、捷豹的代言人贝克汉姆、讴歌的代言人刘德华。

2．注重产品功能体现

注重汽车产品的功能性，主要体现在满足客户的多样性和多元化需求，以实现物尽其用。例如，跑车的主要功能是竞速，强调的是驾驭；行政型车的主要功能是乘坐，强调的是舒适性；SUV 的主要功能是操控性，强调的是空间与动力；MPV 的主要功能是多用途，强调的是空间性。随着“4＋2＋1”（四位老人、一对夫妻、一个孩子）的家庭模式日益普遍，能容纳一家 7 口的 SUV 和 MPV 成为购车市场的刚性需求，这体现了两种车型的空间功能。

3．体现汽车科技发展

“互联网＋”的时代，是生活方式全面升级的时代。受“互联网＋”的影响，以及汽车技术革新的需要，传统汽车正逐渐脱离原本“交通工具”的属性，朝智能化、网联化方向发展。汽车的智能互联即通过汽车联网、V2V（车与车）、V2I（车与基础设施）、V2P（车与人）、自动驾驶、智能交通基础设施等要素，融合传感器、雷达、GPS 定位、人工智能等技术，实现智能交通与万物的互联互通。如博世在 2017 CES 上展示的概念汽车就具备智能互联功能，就是通过一系列的技术使汽车与驾驶者、家居、自行车、维修站互联，提高出行效率，提升驾驶安全，让汽车成为除家庭、工作之外的第三大生活空间。

4．宣扬节能环保理念

节能环保历来是汽车品牌营销宣传的重要理念。2016 年 12 月 20 日，国务院印发的《“十三五”节能减排综合工作方案》中提到，要促进交通用能清洁化，大力推广节能环保汽车、新能源汽车。因此，各大汽车品牌纷纷在低排量及技术创新方面开展品牌宣传，强调节能环保的品牌形象。

二、传统广告营销推广

1．平面媒体推广

报纸、杂志等传统媒体通过单一的视觉、单一的维度传递信息，被称为平面媒体，也叫纸媒体。平面媒体是以纸张为载体发布新闻或者资讯的媒体。

（1）报纸

报纸具有费用较低，性价比较高，易于保存，传阅广泛，比电视、广播到达率高等优点。对报纸进行分类处理是报纸广告经营的一项重要内容，一般把报纸广告按形式分为三大类：

1）展示广告，即报纸上常见的大幅广告，带有文字和图片的整版、半版广告。

2）分类广告，即以主题归类、分栏刊登的零碎小广告，如体育用品、求职和汽车等，是以纯文字信息形式出现的报纸广告。

3）插页广告，指夹带在报纸中的散页广告。插页广告有两种形式，一种是预印插页，即预先完全印好，随时可以夹入报纸中的广告；另一种是独立式插页，含有各种商品的优惠券，通常随星期日副刊一同发行。

汽车广告多选择在区域媒体投放，这与汽车厂商、经销商的区域性有关。除综合都市类报纸外，汽车广告还兼顾了全国性媒体，主要集中在读者定位相对高端的财经类和社会新闻类报刊，这类读者一般具有较强的经济和消费实力，是汽车营销的目标客户。

但报纸广告的不足也是明显的，如广告版面小、信息传播速度较慢、无法呈现影音元素、广告生命周期较短等。由于报纸不具备广阔的创意空间，其广告形式更多是以突出品牌或企业名称、电话、地址等内容呈现，无法体现文案结构的全部。随着报纸规模精简和平台转移，报纸媒体投放量持续下降。根据 CTR 媒介智讯研究显示，2016 年上半年，报纸广告同比下降 41.4%，汽车行业报纸投放量处于下降趋势；而互联网媒体以及新兴媒体吸引了消费者大量的关注。

（2）杂志

杂志可分为专业性杂志、行业性杂志、消费者杂志等。由于各类杂志读者比较明确，因此杂志是各类专业商品广告的良好媒介。刊登在杂志封二、封三、封四和中间双面的杂志广告一般用彩色印刷，纸质也较好，因此表现力较强，是报纸广告难以比拟的。杂志广告还可以用较多的篇幅来传递关于商品的详尽信息，既利于消费者理解和记忆，也有更高的保存价值。杂志广告的缺点是影响范围较窄，出版周期长，信息不易及时传递。图 1—3—1 所示的监测数据显示，汽车广告投放量和力度最高的是时尚美容服装杂志，而汽车类杂志仅位居第二。虽然在汽车类杂志所投的广告量略低于时尚类杂志，但就投放费用来看，两者还是有一定的差距。在投放版式方面，各广告主基本都采取大篇幅展现产品。

在网络等新媒体的冲击下，汽车广告在杂志上的投放量也在下滑。如今，许多报刊杂志已经在纷纷寻求电子化转型。

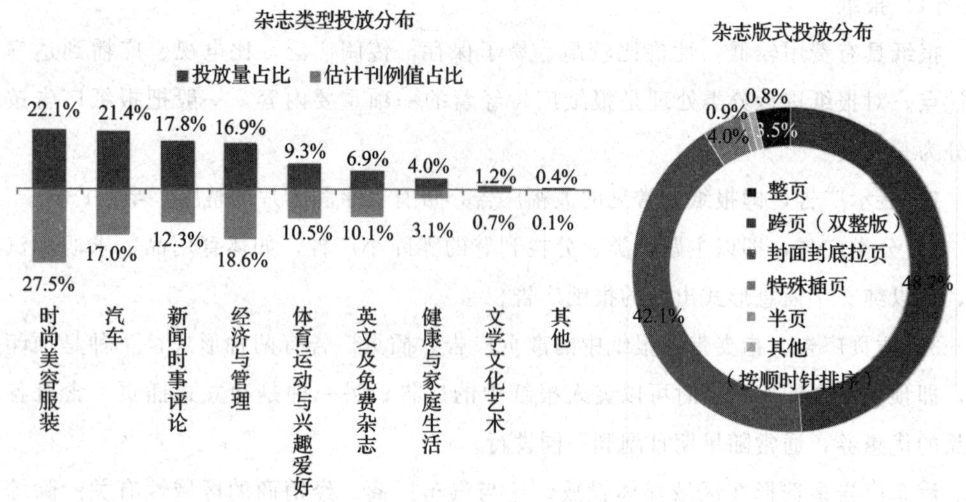

图 1—3—1　汽车广告在杂志类媒体上的投放

2．电子媒体推广

（1）广播电台

近几年，随着私家车的增多，车主在车上收听广播电台的习惯逐渐形成，再加上下班高峰时间堵车严重，让驾车者增加了收听广播电台的机会，如收听路况信息、了解当日新闻以及休闲娱乐等。通常在车上收听电台的人群多为中高端消费者，而这正是很多商家所寻找的目标群体。

根据企业的实际情况，选择哪个电台频率进行广告投放，才能让广告效果达到最大化，这是车企与媒介的最终目的，正所谓“一台知天下，登台天下知”。

案例分析

2013 年 11 月 14 日，为期四天的第八届南昌国际汽车展览会在红谷滩南昌国际展览中心举行，与往届不同的看点是，江西车展历史上第一次出现了 360°全透明广播直播间。

与往届车展采用移动直播车进行直播工作不同，本次车展上，江西交通广播电台与北京车语传媒强强联合，首次在车展现场设立透明直播间，主持人从幕后走到台前，与参展的厂商、广大消费者、汽车发烧友“坐道论剑”，让所有爱车的观众第一次如此近距离看到电台直播的全过程，为参展厂商与广大消费者搭建起透明、公开、诚信的服务平台。

案例中的江西交通广播电台在车展中从后台来到现场，以“现场、透明、近距离、互动”的特点打破了传统广播电台的作业形式，不仅充分发挥了广播电台的功能和优势，而且创新了广播电台的媒介推广价值。

（2）影视媒体

影视媒体即指电影、电视，是电子广告的一种形式，是兼有视听效果并运用了语言、声音、文字、形象、动作、表演等综合手段进行传播的信息传播方式。汽车营销的形式多种多样，除了传统的纸质媒介公关和网络宣传，更多的是在电影或者电视剧当中植入车型广告，这种营销方式十分常见而且效果尚佳，品牌形象容易快速提升。由于影视媒体极为直观和精彩的形象展示、运动展示特性，一直是汽车造型和动感展示的最佳载体。

影视广告多用于企业形象宣传、产品推广，具有广泛的社会接受度，有信息量大等特点。影视专题片是一种直接、主动、精确、有效的企业形象、产品形象推广方法，企业形象广告能将企业理念、视觉结合在一起，帮助企业传递给公众其特殊、统一且良好的形象。例如，在中央电视台新闻/时事高投放的汽车品牌有长安福特、东方日产、广汽丰田、一汽大众、东方标致、上海通用、东风雪铁龙等；广汽丰田全程植入热播剧《咱们结婚吧》《天真遇上现实》《101 次求婚》等，一汽大众奥迪在《钢铁侠3》《中国合伙人》《天机·富春山居图》等多部电影中有不俗表现，《变形金刚 4》首次与自主品牌广汽传祺合作等。在影视佳作的欣赏过程中，汽车品牌得到了潜移默化的传播。

在电视媒体积极拥抱互联网的大背景下，广告商投放广告也演化成一个系统工程。讲求精准营销，整合电视、网络、社交及线下联合推广的多媒体整合营销，越来越成为企业营销的标配。例如，江苏卫视成立专门部门，帮助客户设计全媒体营销方案；安徽卫视宣布与腾讯视频强强联手，电视、互联网和广告主三方将共同研发广告产品。

3．户外媒体推广

户外媒体泛指基于广告或宣传目的而设置的户外广告物，常出现在交通流量较高的地区。

户外媒体必须具备两个基本要素：一是户外媒体存在的空间问题，二是有特定的传播人群。餐厅、楼宇中的一些新媒体形式，均属于户外媒体范畴。

户外广告，按建筑物的不同可分为射灯广告牌、霓虹灯广告牌、单立柱广告牌、大型灯箱等；按地点不同可分为码头广告、候车亭广告、地铁广告、公交车广告、机场广告、火车站广告、场地广告、充气物造型广告、路标广告等；按道路不同可分为人行道、电话亭、阅报栏、悬挂广告等。户外其他单一媒体广告还包括墙面、三面翻、无照明广告牌、电子屏（包含所有电子类户外广告媒体）、电梯广告等。

汽车的户外广告不仅仅是常见的一张巨幅海报那么简单，即便在移动互联网多屏时代，户外广告仍是重要的品牌传播载体。如 Smart 的户外广告营销，将一辆 Smart

真车锁在欧洲的街道上，如图 1—3—2a 所示。为了体现尺寸够小，Smart 通过在不同地点用“大锁”锁住自己，让大家觉得 Smart 和自行车无异，可以轻松地在欧洲狭小的街道上停靠。又如大众为了体现 UP 这款车非常短的身材，直接把车辆和尺子摆在了墙上，简单明了，令人印象深刻，如图 1—3—2b 所示。

a）

b）

图 1—3—2　户外广告营销

三、网络营销推广

网络营销推广是指利用互联网这种载体，通过图文或多媒体方式发布的赢利性商业广告，是在网络上发布的有偿信息传播。

汽车品牌网络广告投放媒体以门户网站与汽车网站为主。中国权威的网络广告投放监测系统艾瑞（iAdTracker）数据显示，2016 年 9 月，汽车网站和门户网站仍是汽车品牌网络广告投放的首选平台。其中，汽车网站投放费用达 4.2 亿元，占总投放费用的 67.4%；门户网站投放费用达 1.1 亿元，占总投放费用的 18.2%，两者合计占总投放费用的 85.6%。在门户网站中，首页与新闻频道受到汽车广告主的青睐；在垂直类汽车网站中，“购车”“车市”等频道成为汽车广告投放的重点。不同汽车品类的广告选择媒体侧重点有所不同：乘用车重视品牌宣传，广告侧重选择综合性网站与非地方性汽车垂直网站；汽车销售/服务广告则更多地体现广告受众的地域性差异，广告投放以地方性汽车垂直网站为主。汽车类广告类型多样，“通栏”“网幅”和“画中画”是主要的广告展现形式。各类媒体中“通栏”形式占比最大；其次在非地方汽车垂直网站与综合门户网站中，“按钮”“画中画”形式占比较大；在地方性汽车垂直网站与其他专门网站中，“矩形”“网幅”形式占比相对较大。

1. 旗帜广告营销

旗帜广告（Banner）是 Web 网页上最常见的，也是最有效的广告形式。它们以

GIF、JPG等格式建立图像文件，大小一般不超过12 KB，最常用的是以横向的方式（全幅）出现在网页顶部或底部，所以也被形象地称为横幅广告，也有纵向出现在网页左右两侧的广告（直幅）。旗帜广告主要被广告主应用在其他浏览量较大的站点发布广告信息。这种广告通常都有超链接，经过鼠标点击，浏览者可以直接进入相应产品的展示页面。

2．EDM营销

EDM营销即E-mail营销、电子邮件营销，指通过互联网将广告发到用户电子邮箱的网络营销推广形式。EDM营销针对性强、传播面广、信息量大，其形式类似于直邮广告。

EDM软件有多种用途，可以发送电子广告、产品信息、销售信息、市场调查、市场推广活动信息、车友活动等。企业可以通过使用EDM软件向目标客户发送EDM邮件，建立同目标客户的沟通渠道，向其直接传达相关信息，用来促进销售。

汽车营销正在变迁当中，各个品牌的EDM邮件营销也呈现出新的特点。例如，特斯拉在官方网站上提供了会员注册功能，在特斯拉网站上不管是了解还是订购，都让用户提交有效的邮件和电话，便于以后给用户推送邮件和短信来进行数据库营销。而消费者通过TrueCar买车更简单，只要三个步骤：第一步，选择一款车型信息，输入所在地区的邮政编码，就会在第一屏看到这款车的近期实际交易价格，然后是车辆配置参数等信息；第二步，输入电子邮箱，完成注册，获得认证经销商的优惠价格；第三步，收到一份TrueCar提供的可打印凭证，拿着它去经销商处，就可以直接以此价格买车。

3．电子杂志广告营销

电子杂志又称网络杂志、互动杂志，目前已经进入第四代，以HTML5技术独立于网站而存在。电子杂志兼具平面与互联网两者的特点，且融入图像、文字、声音、视频、游戏等动态元素来呈现给读者。此外，还有超链接、即时互动等网络元素，并且其延展性强，可移植到PDA、MOBILE、MP4、PSP及TV（数字电视、机顶盒）、平板电脑等多种个人终端进行阅读。

电子杂志由网民根据兴趣与需要主动订阅，所以此类广告更能准确有效地面向潜在客户。在电子杂志上投放广告，不仅费用比Banner广告便宜得多，而且效果也非常显著。

“奥迪新闻专递”是奥迪向订阅用户发送最新新闻播报和实时动态的电子通讯，在奥迪官网“奥迪新闻专递”页面，用户可以方便地订阅和退订电子通讯。凯迪拉克官网设置有“电子期刊”导航，页面集中展示了其发布过的精品杂志风格的网页版电子期刊，邮件期刊的设计呈现高端科技感，内容信息涵盖业内前沿信息、汽车时尚、养护售后等各种综合资讯，邮件内容融合品牌产品。作为一名新的官网访客，用户可以选择直接浏览网页版电子期刊，也可以直接在电子期刊下方完成邮件订阅，并把期刊推荐给好友，甚至直接在邮件内容中添加关注品牌的官方微信。

4．微信营销推广

汽车企业通过腾讯 QQ 空间、QQ 客户端、手机 QQ 空间、手机 QQ、微信、QQ 音乐客户端、腾讯新闻客户端等诸多平台投放广告，进行产品推广。腾讯广告形式包括 Banner 广告、插屏广告、开屏广告、应用墙以及信息流广告等诸多种类。

2015 年 1 月 25 日，微信朋友圈信息流广告首批上线，宝马中国成为首批微信广告主。微信朋友圈一时间被广告刷屏。资深媒体人士认为，从拼产品、拼服务到拼营销，在这场车市立体战面前，所有传媒介质都将成为营销的战场。在此示范效应之下，福特福睿斯和凯迪拉克相继出现在了微信朋友圈。

5．微博营销推广

微博营销是指通过微博平台为商家、个人等创造价值而执行的一种营销方式，也是指商家或个人通过微博平台发现并满足用户的各类需求的商业行为方式。微博由于其传播速度快和覆盖广的特点，其内容多为行业热点新闻、新车上市以及营销活动等。

微博的特点是“关系”“互动”，企业在实施微博营销时，应当建立起自己固定的消费群体，与粉丝多交流，多互动，多做企业宣传工作。许多参与微博营销的企业，多数还停留在用有奖活动聚集粉丝的初级阶段，更好的方法是发布产品知识、搜索关键词、开展话题讨论，找到对一些特定关键词和话题感兴趣的受众，还有就是要花大力气积极与用户互动。

作为一个社交媒体平台，微博不仅包含了用户的讨论，还拥有完整的用户信息和社交行为数据。由此，微博可以通过大数据对消费者进行行为洞察、场景洞察和画像洞察，为汽车客户解决精准广告、人群创意、场景、整合等营销方案。

6．其他网络营销推广

（1）竞价推广

竞价推广是把企业的产品、服务等以关键词的形式在搜索引擎（百度、google 等）平台上作推广，它是一种按效果付费的新型的搜索引擎广告。用少量的投入就可以给企业带来大量的客户，有效提升企业销售额。

（2）搜索引擎优化排名推广

搜索引擎优化（SEO，Search Engine Optimization）通过对网站进行内部及外部的调整优化，改进网站在搜索引擎中关键词的自然排名，获得更多的展现量，吸引更多目标客户点击访问网站，从而达到网络营销推广的目标。当需求产品/服务的客户，用关键词来搜索时，产品/服务的信息将在各大搜索引擎上优先出现。

统计结果表明，65％～80％的网民只点击浏览搜索结果的前三页，即前30条；0～25％的网民只点击浏览搜索结果的前两页，即前20条。通过搜索引擎优化，能提高汽车品牌及其产品在各大搜索引擎上的曝光机会，达到宣传汽车产品，扩大车辆受众群体，提升车辆购买关注度，轻松锁定精准客户的目的。低成本、高回报的搜索引擎优化排名推广是各大汽车品牌推广的重要营销手段之一。

（3）新闻媒体推广

新闻媒体推广是汽车行业常见的推广方式，操作起来也比较简单，通过借助网络大众媒体，以新闻报道的方式把汽车经销商的广告信息传播出去，从而让更多的人来关注企业及其产品，达到推广的目的。新闻媒体推广可以快速提升企业品牌形象。

（4）论坛口碑推广

汽车经销商利用论坛这种高人气网络交流平台，通过文字、图片、视频等方式发布企业的产品和服务信息，从而让目标客户更加深刻地了解企业的产品和服务，最终达到企业品牌宣传、提高企业知名度的目的。

（5）网络视频推广

通过制作一些视频短片，将这些视频短片发布到各大视频网站，达到帮助企业宣传品牌及产品的目的。

（6）门户媒体广告投放

一般针对有实力的经销商，通过在各类门户网站购买相应的广告位，来达到宣传企业品牌及产品的效果。

汽车品牌网络推广主要在于灵活性，多种推广方式相互结合更能保证推广效果，如新车上市，可采用论坛口碑、媒体新闻发布、视频推广等推广方式。

四、汽车品牌赞助营销推广

赞助营销推广是指企业通过资助某些公益性、慈善性、娱乐性、大众性以及服务性的社会活动和文化活动来开展宣传，塑造企业形象和品牌，实现广告的目的。它融合了销售推广与公共关系两个方面的特点。赞助营销推广是企业的一种软性广告，这种广告的效果是其他形式的广告所无法比拟的。

1．赞助营销推广的策略

（1）联系性策略

赞助的活动与本企业的形象及产品的联系尽可能紧密，最好做到公众只要参与、观看或提及此项活动，便会联想到企业及其产品。

（2）整合传播策略

企业的赞助营销推广活动应该是整合传播的过程，要配合报纸、杂志、电台、电视等媒介的宣传，集中力量在短时间内以赞助活动为龙头，结合广告、促销及公关等手段发起浩大的沟通攻势，以迅速提高企业、产品的知名度和美誉度。如企业赞助了一个电视栏目，眼光不能仅仅停留在冠名产品在屏幕上的曝光率，要围绕栏目的制作、幕前幕后、台上台下，开展整合传播营销，进一步增加赞助商的媒体曝光率。

（3）时间性策略

赞助营销推广活动的策划应该是一个整体的策划，包括活动之前的宣传、活动举行中的高潮以及活动之后整合形象的传播。在赞助次数、赞助目标和赞助项目上要保持一定的稳定性与连续性。

（4）联合性策略

联合性策略是指联合多家企业，共同捐资组建赞助基金会，以少量投入获得长期的、具有规模效应的宣传效果。

（5）空间性策略

赞助营销推广的空间主要体现在所赞助的对象层次上，而这一策略的制定主要是根据企业自身的实力、品牌地位、战略目标及产品的目标市场范围来决定的。企业赞助的范围应该是先地方后区域、先区域后全国、先国内后国际，赞助的规模应从小到大，赞助的频率应由少到多，随着企业实力的增强、产品目标市场范围的扩大，循序渐进，不断积累经验，层层推进，螺旋式地上升。

2．赞助营销推广的类型

（1）体育赞助营销推广

体育运动是公众的兴趣热点，是新闻媒介热衷报道的对象。体育赞助营销推广是当今最主要的赞助营销推广类型。例如，奔驰一直以来坚持赞助网球比赛，并与费德勒、李娜等网球明星签约；长安福特宣布正式成为2015—2019年中国足协中国之队主赞助商，同时，长安福特旗下全系车型也将作为中国足协中国之队的官方指定用车。2002年以来，现代汽车一直是欧洲杯和世界杯的主要赞助商；2015年，现代汽车又正式宣布赞助美国最具人气的美国国家橄榄球职业联盟（NFL），为期四年；而起亚汽车则已成为美国职业篮球联赛（NBA）的官方赞助商。2016年法国欧洲杯期间，现代汽车集团向欧足协（UEFA）提供了447台汽车，为2016年法国欧洲杯提供支持。这些车企的赞助营销推广活动获得了极大的成功。

（2）娱乐赞助营销推广

娱乐营销，就是借助娱乐的元素或形式将产品与客户的情感建立联系，让消费者在娱乐的体验中，对企业以及产品或服务产生好感或联想，达到销售产品、建立客户忠诚度的营销策略。早期的汽车娱乐营销一直是以影视植入为主，从2005年开始，包含情感体验的多种娱乐营销形式越来越多地走入车企的视野。娱乐营销在汽车营销创新中的作用日益突出，如《出彩中国人》《中国达人秀》《爸爸去哪儿》《奔跑吧，兄弟》等一系列综艺节目的热播带来了赞助商车企业绩的增长，成为了不容忽视的汽车营销方式。

从形式来看，娱乐营销包含电影、电视剧、广播、纸媒、体育、旅游探险、游戏、艺术展等相互融合的各类营销活动。

娱乐营销的实质是一种感性营销，不是从理性上去说服客户购买，而是通过感性共鸣从而引发客户的购买行为。娱乐营销的成功体现在五个方面：一是把握目标受众的心理特点；二是以创新式娱乐方式满足大众的娱乐化心理；三是引发消费者的积极参与、互动与扩散；四是对娱乐营销进程的深刻把握；五是把握舆论制高点，注重媒体传播。

在竞争激烈的汽车市场中，汽车娱乐营销作为汽车营销方式的创新，融合了精准营销、体验营销、情感营销和整合营销等多种模式，符合大众传媒习惯，在年轻人快节奏生活中具有放松身心、表达自我的功能。

(3) 教育赞助营销推广

教育赞助营销已成为汽车企业开展品牌营销的一个趋势。通过赞助教育事业，汽车企业可以树立企业关心社会教育的良好形象，能融洽企业与教育单位的关系，为企业招聘优秀人才、开展业务培训创造有利条件，对提高企业品位将产生深远的影响。

教育赞助营销推广的成本很低，而营销效果却不逊于大众媒体。教育赞助营销推广的方法有很多，主要有教学硬件、软件赞助，教学技术培训合作，奖学金赞助，学校道路、建筑物及院系名称等冠名赞助，运动会、学术活动等教育教学活动赞助等。

案例分析

大众汽车与清华大学在工程、管理、技术等领域广泛展开合作，2011年又正式签约，连续三年每年向清华大学经济管理学院提供赞助，用于支持涵盖职业教育发展、汽车价值链管理、新兴创新信息技术研究、汽车创新服务研究等一系列与汽车工业相关的人才培养计划。2014年5月，大众汽车向延安职业技术学院捐赠了5台最先进的大众汽车国产发动机及3台变速箱，并支持其建立“大众汽车集团（中国）延安动力总成实训室”，助力革命老区职业教育事业。

案例中，大众汽车公司通过赞助职业教育事业的形式，塑造关心社会教育、回馈社会的良好形象，对提升大众汽车品牌形象和开展品牌营销起到重要的作用。

(4) 活动赞助营销推广

在当今的市场营销领域，随着产品的同质化发展，只通过常规广告传播的方式，已经很难达到迅速提升品牌知名度的目的。因此，许多企业都把目光集中到活动赞助营销推广上，通过“搭车”这种非常规的传播方式往往能收到非常规的回报。例如，现代汽车集团赞助由联合国和世界银行等机构主办的“2015 世界教育论坛”，赞助了包括雅科仕、雅尊、K7 等高端轿车在内的 32 辆汽车，取得了良好的汽车推广效果。

(5) 公益赞助营销推广

公益赞助营销推广就是以关心人的生存发展、社会进步为出发点，与公益组织合作，充分利用其权威性、公益性资源，搭建一个能让消费者认同的营销平台，促进市场销售的营销行为。长期以来，企业做公益赞助总是难逃作秀的嫌疑。究其原因，营销本身的目的性非常明确，就是获得利润。因此，当公益赞助与营销这两个对立的事物被企业联系到一起的时候，就会受到质疑。事实上，在企业的战略中，公益赞助和营销并非水火不容；相反地，它们还相辅相成。正如营销大师菲利普·科特勒所认为的，成功的慈善事业、关联型营销活动能够帮助企业将慈善捐助和商业利益联系在一起，二者可以互为影响，并相得益彰。公益行为不等于一个活动、一次捐赠，而应成为企业的一种长期战略，将公益慈善活动常态化，才是企业所追求的目标。

汽车品牌营销参与公益慈善满足了社会公益活动对资金的需求，支持了社会公益事业的开展，同时企业在公益营销活动中也提升了社会的道德伦理思想与观念，提高了社会道德水平，为企业带来了大量有形与无形的利益，提高知名度，增强美誉度，为企业未来的发展增强动力。

案例分析

自 2009 年起，东风日产打造教育之大平台——“阳光关爱　助教未来”行动，每年坚持携手员工、经销商合作伙伴、广大车主和媒体一直为爱前行，一起关注山区儿童教育事业。该项公益活动走过全国 10 个省，累计投入超过 2 600 万人民币，惠及教师及学生 80 余万人。东风日产的公益行动，为公司赢得了社会的信任和认可，也塑造了良好的品牌形象。

根据新华社针对 2 000 余名车主的调查显示，在提升品牌好感度的营销方式中，口碑传播、试驾活动和公益活动排在前三位。

思考与练习

1. 简述汽车品牌营销推广的内涵。
2. 比较分析三种传统的汽车广告营销推广形式。
3. 简述汽车网络营销推广的策略。
4. 例举汽车品牌赞助营销推广的典型案例，并进行分析。

模块二

汽车推销技术

课题一　潜在客户开发

学习目标

◆ 理解潜在客户的概念，并能正确判断潜在客户。

◆ 掌握寻找潜在客户的途径和方法。

◆ 掌握潜在客户开发的步骤与策略。

课题导入

有一位汽车营销员，将300封销售信函寄送给潜在客户，这些潜在客户对车辆都有相当的认识，基于各种原因，目前还没有购买，但他相信这些客户一两年内都有可能实际购车。他不可能每个月都亲自去追踪这三百位潜在客户，因此他为这三百位潜在客户别出心裁地设计了系列APP，APP上不提购车的事情，在特殊的节假日定期发送给客户，每次推送给客户的APP风格和内容都不一样。潜在客户接到第四次、第五次推送时必然会为他的真诚与执着感动，就算是自己不想立刻购车，当朋友们提到购车时也会主动地将该汽车营销员介绍给他们。

这位营销员以自己的创新及坚持赢得了客户的欣赏，成功获得了大量潜在客户。

一、潜在客户

客户即企业产品的购买者及使用者。潜在客户就是有可能成为企业产品的购买者及使用者的个人或组织，即有可能成为事实客户，但因为种种原因还没有能够购买及使用企业产品的客户。潜在客户必须具备三个基本要素：有需求（愿意买）、有购买力（能够买）、有决定权（能决定是否买），即：

➢ 购买产品或服务的个人或组织确实需要这样的产品，能从产品的消费中受益，或者产品能够为购买者解决某一方面的实际问题。

➢ 不管这样的个人或组织有多么强烈的购买欲望，也不管产品能给他或他们带来多么大的利益，他或他们必须具备购买该产品或服务的货币支付能力。

➢ 潜在客户必须有购买权或得到授权，具有在产品生产者、种类和具体型号等方面的选择权。

潜在购车客户是一个特定的群体，对这类消费群体特征的把握有利于开展有针对性的汽车销售工作。调查显示，超过七成的潜在购车群体集中在20～39岁年龄段，如图2—1—1所示。26～35岁年龄段的消费者是潜在购车者的主力，即青壮年是购车的主力群体。

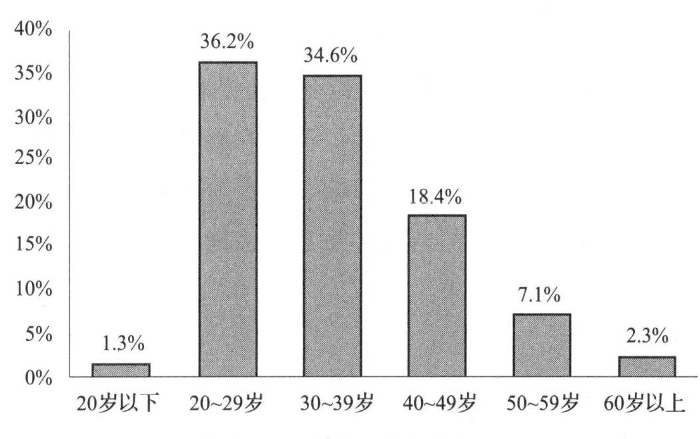

图2—1—1　潜在购车客户年龄结构

二、潜在客户的判断

对潜在客户的判断，主要是基于潜在客户的三个基本要素来实施的，这种潜在客户的判断方法，也称为MAN法则。

MAN法则的定义见表2—1—1。

表2—1—1　　MAN法则的定义

基本要素	含义	说明
M——Money	代表购买力	指客户是否具有购车的经济能力，也就是有没有购买力或筹措资金的能力
A——Authority	代表购买决定权	指客户对购车行为有决定、建议或反对的权力
N——Need	代表购买需求	指客户有购车的需求

1. 需求判断

汽车代步只是它的基本属性，汽车更代表着生活质量的全面提高，是事业、身份和实力的象征，是工作的重要内容和工具，这也意味着人人都有购车的需求欲望，意味着各企业机构都有购车的需求。准确判断潜在客户（个体）的需求欲望，一般从以下几个方面进行观察。

首先是对车辆的关心程度：如价格、外观、油耗、动力性能、颜色和操控性能等。

其次是对能否符合各项需求的关心程度：如后备厢的储物功能、内部空间、配置齐全状况、车内静音效果和内饰等。

最后是对产品信誉指标的关心程度：如汽车品牌及安全性、售后服务的保障等。

同时客户对销售人员及企业印象的评价也反映着客户的购买欲望。

若客户对上述几个方面表示关注，关注程度越高，潜在客户变成事实客户的可能性就越大。

在评估潜在客户购买需求时，需要营销人员善于分析影响客户需求的各种因素，深入调查、判断客户的真实需求。客户的需求表现并不都是明确的、外在的，有些内在的需求，可能连客户自己都没有认识到。因此，当潜在客户表现出对汽车有需求时，营销人员应设法促进其购买欲望，促成交易；当潜在客户表现出对汽车无需求时，营销人员则应对客户进行需求启发、引导、影响、培育与发掘，从帮助客户解决问题的角度出发，去创造客户需求。普通的营销人员总是去满足需求、适应需求，而优秀的营销人员则是去发现需求、创造需求。

2．购买力判断

判断潜在客户的购买能力，首先可以考察其信用状况，可以从职业、身份、地位以及收入来源的状况，判断其是否具有购买能力。实际工作中可通过询问、沟通等方式进行了解，也可根据客户的外在特征来判断其身份地位与社会阶层，这需要不断地从实践中总结和积累经验。

判断潜在客户的购买能力，还应考察其支付计划，可以从客户期望一次付现，还是要求分期付款，分期支付首期金额的多少等，来判断客户的购买能力。

判断一个地区的购买能力，难度相对较大，但经济发达地区的购买力一般相对较强。不同地区的消费文化，也会直接影响到当地消费者的购买选择。

根据消费习惯，可以初步判断某一群体的购买能力。现代人的消费心态也发生了很大的变化，分期付款消费的理念已经被广泛接受，在一定程度上拉高了整体购买能力。

在评估潜在客户的购买力方面，对企业（组织）主要从其经营状况、财务状况、企业规模和生产条件等方面进行评估，还可以通过其上级单位及知情人士了解真实情况。对个人，除了通过交谈获取一些信息外，还可通过客户及家人的居住条件、职业状况、薪资水平以及家庭状况等进行分析判断。当潜在客户具备相应经济能力时，营销人员的策略是引导需求；当潜在客户不具备相应经济能力时，营销人员的策略是鼓励信贷消费。

3．购买决定权判断

关于购买决定权，据调查分析（见表 2—1—2），其决策人、决策周期和决策差异呈现不同的情况。

表 2—1—2　　购买决策权调查分析

决定因素	购买决策权分析
决策人	◇ 家庭购车决策权大部分掌握在男性手里 ◇ 在已婚的家庭中，女性占 1/3 的决策权 ◇ 决策权主要由家庭中经济能力最强者掌控 ◇ 在大家庭中决策权一般在最具威望的长辈手中
决策周期	◇ 多数人的决策周期在半年左右 ◇ 需要购车家庭的决策周期远比想象中的要短 ◇ 26.7%的购车家庭决策周期为 6 个月 ◇ 74%的购车家庭是在 1～6 个月内完成购车的
决策差异	◇ 单身与已婚家庭购车决策的差异比较大 ◇ 已婚家庭是私人购车的主要力量 ◇ 只有 22%的购车人是单身 ◇ 单身一族购车作决策时，主要是由自己做主的占 74% ◇ 已婚客户购车时，都会与自己的配偶商量

在评估潜在客户的购买决策权方面，能否准确定位真正的购买决策人是推销成功与否的关键。在销售活动中，要判断谁是购买决策人不是一件容易的事。在不同的文化背景、不同的经济发展水平、不同的消费类型和不同时代的观念下，家庭决策权有所变化。因此，营销人员要了解客户的组织机构和人事关系，以做出正确的判断。

4．潜在客户的营销策略

只有同时具备购买力、购买决策权和购买需求这三个要素才是合格的客户。现代推销学中把对某特定对象是否具备上述三要素的研究称为客户资格鉴定。客户资格鉴定的目的在于发现真正的推销对象，避免推销时间的浪费，提高整个推销的工作效率。但在实际中，会碰到表 2—1—3 所示的状况。

表 2—1—3 潜在客户的状况

购买力	购买决策权	购买需求
M（有）	A（有）	N（有）
m（无）	a（无）	n（无）

根据表 2—1—3 中潜在客户的状况，可将潜在客户进行分类，并采取具体的营销对策，将“不合格客户”转化为“合格客户”，见表 2—1—4。

表 2—1—4 “MAN 法则”客户类型及其应对策略

客户类型	发展目标	应对策略
M+A+N	准客户	理想的销售对象，应重点发展
M+A+n	潜在客户	对客户进行需求启发、引导、影响、培育和创造
M+a+N	潜在客户	设法找到具有 A 之人（有决策权的人）
m+A+N	潜在客户	调查其业务状况、信用条件等，鼓励并提供信贷
m+a+N	潜在客户	保持长期关注，建立密切联系
m+A+n	潜在客户	保持关注，建立联系档案
M+a+n	潜在客户	保持关注，建立联系档案
m+a+n	非客户	可放弃发展

由此可见，潜在客户有时欠缺了某一条件（如购买力、购买需求或购买决策权）的情况下，仍然可以开发，只要应用适当的策略，便能使其成为企业的准客户。

三、寻找潜在客户的途径

1. 内部途径

很多汽车企业在业界有多年的经营历史，有健全的管理体系，因此，企业内部的营销信息系统中有许多潜在客户的信息资料，见表 2—1—5。

表 2—1—5 寻找客户的内部信息来源

来源项目	信息来源
公司销售记录	检索公司原始记录，列出一份在过去 5 年内停止与公司来往的客户清单，分析这些客户流失的原因，了解流失客户的现状
广告反馈记录	公司各种广告反馈记录、广告活动记录
客户服务电话	客户在对公司产品进行服务申请、业务咨询、故障报修、投诉等项目活动时留下的联系方式
公司网站、邮箱	客户登录公司网站留下的有效联系记录
公司营销活动	如在促销、市场调查、赞助活动、主题活动时留下的客户信息记录

2．外部途径

寻找客户的外部途径见表2—1—6。

表2—1—6　　寻找客户的外部途径

来源项目	信息来源
客户关系	从老客户处获得潜在客户信息，或由老客户亲自推介或牵头
社会关系	向朋友、熟人打听获得潜在客户信息
社会机构	从社会有关团体、机构处获取客户线索，如俱乐部、协会等
中间人关系	通过转折关系获得客户信息
无竞争关系的销售人员	从无竞争关系的销售人员处寻找客户线索
有影响力的客户	结交能影响到其他客户的、受公众瞩目的和有影响力的客户，如大型机构、单位、明星、公众人士等
网络媒介	从网站、QQ、微信、微博、论坛等获取客户信息
代理公司	从猎人公司、营销公司获取客户信息
各种活动	从展销会、研讨会、公益活动、竞技活动获取客户信息

四、寻找潜在客户的方法

1．普遍访问法

普遍访问法也称逐户寻找法或地毯式寻找法，是指营销人员针对特定区域范围内的特定群体，用上门、信件或者电话、电子邮件等方式对该范围内的组织、家庭或者个人无遗漏地进行寻找与确认的方法。通过这种广泛搜寻的方法，可以捕捉到一定数量的潜在客户。

为了获得更好的寻找效果，营销人员在访问之前要进行必要的接近研究，找到一条最适合的“地毯”，即划定走访的范围，选定接近的潜在客户。

普遍访问法的优点是：地毯式铺开访问不会遗漏任何有价值的客户；寻找过程中接触面广，信息量大，各种意见和需求、客户反应都可能收集到，是分析市场的一种方法；可以让更多的人了解到自己的企业。

当然其缺点也是很明显的，如成本高，费时费力，易导致客户的抵触情绪等。因此，如果访问可能对客户的工作、生活造成不良的干扰时，一定要谨慎进行。

2．分子裂变法

分子裂变法又称连锁介绍法、链式引荐法、客户引荐法或无限连锁法，是指营销人员请求现有客户介绍潜在客户的方法。分子裂变法在西方是最有效的寻找客户的方法之一，被称为黄金客户寻找法。

分子裂变法的关键在于营销人员首先要取信于第一级客户，通过第一级客户开始形成每一级的不断裂变。要保证每一级客户链的良性裂变，营销人员必须不断地向裂变链“传动系统”增添“润滑剂”。

分子裂变法可以避免营销人员主观判断潜在客户的盲目性，有利于取得潜在客户的信任，寻找的成功率较高。不足之处在于潜在客户要依靠现有客户或人脉的引荐，事先难以制定完整的寻找计划，整个营销工作也相对比较被动。

3．中心人物法

中心人物法也称中心寻找法、名人介绍法或中心辐射法，是指营销人员在某一特定营销范围内发展一些有影响力的中心人物，利用这些中心人物的影响力和号召力寻找该范围内潜在客户的方法。一般来说，中心人物包括在某些行业里具有一定影响力和良好声誉的权威人士、专业人士，以及公众人物或明星。中心人物法是分子裂变法的特殊形式。

该方法遵循的是“光辉效应法则”，即中心人物的购买与消费行为，可能在他的崇拜者心目中形成示范作用与先导效应，从而引发崇拜者的购买与消费行为。实际上，许多汽车品牌请明星代言，对特殊人士奖励、赠送汽车，这些都是使用中心人物法来寻找潜在客户的典型示例。

中心人物法的优点是营销人员只需集中精力做中心人物的工作，利用中心人物的影响力扩大品牌的知名度。其缺点是中心人物的确定比较困难，对潜在客户的导向存在片面性。

4．个人观察法

个人观察法也称现场观察法，是指营销人员依靠个人的知识、经验，通过对周围环境的直接观察和判断，寻找潜在客户的方法。个人观察法主要是依靠营销人员个人的职业素质，通过察言观色，运用逻辑判断和推理来确定潜在客户，这是一种原始且基本的方法。绝大部分营销人员在许多情况下都会使用个人观察法。

个人观察法的优点是简便、易行、可靠；其缺点是受个人知识、经验和能力的限制，只能观察到表面现象，容易被表面现象迷惑，失败率高，会影响营销人员的积极性。

5．委托助手法

委托助手法也称“猎犬法”，是指营销人员雇佣他人寻找客户的一种方法。在西方国家，这种方法运用十分普遍。一些营销人员常雇佣有关人士来寻找客户。这些受雇人员一旦发现潜在客户，便立即通知营销人员，安排访问。这些接受雇佣的人员被称为推销助手。如西方国家的汽车营销人员，往往雇请汽车修理站的工作人员作为“猎犬”，负责介绍潜在购买汽车者。这些“猎犬”一旦发现哪位来修车的车主打算弃旧换新时，就立即介绍给汽车营销人员。适当地运用推销助手来寻找客户，拓展市场，是一种行之有效的方法。

这种方法的缺点是推销助手人选的确定较为困难，营销人员处于被动的状态，其绩效取决于推销助手的合作程度。由于推销助手不是本企业员工，无法加以控制，同时推销助手也可能同时为竞争对手服务。

6．广告寻找法

广告寻找法又称广告拉动法、广告吸引法，是指营销人员利用各种广告媒介向目标客户群发送广告，吸引客户上门或者接受反馈，从而展开业务活动的方法。这种方法依据的是广告学的原理，即利用广告的宣传攻势，把汽车产品的信息传递给广大的消费者，刺激或诱导消费者的购买动机和行为，然后营销人员再向被广告宣传所吸引的客户进行一系列的营销活动。

广告寻找法的优点是信息传递量大、传播速度快、覆盖范围广、受众多、可视化强、重复性好，对潜在客户刺激性强，可以减少盲目性，节省时间，效率高。其缺点是营销对象的选择难以掌握，针对性和及时反馈性不强。

7．资料分析法

资料分析法又称文案调查法，是指营销人员通过收集、整理、查阅各种现有文献资料，从而来寻找客户的方法。这种方法是利用他人所提供的资料或机构内已经存在的可以为其提供线索的一些资料，这些资料可帮助营销人员较快地了解到大致的市场容量及潜在客户的分布情况，然后通过电话拜访、信函拜访等方式进行探查，对有机会发展业务关系的客户开展进一步的调研，将调研资料整理成潜在客户资料卡，从而形成一个庞大的客户资源库。

运用资料分析法时需要注意的是资料的时效性和可靠性。此外，营销人员应注意对资料（行业的或者客户的）的积累，这样往往更能有效地展开寻找工作。

8．市场咨询法

市场咨询法是指营销人员利用社会上各种专门的行业组织、市场信息咨询服务等部门、机构所提供的信息来寻找客户的方法。这些部门、机构主要包括汽车修理厂专业信息咨询公司、工商行政管理部门、各级统计和信息部门、行政单位、大中专院校、科研单位以及行业协会等。这些部门、机构手中往往集中了大量的客户资料、资源以及相关行业和市场信息。市场咨询法是寻找客户的一种行之有效的方法。

9．网络搜寻法

网络搜寻法就是营销人员运用各种现代信息技术与互联网通信平台来搜索准客户的方法。网络技术的发展使得在网上寻找潜在客户变得十分方便且有效。对于新的营

销人员来说，利用网络寻找客户是最好的选择。

10．营销活动法

营销活动法是指利用各种营销活动寻找客户的方法。充分利用营销活动寻找客户，与潜在客户联络感情、沟通了解，是一种很好的寻找客户的方法。

国际和国内关于汽车及其产品的展览、展销、推介的主题活动非常多，如试乘试驾、促销活动、新车上市和产品讲座等。参加营销活动往往会让营销人员在短时间内接触到大量的潜在客户，而且可以获得关键信息，对于有重点意向的客户也可以作重点说明，约好拜访的时间。

五、潜在客户的开发

1．客户开发的步骤

客户开发的过程实质上是一个激发兴趣，增进了解，建立信任关系，认同彼此价值，直至产生依赖关系，从而促成交易的过程。

第一步是激发客户对汽车的兴趣。如果客户对营销人员所推荐、介绍的车型缺乏兴趣，或者营销人员缺乏激发客户兴趣的职业能力，那么对客户开发的后继工作就无从着手。

第二步是增进了解。营销人员要对客户的背景、个人喜好、性格特点、购车目的和用途有所了解；客户要对营销人员展示的个人魅力以及汽车产品信息有所了解，这之后再继续接触，建立营销关系。

第三步是建立信任关系。信任关系是赢得客户的关键因素，也是打开客户心扉的重要纽带。信任不够，就要不断地加强信任，当信任积累到一定程度以后，就变成了价值。

第四步是认同价值，进行投资。双方都认同价值，才会促成最终的交易。

第五步是产生依赖关系。交易产生以后，购销双方产生了依赖关系，再往后会发展为互赖关系，由此而产生可能的利益循环关系。

当营销人员跟客户发展到互赖关系的时候，大家才是真正的合作伙伴。营销人员为客户创造更多的价值，客户才能为营销人员提供更多的交易机会。

客户开发的具体步骤见表 2—1—7。

表 2—1—7　　客户开发的具体步骤

步骤	具体内容
分类客户	对客户进行分类，如保有客户、来函来电来访客户、外展活动中的客户、网络客户、他人介绍的客户等，确定客户来源及途径
分析客户	如分析客户来源的途径，分析是新客户还是老客户，分析客户的意愿强烈度等，以便确定联系客户的优先顺序

续表

步骤	具体内容
准备工作	统筹过程，如方案拟定，预设方法与策略，做好应急备案，准备好文件、资料、方法、对策、方案、礼品等
联系客户	通过电话、信函、拜访、网络等方式联系客户，获取与客户沟通的机会
获得认同	了解客户用车现状，了解客户需求，跟踪服务，赠送礼品，寄送资料或贺卡等，以获得客户的情感认同
邀约客户	邀约客户参观、参展，邀请客户试乘试驾，邀请客户参加公司有关活动
实现开发	激发客户的购买意愿，实现交易，获得客户口碑（如推荐购买、产品宣传等）

2．客户开发的策略

（1）用专业取信客户

自身素质和专业水平是赢得客户信任、获取潜在客户的重要保证。为了实现这一点，营销人员在接近潜在客户前必须做足功课。

在拜访客户之前，要对客户的情况进行充分的调查和了解，如客户的职业情况、性格、爱好和需求等。要准备的工作包括仪容准备，如穿着职业化、面部形象职业化、充满自信、面带微笑等；要做好专业知识准备，如熟记汽车车型、性能、价格等；要做好资料准备，如企业简介、产品手册、价格政策、优惠活动表等；要做好心理准备，如做好被拒绝的心理准备，预估种种困难和挑战，时刻保持昂扬向上的进取心态。

在与客户洽谈时，要时刻彰显自己的专业水平，包括公司介绍、车型特点、新材料、新工艺、竞争车型特点比较、行业分析、价格政策、促销活动、品牌宣传以及信贷政策等，沟通时要很熟练地表达，不能吞吞吐吐，否则会让客户觉得你很不专业。

（2）用利益打动客户

营销人员在向客户推销产品的时候，要让客户了解这款车能给他带来什么，相比别的品牌或车型有什么优势，能带给客户哪些利益，以利益打动客户。推销时要有倾向性，但更要客观、实事求是。

（3）用态度感染客户

开发潜在客户是一件非常艰辛的事情，营销人员要始终保持积极、乐观的态度，要转变观念，始终牢记：客户可以拒绝你的推销，但他不一定会拒绝你这个朋友。在与潜在客户洽谈时，要展示自己的个人魅力和精神风貌，用积极的态度去感染客户，让他觉得你永远都是朝气蓬勃、充满自信的。这样，客户自然会产生对你的信任、对公司的信任以及对产品的认可。

（4）用情感感动客户

有些客户表面可能很冷漠，你一次两次三次拜访他都不会接受，但是或许你再坚持一下就能成功。客户可能不光在比较你的产品，更是在考察你的人品，所以要学会用情感去感动客户，从而赢得客户。

（5）用行动说服客户

营销人员不仅要感动客户，更要善于行动，为客户着想。例如，在介绍汽车的性能时，不能只讲述，还要通过演示或实践让客户体会、体验到产品性能。当有优惠活动时，第一时间告知客户；当客户有意向参加公司的体验活动时，主动去接客户。通过行动，让客户感觉到你不是在卖车，而是在交朋友。

（6）用真诚打动客户

营销人员在开发潜在客户时，要以真诚去感化客户，多站在客户的角度去考虑问题，善于抓住客户的心理进行“攻关”。例如，当客户介绍自己现用车况后，营销人员要从使用价值的角度真诚地建议客户是否要换车；当了解到客户的相关情况后，营销人员可以从实用的角度建议客户购买其他车型或其他品牌车。这种首先想到客户利益的真诚推销，是营销人员在客户开发中要考虑的重点，也就是说，只有当你为客户扫除了购买障碍，强化了客户的需求，他才能成为你现实的客户。

思考与练习

1. 简述潜在客户的判断要素。

2. 寻找潜在客户的外部途径有哪些？主要方法有哪些？

3. 假设你是某汽车品牌4S店的营销人员，设计一份某车型的客户开发步骤及策略方案。

课题二　客户沟通

学习目标

◆ 了解电话沟通与拜访沟通的基本礼仪。

◆ 掌握拜访的方法及七个步骤。

◆ 掌握沟通应具备的基本能力和技巧。

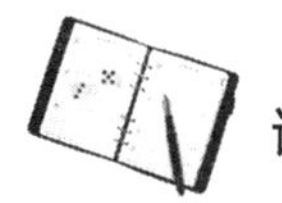

课题导入

客户：你说的这辆车就是贵了点。

销售顾问：您说得对。通常在1.2～1.6 L这个排量范围内来看，这辆车的价格较高。比这个范围内价格最低的8.9万贵了整整4万，不过，这个范围内最贵的车型可是14.8万呢。车辆的价格主要由四个关键因素决定，分别是车辆的安全性能、车辆外型的大小、发动机排量以及制造商的品牌。不同价位的车相对应的安全配置、动力配置以及基本舒适方面的配置都是不同的，要看您更加在意的方面是不是包括在内了。您最在意的是什么方面的配置呢？

销售顾问在回应客户的第一句话时，首先就迎合了客户的顾虑，肯定了客户的观点，但又不是仅仅认同对方的观点，还给出了详细的客观事实来证实客户的观点的确有合理的地方，拓宽了客户的认知范围，让客户感觉到销售顾问是和自己站在一条战线上的。这样，客户就容易接受销售顾问后面推介的内容。销售顾问还运用了主导这一技巧，将客户的思路引导到汽车的配置及对配置的需求上，既科学而全面地消除了客户的疑虑，又为双方实现更好的沟通创设了契机。

一、电话沟通

1. 电话访问

电话是最方便的一种沟通方式，具有省时、省力、快速的优点，是汽车营销工作中不可或缺的工具。

(1) 电话访问前的准备

1) 心理准备。

在每次拨打电话之前，营销人员都要有把这通电话视为自己或工作转折点的认识。有了这种想法之后才可能对所拨打的每一通电话有认真、负责和坚持的态度，才能使工作有一种必定成功的积极动力。

2) 内容准备。

在拨打电话之前，要把所要表达的内容准备好，列出手边的重要信息，避免因紧张或者兴奋而忘了所要沟通的内容；要对所要表达内容的每一句话都有所准备，必要的话，提前演练到最佳。

(2) 电话礼仪常识

1) 重要的第一声。

“你好，这里是××汽车4S店”。

打电话给客户时，首先要自报家门，让对方听到你亲切、优美的招呼声，声音应该清晰、悦耳，吐字清脆，给对方留下好的印象，并在最初几秒钟内就能尽快“阅读”到客户的信息。

2）要保持喜悦的心情。

打电话时要保持良好的心情，这样即使对方看不见你，但是从欢快的语调中也会被感染，给对方留下极佳的印象。

3）要有“我们在面谈”的观念。

打电话过程中绝对不能吸烟、喝茶或者吃零食，即使是懒散的姿势对方也能“听”得出来。一般而言，坐姿端正时所发出的声音也会亲切悦耳，充满活力；此外，面部表情也会影响声音的变化。因此，在打电话时，要坚持“我们在面谈”“对方在看着我”的观念，当作对方就在眼前，尽可能注意自己的姿势。

2．电话接待

（1）电话接待流程

电话接待流程如图 2—2—1 所示。

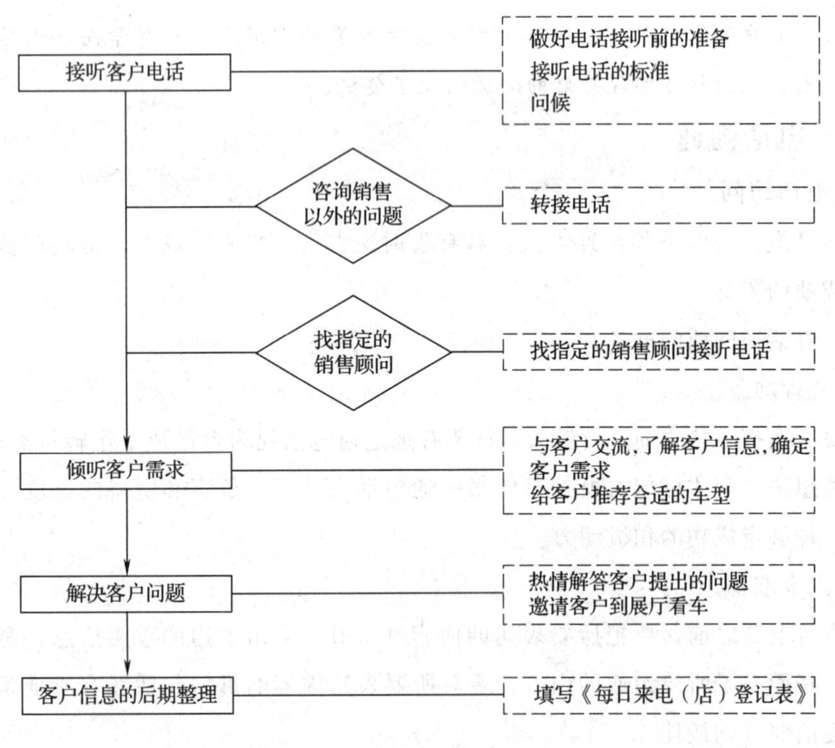

图 2—2—1　电话接待流程

（2）电话接待标准

电话接待标准见表 2—2—1。

表 2—2—1　　电话接待标准

工作事项	基本用语	注意事项
拿起话筒告知客户自己的姓名	您好，××汽车专营店，我是销售顾问×××	电话铃响 3 声之内接听电话，第一句话不能直接说“喂”；保持微笑，讲话音量适中，告知对方自己的姓名
确认客户	“请问您怎么称呼？”“×先生，您好！”	必须对客户进行确认
听取客户来电用意	客户表明来电目的时，应说“很高兴为您服务”，并用“是”“好的”等用语进行回答	必要时应进行记录，对于客户的问题应热情回答
确认重点事项	“请您再重复一遍”“那么明天在××，9 点钟见”“请问您还有其他问题吗？”	确认时间、地点、对象、联系电话和事由，如需传话必须记录客户电话、时间和留言人
结束语	“请放心……”“我一定转达”“谢谢”“再见”等	感谢客户的致电，邀请客户来店参观或详谈；等客户说“再见”后再说“再见”
挂断电话	—	等对方挂断电话后再轻轻挂断电话

3．电话沟通的要求

（1）即使对熟悉的声音，也应进行客户确认，避免出错。

（2）来电时若正与客户交谈，应优先接听电话，并事先向正在交谈的客户致歉。

（3）接电话时，若有客户进店，销售顾问应起立、微笑、点头致意。

（4）若是转接电话，应在 20 s 内顺利转接，并关注是否已经转接到位。

（5）若客户找的人不在，应及时告知，并主动征询客户是否能留言。

（6）若遇到打错电话要礼貌地回答，让客户重新确认电话号码。

（7）电话沟通中，要认真做好电话记录。对自己不了解且不能解决的问题，除了做好详细的电话记录之外，事后应转交相关人员处理。

（8）电话中应避免使用客户不能理解的专业术语或简语。

（9）要结束电话交谈时，一般应当由打电话的一方提出，然后彼此客气地道别，说一声“再见”，再挂电话，不可只顾自己讲完就挂断电话。

（10）要树立良好的电话形象，电话沟通时要目的明确，不要讲无关紧要的内容；语气要热诚、亲切，口齿要清晰，语速要平缓；电话语言要准确、简洁、得体；音调要适中，说话的态度要自然；通话时长要控制好，尽量简短，及时收线；接听电话时注意接听要及时，语气要谦和。

二、拜访沟通

1．拜访形象

上门拜访客户，尤其是第一次上门拜访，难免相互存在一点戒心，不易放松心情，因此营销人员要特别重视留给别人的第一印象，成功的拜访形象可以帮助实现营销目的。

（1）外部形象

服装、仪容、言谈举止乃至表情动作上都力求自然，就可以保持良好形象。

（2）控制情绪

不良的情绪是影响成功的大敌，营销人员要学会控制自己的情绪。

（3）投缘关系

清除客户心理障碍，建立投缘关系就建立了一座可以和客户沟通的桥梁。

（4）诚恳态度

“知之为知之，不知为不知”，拜访客户要实事求是，态度诚恳，不可欺诈瞒骗。

（5）自信心理

信心来自于心理，只有做到“相信公司、相信产品、相信自己”，才可能树立强大的自信心理。

2．拜访前的准备

接触是促成交易的重要一步，对于公司销售模式来说，拜访接触是奠定成功的基石，因此，营销人员在拜访前要做好充分的准备工作。

（1）计划准备

营销人员首先要明确拜访的目的是推销自己而不是产品，把自己“不速之客”的立场在短时间内转化成友好立场，按优秀的计划路线来进行拜访，制定可行的、充分的访问计划。

（2）外部准备

仪表准备：第一印象的好坏，90％取决于仪表，上门拜访若要成功，要选择与个性相适应的服装，以体现专业形象。

资料准备：要努力收集到客户资料，如客户需求、客户购买意向、教育背景、生活水准、兴趣爱好、社交范围、习惯等，必要时还要掌握活动资料、公司资料以及同行业资料。

工具准备：包括工作证、车型资料、样品、订单、合同及纪念品等。

时间准备：按预约时间准时到达，到得过早会给客户增加一定的压力，到得过晚会给客户传达“我不尊重你”的信息，同时也会让客户产生不信任感，最好是提前5～7 min到达，并做好进门前准备。

(3) 内部准备

信心准备：突出自己最优越的个性，保持积极乐观的心态。

知识准备：上门拜访是销售前的热身活动，这个阶段最重要就是要制造机会，制造机会的方法就是提出对方关心的话题。

拒绝准备：通常在接触陌生人的初期，每个人都会产生本能的抗拒和保护自己的意识，要认识到被拒绝并不完全代表被讨厌。

微笑准备：管理学上讲究人性化管理，如果你希望别人怎样对待你，你首先就要学会怎样对待别人。微笑是让对方丢掉戒心最好的途径。

3. 拜访方法与步骤

(1) 拜访的十分钟法则

开始十分钟：我们与从未见过面的客户之间是没有沟通过的，但“见面三分情”，因此开始的十分钟很关键。

重点十分钟：了解客户需求后自然过渡到谈话重点，为了避免客户产生戒心，谈话重点不要画蛇添足超过十分钟。

离开十分钟：为了避免客户想法出现反复而导致拜访失败，最好在重点内容交谈后十分钟内离开客户家或公司。

(2) 拜访的七个步骤

第一步——确定进门：进门之前应先按门铃或敲门，然后站立在门口等候。敲门声以三下为宜，声音有节奏但不要过重。进门时主动表示自己的身份，如“您好，我是××汽车公司的小王”，要显得诚实大方，避免傲慢、慌乱、卑微、冷漠、随便等态度。严谨的拜访风格能代表公司与个人的整体水准，千万别让换鞋、放雨伞等小细节影响大事情。

第二步——赞美和观察：善用赞美是最好的销售武器，赞美分为直接赞美、间接赞美和深层赞美三个层次，赞美的主旨是真诚，赞美的大敌是虚假。进门后要自然观察，了解室内人员、物件摆设、氛围和主人情态等情况，随机应变，应景交流。

第三步——有效提问：提问时要掌握谈话目的，熟悉自己的谈话内容，预测与对方的面谈状况，善于运用观察到的情况进行提问。提问时要尽可能站在对方的立场，谈话时要注视对方的眼睛；尽量提出开放性问题，这样不容易被客户拒绝；要适时提出特定性问题和引导性问题。

第四步——倾听推介：倾听时要集中精力，思考灵活，抓住内容的精髓；倾听时要尽量做记录，并能适时提出顺承的问题，开展推介行动。

第五步——克服异议：拜访中要克服心理上的异议，学会主动面对，化异议为动力。要学会不让客户有异议；但遇到异议时，要学会转换话题，避开紧张空间。最好的方式是面对客户异议，能逐一解决，要和客户站在同一立场上。

第六步——确定达成：善于通过客户的举止、言谈等成交信号，抓住成交的契机。

第七步——致谢告辞：拜访时间不宜过长，一般控制在 20～30 min 之内。要善于察言观色，发现客户交流时态度消极，或有经常喝水等动作时应及时致谢告辞。

三、客户接待

1. 客户接待流程

展厅客户接待流程如图 2—2—2 所示。

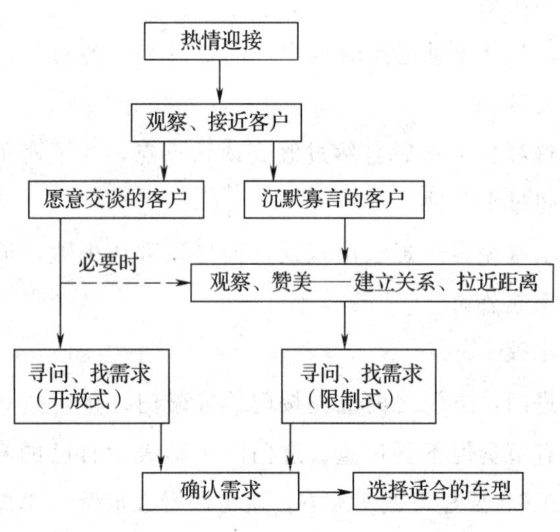

图 2—2—2　展厅客户接待流程

2. 客户接待准备

营销人员应服装整洁，仪表得体，着公司统一制服，佩戴工号牌。随时准备好自己的三件宝——笔、记录本和名片，并将各种资料准备齐全。

3. 客户接待过程

(1) 当客户来到展厅门口时，营销人员应迅速地为客户将门拉开，并主动向客户打招呼说“您好，欢迎……”，面带微笑，点头示意，将客户迎进。

(2) 当客户进入展厅后，营销人员应递上名片，并自我介绍。

(3) 咨询客户需求，必要时开展绕车法介绍，并通过不断探求客户的实际需求，为客户推荐一款最适合的车型。

(4) 营销人员在介绍车辆的时候，应灵活运用营销手段，发掘客户的潜在需求。在介绍中，可以使用封闭式和开放式提问，其中封闭式提问用于确定客户信息，开放式提问用于获得客户大量信息，以便做出正确判断。在介绍完车辆的一个特性时，紧接着问“您觉得怎么样”，加深客户印象。运用六方位绕车介绍法，以汽车的性能、优点加深客户印象。在接待客户的过程中，也可以通过询问客户考虑的竞争品牌来展开营销活动，要凸显企业自身车型的优势以及竞争品牌的不足之处。

(5) 绕车介绍完后，可向客户提出分期付款建议，如果客户对此有兴趣，此时带客户到接待区坐下，为客户倒好水，列一份详细的客户计划书（分期专用），并详细解释出分期首付金额的各款项及分期所超出一次购车的费用。

(6) 鼓励客户参加试乘试驾活动，并开展试乘试驾系列服务活动。

(7) 客户接待完毕后，应送客户到门口，为客户将门向外推开，与客户握手道别，并说“再见”；或与客户约好下次见面及电访的时间，目送客户离开。

4．客户接待后事项

客户接待后，要及时将车辆复位，清理客户接待区的卫生，保持展厅整洁、干净。同时将客户信息记录在客户登记本上，并且判断客户类型，以便及时跟进。客户信息记录应完全，包括客户的年龄、性别、电话、单位、所需车型、长相特征、喜好及所谈重点等，以便分析该客户的类型等级，做出正确评估。

四、客户沟通技术

1．沟通的基本原则

(1) 沟通内容真实性原则

真实性原则即有效沟通必须是对有意义的信息进行传递。从经济学角度讲，无效沟通是对沟通资源，包括时间和精力、渠道和金钱的一种浪费，不仅沟通本身毫无意义与价值，有时甚至还产生负效益，即沟通成本大于沟通产出。有效沟通的内容必须具有真实意义，沟通内容与过程必须具有真实性，沟通的信息至少对其中一方是有用和有价值的。

(2) 沟通渠道适当性原则

通过适当和必要的沟通渠道，由一个主体送达至另一个主体，即为有效沟通的渠道适当性原则。不同的信息对于传递渠道的选择有不同的要求。真实的信息，选择了不恰当的渠道进行传递，就会产生信息误读或扭曲，导致沟通受挫或受阻，有时甚至产生沟通灾难。

（3）沟通主体共时性原则

有意义、真实的信息必须由适当的主体发出，并通过适当的渠道传递给适当的另一主体接受，称为沟通主体共时性原则。要想达成有效的沟通，信息的发出者和接受者都应该是，而且必须同时恰好是应该接受和发出的沟通主体，发出者和接受者的主体适当或共时性这两者缺一不可。如信息虽由适当的主体发出，但接受者不对；或者接受者对了，但发出者身份或地位不适当，都会导致沟通失败。

（4）信息传递完整性原则

由于各种原因的影响和各种因素的干扰，被传递的信息有可能在传递过程中，人为或自然地损耗或变形。如果双方所使用的信息代码系统完全不同或存在较大差异，就会导致接受者对信息解读无法实现或解读错误，也会导致沟通失败。因此，要想沟通完美和有效，信息在传递结束时必须仍然保持其内容的完整性。

（5）沟通过程连续性原则

任何沟通都是有时间限制的，整个沟通的过程必须在沟通发生的有效期内进行，否则会失去沟通的意义。如果没有控制好时间上的紧迫性和制约性，将会导致沟通失败。

从沟通内容与方式上来讲，应该尽量保持双方均已熟悉的沟通内容和方式的连续性，这样有利于沟通对象快速、准确地理解要沟通的内容。

（6）沟通理解同一性原则

信息接受者必须了解、体验或理解信息发出者所发出信息的真正意义，这称为沟通理解同一性原则。每一个接受者都是独特的个体，个人的经历、经验、知识、兴趣和希望都会左右其对所解读信息内在意义的理解，理解一旦有偏差，沟通的有效性就会产生问题。

（7）沟通噪音最小化原则

客观存在于信息沟通过程中的沟通噪音必须尽量减小，即有效沟通的噪音最小化原则。在沟通过程中，要充分考虑沟通环境的单一性和安静性，否则，沟通对象很容易受到环境其他因素的影响和干扰。

（8）沟通指向目标性原则

有效沟通自然也应该具有明确的沟通目的或目标。沟通目标、目的不明确，必将造成信息发出者所发信息混乱、模糊不清，接受者只能靠经验和场景猜测对方的用意，从而极易导致沟通误差或沟通失败。另一方面，不同的沟通目标一般会对应不同的沟通方式和沟通行为。

2．沟通的方式

根据沟通所借用的媒介不同，沟通的方式主要有语言沟通与非语言沟通两种。

语言沟通是指以词语符号为载体实现的沟通，主要包括口头沟通、书面沟通和电子沟通等。非语言沟通借助于有意识和无意识的反应、动作、表情及其他工具等，是除语言之外的思想表达手段，主要包括肢体语言和声音变化。在沟通过程中，非语言沟通方式常常伴随语言沟通，两者相辅相成，共同推进沟通效果。

沟通方式的特点及其应用见表 2—2—2。

表 2—2—2　　沟通方式的特点及其应用

沟通方式		特点	应用
语言沟通	书面沟通	方便、直接、持久	如在纸上写下汽车的优势、特点等
	口头沟通	即时、传播速度快	口头介绍
非语言沟通	肢体语言	形象、影响力强、有感染力	如竖起大拇指赞美客户的专业性
	多媒体	交互性、专业性、集成性	用多媒体展示汽车结构、性能等
	产品演示	形象、真实、有效	如启动发动机，然后放一杯水在引擎盖上，展示静音效果

3．沟通的基本能力

汽车销售顾问的沟通能力主要由观察能力、倾听能力、语言表达能力和非语言表达能力构成。

（1）敏锐的观察能力

要有积极主动的态度，既要用眼，又要用耳，更要用心，利用一切可能机会主动出击；要有高度的职业敏感性，要善于寻找机会；要有敏锐的洞察力，能从普通的生活表象中提炼出有益的信息；要有逻辑推理与创造性思维能力，能从错综复杂的活动中发现彼此之间的联系。

（2）良好的倾听能力

汽车营销中的倾听是指把自己放到客户的言语信息及其语境下，获取客户需求的信息，发现问题，表达对客户的尊重，建立信任。

倾听是一种技巧，要做到专注，思维跟住客户的话语，不做其他事情，不随便插话；要善于换位思考，积极回应，正确理解客户的意思，不轻易下定论。

（3）良好的语言表达能力

良好的语言表达能力主要体现在客户接待、产品介绍及提问互动等方面。

语言表达时称呼要得体，切忌在交谈中随意变更对方的称呼，切忌使用随意、套近乎的称呼；要把握分寸，进退有度；要适时激发，善于对不同层次需求的客户使用不同的语言激发策略；要突出重点，让客户明白产品的特别之处；另外，营销人员应尽量使用肯定语气，如将“不能”表达为“应该”，将“您的说法不对”表达为“我认为……”，从而将客户拉到营销人员的同一面，避免对立。

（4）非语言表达能力

非语言表达是辅助实现有效沟通的重要手段。有关研究表明，高达93%的沟通是非语言的，其中55%是通过面部表情、形体姿态和手势传递的，38%是通过音调传递的。由此可见，非语言沟通在营销活动中起着非常重要的作用。

面部表情要丰富，主要用微笑表达，用惊讶、不可思议、困惑、好奇等表情辅助；手势要自然、放松，要配合语言表达，符合表达的中心、重点，符合感情发展需要；营销人员与客户之间的距离要适当，让客户感到放松、自然；身体姿态要自然、柔和，衣着要得体；能借助多媒体设备和图片等道具，配合肢体语言及有声语言进行演示，以实现良好沟通，达到营销的目的。

4．沟通的基本技巧

（1）主导技巧

主导技巧是在与他人的对话交谈中，有意识地控制谈话的主题及谈话的发展趋势和方向的一种谈话方式。在对话中，自然而然地控制主题和节奏，以及谈话的趋势和走向，会令沟通的效果倍增。主导对话的前提是明确自己的目的。只有牢记目的，才能时时注意自己的行为，以调整战术来控制节奏，最终实现目的。

主导对话有三个技巧：一是凡事都有多种解决方式、多种角度来回应对方的问题，吸引对方，占据主动；二是借助权威的力量，搬出专家来证明自己的言论，增强说服力；三是超越现有话题，将话题提升至更高的层面，以表述自己的看法，掌控谈话的主动权。

案例分析

著名的推销培训师弗雷德·赫尔曼有一个非常有趣和经典的例子。

有一次弗雷德应邀出席“迈克·道格拉斯秀”电视节目。主持人迈克·道格拉斯在弗雷德出场时向观众介绍说：“让我们以热烈的掌声欢迎全球最出色的销售顾问来到我们的节目。”接着道格拉斯便对弗雷德说：“据说你被誉为全世界最好的销售顾问，那么你就向我推销一些东西吧。”

道格拉斯话音刚落，弗雷德便问他：“迈克，你希望我卖什么东西给你呢？”弗雷德提出的问题使得现场的主动权似乎又被交回到了道格拉斯手中。

道格拉斯四处张望了一下，说："既然这样的话，就卖这个烟灰缸给我吧。"

弗雷德接着又提出了一个看似非常天真的问题："你为什么要买这个烟灰缸呢？"

道格拉斯有点迷惑，看了看烟灰缸，说："因为它看上去很新，色彩明亮，外形美观大方。我刚刚来这里，需要一个烟灰缸。"

道格拉斯不知不觉中自己说出了这个烟灰缸的优点和购买的原因。

"那么迈克，你愿意出多少钱买下这个烟灰缸呢？"

"这个，嗯，我最近没有买过烟灰缸，不过既然这个烟灰缸这么漂亮、实用，我想我愿意出 18 美元买下它。"

听到道格拉斯这句话后，弗雷德立刻接过话题说："好吧，迈克，我就以 18 美元的价格将这个烟灰缸卖给你。"

听到这里，道格拉斯才恍然大悟。台下的观众禁不住报以热烈的掌声。

案例中，弗雷德一开始就主导了局势，控制了主动权，不动声色地引导道格拉斯向有利于自己推销活动的发展方向走下去，从而轻松地推销成功。

(2) 迎合技巧

迎合技巧是说话中的一个至关重要的技巧，是有规律的。迎合不是讲假话，而是为了赢得对方的信任。迎合技巧中没有任何的假话，迎合就是承接对方话语的语意，形成顺应的语言背景，赢得宽松的交谈氛围，从而获得客户的信任。

案例分析

客户：你说的这辆车就是贵了点。

销售顾问：您说得对。通常……不过……所以这要看您选择哪一种配置的车型了……

营销人员在回应客户的第一句话时，首先就肯定了客户的观点，但又不是仅仅认同对方的观点，接下来可以给出详细的客观事实来证实客户的观点的确有合理的地方，同时将客户的思路引导到汽车的配置及对配置的需求上，转移购买顾虑。

(3) 垫子技巧

垫子技巧是指在回答客户的问题时，有效应用对问题的评价来延缓其对问题的关注。垫子就是在双方说话一来一往之间添加的隔层，隔层的目的是创造舒适的谈话环境和氛围，犹如坐在沙发上加了个垫子。垫子就是为了消除一问一答容易形成的惯性，跳出眼前的话题，从一个全新的视角展开对话的内容。尤其是在对方有备而来要问到事物的本质、核心的时候，更需要垫子来消除对抗，获得理解，握手言和。

案例分析

客户：你看我也来了三四次了吧，咱们都谈这么多了，这个价格最后你还可以让我多少？

销售顾问：不瞒您说，客户买车前，很多人都会问到这个问题。而且要是问了这个问题，也就是几乎已经决定要下订金了，您是不是也是一样呢？如果您今天就可以决定，而且也不用再与别人商量，订金也够，我就替您去请示经理。以往经理会根据这个月的销售情况决定让价多少，我知道一个月销售量好的时候，经理几乎是一点都不让的，最多送一套脚垫。如果销售量不好，可能会让一点，最多的一次送了一个一年的全保。您看您今天就能定吗？

本案例中，销售顾问巧妙地将客户购买诚意（订金）、经理、销售量作为垫子，暗示客户“我们的销量很好，不会做出多少让价，只能送点赠品”。由此可见，垫子在推销沟通中往往能起到缓冲和转移矛盾的作用，有利于推销活动延续下去。

（4）制约技巧

制约就是在互动式的谈话氛围内，提前知道对方要表达的意图，这件事情不一定对自己有利，于是变换一种形式，先发制人，结果对方反而无法发作，从而让发起制约的人获得了谈话的优势地位。

制约强调的是先一步控制客户的思维方向，控制客户对话语的体会，以及可能对客户产生的各种心理影响，提前限制住自己不希望的发展方向。制约的关键体现在准确地推测出客户的真实意图以及谈话的发展方向。

简单的制约模板就是直接将你推测的客户的想法说出来，如“这个价格超过您的预期吗?”复杂的制约就是将客户的事情分解为单元，如客户在询问价格的时候，营销人员可以回答不同车型、不同配置的价格，将问题分解到细小单元，淡化成可以接受的合理回答。

思考与练习

1. 电话接待过程中有哪些基本要求？
2. 拜访客户时应遵循什么法则？有哪些基本步骤？
3. 以沟通中某一基本技巧为例，设计一份汽车营销案例。

课题三　异议处理

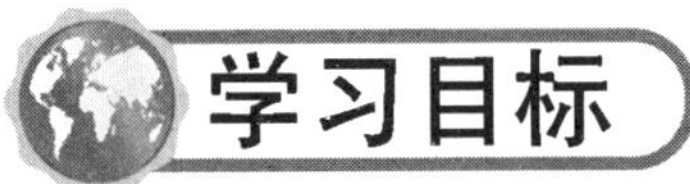

◆ 了解客户异议的含义与类型。

◆ 掌握客户异议的成因及其处理原则。

◆ 能够运用异议处理方法与技巧，正确识别并处理客户异议。

课题导入

销售顾问：我们对这款车已经非常了解了，您也比较满意，应该能做出决定了吧！

客户：我还想再考虑一下。

销售顾问：您考虑什么问题呢？是不是有什么顾虑，您说出来我们再讨论一下，一起把问题解决。

客户：我听说这款车容易出问题。

销售顾问：您能具体说说您听说的这款车在哪些方面容易出问题吗？或许我可以帮您弄清事实。

客户的异议在于对产品的质量存在疑问。本案例中销售顾问采用询问法来逐步引导客户说出具体的疑问点，从而为进一步解决客户异议找到突破口。

一、客户异议概述

1. 客户异议的含义

客户异议又称推销障碍，是指客户针对销售顾问及其在销售活动中的各种活动所做出的反应，是客户对销售产品、销售顾问、销售方式和交易条件等发出的怀疑、抱怨，提出的否定或反对意见。

一般来说，客户在汽车销售过程中，不提任何异议就做出购买决策的情况几乎没有。客户的需求是客户异议的来源，客户没有需求也就没有异议，即“不提任何异议的客户往往是没有购买欲望的客户”。

2. 客户异议的成因

客户异议产生的原因是非常复杂、多方面的，正确认识客户提出的种种异议及其产生的原因，是有效处理客户异议的前提条件。

（1）客户方面的原因

1）客户缺乏所购产品的相关知识。客户由于对汽车品牌不了解，对汽车产品缺乏足够的专业知识，导致出现疑问性异议。

2）客户的决策权有限。有时客户会说“对不起，这个我说了不算”“等我爱人来了再商量一下”等，这说明客户的购买决策权不足，有时也可能是一种其他异议的借口。

3）客户缺乏足够的购买力。如果客户购买力不足，就会拒绝购买，或者希望得到一些优惠。有时客户也会以此为借口来拒绝销售顾问，或利用其他异议来掩盖缺乏购买力的真正原因。

4）客户有比较稳定的采购渠道。客户有时因为对采购渠道的熟悉，或有比较可靠而稳定的采购渠道，也会以各种异议来争取不大可能的利益。

5）客户的片面经验与成见。有时客户会对企业、品牌、产品有着固有的片面看法，通常这是一些不符合逻辑或带有强烈感情色彩的反对意见，不容易应对，处理起来也比较棘手。

6）客户有隐性异议。有时，客户找借口推脱，不愿意花时间继续商谈，有可能是客户存在隐性异议，不愿意直接说出来，而以各种异议来掩饰。

（2）产品方面的原因

汽车产品方面的原因见表 2—3—1。

表 2—3—1　　汽车产品方面的原因

项目	内容
产品质量	汽车材料属性、配件质量、内饰、汽车故障率等
产品性能	汽车的动力性、燃油经济性、制动性、操控稳定性、平顺性以及通过性等
产品造型	客户对汽车造型的不理解，对汽车外形、样式的不满意等
产品的销售服务	如服务态度、体验方式、服务内容、售后服务等
产品功能	产品功能无法满足客户的需要
产品品牌	企业产品定位不清楚，品牌文化不成熟，企业及车型在市场上有不良反响，品牌缺乏知名度等
产品价格	客户认为价格过高、价格不实、性价比不高，存在便宜没好货的心理、讨价还价心理、打折心理、优惠心理等

（3）销售顾问方面的原因

1）仪表。着装随意不正式、仪容不端庄等。

2）礼仪。言谈举止不得体，对客户缺乏足够的尊重，动作不规范等。

3）对产品的介绍。专业知识欠缺或使用过多专业术语，产品说明与展示失败或不到位，客户无法理解销售顾问的介绍内容等。

4）沟通能力。缺乏亲和力，表达不得体，只顾着自己说，倾听客户意见不够，沟通不流畅等，从而导致沟通失败。

5）推销不实。销售顾问有欺瞒客户的言语或行为，导致客户不满。

6）姿态过高。销售顾问对客户存在等第之分，销售姿态过高，导致客户不满。

3. 客户异议的类型

（1）真实异议

客户对销售顾问所介绍的车型表示不需要或不满意或有偏见，这些异议是真实、客观的，如“我朋友开这车发现油耗很高”“网上公布这车的返修率很高”。面对真实异议，销售顾问必须视情况而采取立即处理或延后处理的策略。

（2）虚假异议

虚假异议有两种：一种是客户用借口、敷衍的方式应付销售顾问，目的是不想诚意商谈，或不想介入推销活动；另一种是客户提出很多异议，但这些异议并不是他们真正在意的地方。

（3）隐藏异议

客户并不提出真正的异议，而是提出各种真实异议或虚假异议，目的是借此假象达成隐藏异议解决的有利环境。如客户希望降价，但却提出油耗高、颜色不好、内饰太差等异议，以降低产品的价值，达到“胁迫”降价的目的。

（4）误解异议

客户因自己的经验、认识和判断不足而产生的异议。如对汽车性能参数的不理解、对销售顾问动机的误会产生的怀疑等。

4. 正确对待客户异议

（1）把客户异议看成是正常的现象

由于利益和需求的不同，客户必然会产生异议。异议的存在是为了解决购买决策的障碍。因此，客户异议既是推销过程中的一种正常现象，也是使推销走向成功必须跨越的障碍。

（2）把客户异议看成是推销的机会

客户有需求才有异议，客户对产品有兴趣才能产生异议。推销是从客户拒绝开始的，只有客户提出了异议，销售顾问才能从信息单向沟通的产品介绍和说服转向信息双向沟通的实质性阶段，才有进一步推销产品的可能和机会。

（3）把客户异议看成是交易的信号

数据显示，有异议时达成交易的概率是64%，无异议时达成交易的概率只有54%。因此，销售顾问应持积极主动的心态，正视客户异议。

二、客户异议处理

1. 客户异议处理原则

（1）强调客户受益原则

客户总是希望以最小的代价获取最大的利益。之所以会产生异议，是因为客户觉得自身利益受到损失，要承担责任和风险。因此，只有让客户意识到利益的维护和增加，才能帮助客户克服风险顾虑，消除客户的心理障碍。客户受益原则是客户异议处理的基本原则。

（2）尊重客户异议原则

尊重客户异议，首先要求销售顾问鼓励客户提出异议，对客户异议给予足够的重视和满意的处理意见。其次，尊重客户异议，要求销售顾问认真倾听客户异议，使客户感到销售顾问重视并认真考虑他的问题。只有当客户觉得自己的异议受到重视，感觉到自己受到足够的尊重，才会有助于营销推广工作的继续。

（3）正视客户异议原则

在处理客户异议时，应注意对客户可能产生的影响，要经常询问客户对自己的解释和介绍是否理解和满意，不要搪塞客户的要求和异议。当无法处理或不能及时处理客户的某些异议时，销售顾问不能回避，应采取跟进的措施，告知客户实情，争取客户的谅解。

（4）维护客户自尊原则

在处理客户异议时，要维护客户的自尊。对于客户不正确的观点、不合理的要求和不得体的言行，销售顾问要耐心处理，真诚沟通，不能训斥、诋毁客户，不能在异议处理中出现轻蔑、走神、东张西望、绷着脸、耷拉着头、目光游离和话语生硬等情态。

（5）不争辩原则

在处理客户异议过程中，不可避免地会产生新的异议，双方的观点和认识可能会存在不同程度的分歧。销售顾问在处理客户异议时，要避免与客户发生争论。即使是客户认识完全不对，销售顾问也应注意处理措施，给予客户充分的话语权，然后耐心、平和地解释，柔性处理。

（6）把握适当时机原则

在处理客户异议的过程中，应选择、把握适当的时机来回答客户的提问，处理客户异议。很多时候，同样的问题，同样的回答，只是由于处理的时机把握不当就会产生不同的结果。销售顾问应根据客户异议的性质、异议产生的时间、双方沟通的状态以及客户的个性特征等来确定处理时机，以达到理想的处理效果。

2．客户异议处理过程

（1）辩明异议的内容

客户异议的内容一般只会是单方面的，因此，对客户的异议要直截了当地说明。

（2）确定异议的动机

异议可能是借口，可能是抱怨，可能是保留的意见，可能是议价的手段，也可能是真正的反对。只有区分出客户异议的动机，才能做有针对性的工作，处理和解决客户异议。

（3）找出双方的分歧

首先要承认自己并不是都正确；其次要尊重客户的意见，即使在自己看来那是多么的不正确；最后，合理有节地提出自己的想法，而不是正确答案。

（4）提出解决的方法

如何解决双方的问题是销售人员与客户之间的博弈行为。销售人员的依据不是企业，不是产品，甚至也不是服务，而是对客户的尊重、理解和认可。

3．客户异议处理方法

客户异议处理是一个复杂的过程，既存在一定的规律可循，又有不可控制的变数。不同的客户、不同的时间、不同的地点、不同的阶段，异议处理的方法也不一样。为了进行有效的推销，销售顾问需要针对具体问题进行具体分析，还要掌握有效的方法。

（1）直接反驳法

直接反驳法是销售顾问根据明显的事实与理由，直接否定客户异议的一种处理方法。销售顾问采取这种方法，给予客户直接的、明确的否定回答，迅速、有效地传递正确的信息，从而达到缩短推销时间，提高推销效率的目的。例如，客户提出“你们公司车型太少，没什么选择余地”的异议，销售顾问则可迅速做出反应，说“我们的车型还是比较丰富的，有……”。

（2）转折处理法

转折处理法也称婉转法，是销售顾问根据有关事实与理由间接否定客户异议的一种处理方法。销售顾问运用这种方法，首先要承认客户的异议有一定道理，向客户做出一定的让步，然后再根据有关事实和理由间接否定客户的意见，提出自己的看法。

销售顾问在表达不同意见时，可先对客户异议表示理解、认可、同情，或简单地重复，使客户心理有所平衡，然后使用如“不过、然而、诚然、除非、如果”等转折词，委婉反驳。例如，客户指出“这款车耗油量太高了”，销售顾问可以婉转地以“您说的是事实，这款车的油耗的确不低，但这款车的动力和性能绝对是一流的……”婉转反驳。

（3）劣势转换法

劣势转换法也称补偿法，又称抵消处理法，是销售顾问利用客户异议以外的功能或服务的优点，来抵消客户异议的处理方法。当客户异议确实符合实际情况时，销售顾问在认可客户异议的同时，及时提出异议之外的优点，拿出充分的证据让客户完善认识，达到心理平衡。

例如，当客户提出“这款车的外形设计和内饰都不错，可惜配置低了些”时，销售顾问可以做出劣势转换处理，说“您的眼光真不错，这款车的亮点在于独特的外形设计及最流行的内饰设计，但这款车的配置有几种搭配，您现在所看的这款是低配，高配的是那边几款……”。

（4）转化处理法

转化处理法是利用客户的异议本身来处理异议的方法。客户的异议具有双重性，它既是交易的障碍，同时又是很好的交易机会，销售顾问要利用其积极因素去抵消消极因素。

案例分析

客户：“我买车只是上班用，不需要买这么高档的车，浪费，也容易被人家说三道四。”

销售顾问：“买车本来就是为了方便、舒适和享受生活品味的。开高档一点的车，既舒适，又能调节上班情绪，还能体现职业品味呢！”

案例中，销售顾问不但肯定了客户对上班方便用车的需求，还提出了对舒适和生活品味提升的更高要求，对客户异议进行了转化处理。

（5）询问法

询问法是指销售顾问在未完全理解或未考虑好如何答复客户异议时，以委婉的语气，把客户的异议重复一遍，或对客户进一步询问，以了解客户真实想法的方法。这样可以削弱客户的气势，也可以转换一种说法使得问题容易回答。销售顾问可以复述之后问一下“您的意思是这样吧”，然后再说下文，以求得客户的认可。

（6）沉默法

沉默法也称不理睬法或忽视法，是指当客户提出异议，并非真的想要获得解决办法时，销售顾问可以不作理睬或一带而过，以分散客户的注意力，从而回避矛盾的方法。这种方法主要是针对销售顾问无法回答，或作答时会陷入纠缠不清境地的问题。

另外，对于与推销无关的异议、故意刁难的异议或微不足道的异议，也可采取沉默法，以保持良好的洽谈氛围。

（7）延缓处理法

延缓处理法也称拖延处理法或推迟处理法，是指销售顾问在听到客户异议后，暂时不对异议进行处理，等待适当的时机再处理的方法。

案例分析

客户：“这款车什么价？”

销售顾问：“这种车型有多种款式，价格略有不同，关键要您喜欢，符合您的要求，您说呢？”

客户：“这款看起来不错，要多少钱呢？”

销售顾问：“一分价钱一分货，我为您介绍介绍，看看您是否喜欢？”

客户：“那你说说看吧。”

在此案例中，销售顾问故意延缓解释客户的疑问，将问题扩展到构成问题的要素上来，实际上也就转移了问题的矛盾，因为客户问价，无论销售顾问报以何种价格，客户都会觉得是虚价。

（8）先入为主法

先入为主法也称预防法，是销售顾问在客户尚未提出异议而抢先就客户可能提出的异议内容进行主动处理的方法。这是一种先发制人、争取主动、打消客户新异议的方法。

运用这种方法，首先要求销售顾问必须在和客户接触前有充分准备，对客户的可能异议、如何回答客户异议等做到心中有数；其次，销售顾问要看准时机提出问题、解释问题，让客户觉得自然合理；最后，要尽量避免一些牵扯面广、容易造成分歧的问题。

4．客户异议处理技巧

（1）客户需求异议处理技巧

1）投其所好。针对客户的不同层次、不同爱好、不同个性，把握其需求特点，有针对性地进行产品推销。

2）供其所需。客户需要什么车型，就提供什么车型，满足客户需求。

3）激其所需。激发客户需求，让本来没有的机会变成可能的机会。

4）释其所疑。提供详尽、专业而通俗的资料或信息介绍，让客户买得明白，用得放心。

(2) 价格异议处理技巧

1) 价值与价格结合。从产品的价值、性能、成本、质量和优势等方面进行对比分析，强调“一分价钱一分货”，使客户充分认识汽车产品的价值和优点，以性价比来激发客户的购买欲望。

2) 折中让步。在遇到价格障碍时，销售顾问可根据具体情况，在权限允许范围内适当调整价格，许以折扣或优惠，或提供赠品。但需要注意的是，销售顾问不轻易让步，不主动让步，不做无意义的让步，不损害公司的利益，不作非正当竞争的让步，不作频繁的让步。

3) 暗示说服。暗示客户这已经是最优惠的价格及价格底线，暗示这个价格即将结束，如不做出决定，就再拿不到这个价格了。

4) 坚持报价。坚持报价不作让步，让客户确信物有所值。

(3) 财力异议处理技巧

1) 降低客户的需求欲望。客户的财力异议在很多情况下是因为其需求超过了自身的经济条件。销售顾问应根据客户心理和实际情况，帮助客户认清自己的需求情况和经济条件，适当降低需求欲望，使其与自身的支付能力相符，帮助客户树立正确的消费观念。但要注意不能伤害客户的自尊心。

2) 分期付款。假如客户不愿意降低需求欲望，或即使降低了需求欲望仍然解决不了客户的购买财力问题时，只要客户有稳定的收入保证，可建议客户采取分期付款的方式购车。

3) 延期付款。如果客户资金不足，但在短期内能够筹措到所需资金，则可采取延期付款的方式，保证款到发货，满足客户的订购需求。

(4) 权力异议处理技巧

1) 引导激励。客户有意愿做出购买决策，但又举棋不定时，销售顾问应积极引导，帮助客户认清这一决定为自己和家人或单位带来的利益和实惠，打消客户的顾虑，促成交易。

2) 顺水推舟。根据客户确实无法自己做出购买决定的异议，销售顾问应顺水推舟，逐步消除客户异议。

(5) 购买时间异议处理技巧

客户购买时间异议主要在于客户确实时间上有困难，或以此为借口拒绝购买，或优柔寡断无法决定。

1) 良机激励。采用对客户有利的机会激励客户，使其不再犹豫，抛弃“等一等”“看一看”的观望念头，当机立断做出购买决策。例如，销售顾问提出“目前正值展销期间，搞价格促销，活动结束将恢复到原来价格”“这款车存货不多，下个月开始要断货，再要买的话，要等到年底”等。

2）潜在风险。利用原材料涨价、生产企业调价、国家政策带来的价格浮动等情况，让客户认识到这些不确定因素可能给自己带来损失，促使客户做出及时购买的决定。

思考与练习

1. 客户异议处理主要有哪些基本原则？

2. 简述客户异议处理的基本过程及基本方法。

3. 经过很长一段时间的洽谈，客户基本确定想买这款车，但又迟疑不决，下不了决心，请你运用客户异议处理技巧进行分析和处理。

课题四　缔结成交

学习目标

- ◆ 掌握成交信号的表现类型。
- ◆ 了解缔结成交的基本要求。
- ◆ 掌握成交的方法。

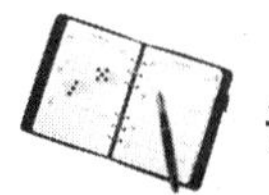

课题导入

客户在面临签单成交时表现出犹豫和顾虑是比较普遍的现象。有位经验丰富的销售顾问通过一套独特的方法往往能有效消除客户顾虑。

销售顾问：您是不是还有什么顾虑呢？您可以直接提出来，我们一起讨论讨论。

客户：我也说不清，总觉得有点不踏实，毕竟买车是件大事。

销售顾问：这样吧，我们做一个测试。我们把买车的顾虑项目列在纸上，如果您觉得有不满意的项目，那么您就再考虑考虑；如果您对所列出的项目觉得满意，那么您可以毫无顾虑地做出购买决定。您看行吗？

客户：这种方法不错！

（销售顾问给客户一张 A4 纸，让客户先把他前面达成意向的项目罗列出来，再把他的顾虑也写出来。）

销售顾问：先生，您看，我们前面所达成意向的项目，您都没有异议；再看您的顾虑，在前面所达成意向的项目里都找到了答案，也就是说，您的顾虑其实不存在。刚才您的顾虑主要是对即将做出购买决定的一种心理作用。

客户对这种方法很满意，立即消除了购车顾虑，决定下单。在此案例中，销售顾问采用了概括产品优点的成交技巧，实际上也是综合运用了不同的成交方法。

一、成交的含义

成交是指在营销人员的营销活动中，客户接受营销人员的购买建议，从而实现买卖双方都受益的购销决策的行动过程。

成交是营销人员积极发挥主观能动性，实现最终目标的过程。成交是营销活动的核心，也是最终目标。成交率的高低是衡量营销人员是否优秀的重要标准。

成交是一个信息反复沟通的过程，以客户做出最终购买决策为实现依据。一方面营销人员要接收客户发出的信息，了解他们的购买心理；另一方面还要向客户传递信息，让客户了解自己的企业和所推销的产品。

成交是营销成果的重要标志，但不是最终结果。在营销活动中，营销人员必须要以诚信为前提，以客户的满意为最终目标，不能以单次的成交为终极目标。

二、成交信号

成交信号是指客户在语言、表情、行为等方面所表露出来的打算购买产品的一切暗示或提示。成交信号是一种行为暗示。

成交机会一般出现在客户发出购买信号的时候。有经验的销售顾问特别善于捕捉客户透露出来的每一个信息，并把它作为促成交易的线索，从而使自己的推销活动趋向成功。作为销售顾问，对成交信号应具有高度的敏感性和捕捉能力。

成交信号大体可分为以下几种：

1．语言信号

语言信号是指客户在购车洽谈中的言谈话语。

客户的言谈是判断和识别其成交信号最直接的表现形式，客户的话语则是判断识别其成交信号间接的表现形式。销售顾问应能从客户有意无意流露出的赞叹、喜欢、夸奖、信任、请教、询问等多种多样的言谈话语中，捕捉到成交信号。

例如，当客户说："我们最快要多长时间可以提到车？"这就是一种有意表现出来的真正感兴趣的迹象，它表示成交时机已到。

2．行为信号

行为信号是指客户在购车体验及商谈中的体态和行为表现。例如，客户不由自主地点头称是，身体自然前倾、主动翻阅介绍材料，用手触摸车身、检查部件，折返回来咨询等，这些都是客户发出的购买行为信号。

3．表情信号

从客户的面部表情也可以判断其购买意向，表情信号的具体表现有：紧锁的双眉分开、上扬；眼珠转动加快、好像是在想什么问题；嘴唇开始抿紧，好像在回味什么；神态活跃起来；态度由戒备转为友好；造作的微笑转化为自然的笑容等。

4．进程信号

在营销活动中，客户有以下行为时，便是在发出进程信号，这是客户进一步做出购买决定的前兆表现。例如，客户要求转变洽谈环境，主动要求坐下商议或进入洽谈室；客户要求与负责人面谈；销售顾问在购车单上书写购车信息时，客户没有明显拒绝和异议。这些信号说明客户已进入了购买角色阶段，开始考虑成交了。又如，客户向销售顾问介绍自己同行的有关人员，特别是购买的决策人员，如“这是我的太太”“这是我的领导”等，这说明客户对成交没有多大异议，但希望营销人员进一步说服或打动具有决策权的家人或领导，以促成交易。

三、缔结成交的基本要求

1．要有积极的成交心态

成交心理障碍是指各种不利于成交的销售心理状态。成交是营销活动中的一道重要“门槛”，销售顾问心理上的一些障碍，会直接影响到最终的成交。很多销售顾问或多或少地对成交有恐惧感，总是担心不能实现最终成交效果，没有达到预期目的。经历几次失败的推销后，担心成交失败的心理障碍越加严重，以致产生成交恐惧症。成交心理障碍有以下几种表现：

➢ 等待客户提出成交请求，缺乏积极主动的意识。

➢ 害怕拒绝，对提出成交要求感到不好意思，害怕提出成交建议后遭到客户拒绝而导致气氛尴尬或失去继续推销的勇气和动力。

➢ 在一次遭拒后就放弃争取成交，缺乏坚持精神。

因此，坦然、平静的推销心态有利于取得心理上的优势，积极主动的心态能大大提高成交的几率。

2．要善于把握成交时机

ABC（always be closing，时刻准备成交）是营销人员的基本心理素养。成交时机可能会出现在营销活动的任一阶段，销售顾问必须灵活机动，随时发现成交信号，把握成交时机，随时促成交易。善于把握成交时机是销售顾问采取成交策略中的重要能力，这要求销售顾问要有一定的直觉判断力和专业敏感度。

要善于把握重大异议处理后出现的成交时机。一般而言，每个重大异议得到处理，都是成交的最好时机。

要利用好重要利益被客户接受时的成交时机。在经过价格和各种优惠谈判之后，客户得到一定的利益，其心理得到满足，购买决定基本形成，销售顾问要积极主动把握好这一时机。

要善于判断客户流露出的成交信号。销售顾问要善于察言观色，判断、捕捉客户在推销活动中表现出来的语言信号、表情信号、行为信号及进程信号等购买信号，采取相应的成交技术和方法，及时跟进，主动提出成交建议。

3．要掌握洽谈的主动权

掌握主动权是为了制造成交机会，是有效运用成交策略的必要条件之一。销售顾问如果掌握了洽谈的主动权，按照事先所制定的计划开展洽谈，就可以较容易地获得成交的机会，更有效地运用成交策略。

掌握洽谈的主动权，要求销售顾问首先在规划洽谈阶段做好充分的准备，制定一个完善的洽谈计划。要注意的是，掌握主动权并不是操纵和控制客户，相反，销售顾问应当鼓励客户表达自己的观点与要求，然后通过对客户的观点和要求做出恰当反应来掌握主动权。

4．要考虑客户的特点

成交策略的采用因人而异，应与客户的需求状况、个人特征相适应。只有这样，成交策略才能发挥出最大的效力。如果销售顾问不考虑特定客户的需求状况和个人特征，成交策略的使用就会有很大的盲目性，难以取得预期的效果。

一般来说，不同客户有以下几个方面的特点：

（1）男性客户比女性客户的购买决策速度快，这是由性别特征决定的。

（2）公务车购买客户的购买速度比私家车客户的购买速度快。

（3）买高档车的客户比买中低档车的客户购买速度快。

（4）经济发达城市居民的成交决策时间短于不发达地区居民。

（5）购买新下线、刚投入市场汽车的客户的购车决定速度相对要快一些。

（6）自己做生意的客户比公务员类或普通用车客户的成交决策速度要快一些，尤其是购买商务车的客户。

（7）说话快、不喜欢转来转去、走路步子大、动作幅度大的客户的购车速度较快；性格温和、考虑问题较细的客户的购车速度相对较慢。

四、成交方法

成交方法是指销售顾问在成交阶段，为促成客户做出购买决定，最终促使客户签单的有目的性的推销技术与手段。在汽车推销成交过程中，应根据不同客户、不同情况和不同环境，灵活采取不同的成交方法，以便更好地掌握主动权，促成交易。

1．请求成交法

请求成交法又称直接提示法、直接成交法，即销售顾问直接劝说客户购买推销产品的方法。这是一种最简单、最基本的成交方法，在许多场合下，也是一种最有效的成交方法。

请求成交法能有效地节约推销时间，提高推销工作效率。在实践中要注意以下几点：

（1）使用请求成交法要尽可能地避免操之过急。操之过急可能会产生成交高压，破坏成交气氛，使客户产生紧张心理，从而导致客户有意或无意地自动抵制成交，使销售顾问失去成交控制权。

（2）请求成交法比较适用于老客户、熟悉的客户或关系融洽的客户。由于双方已经建立了较好的人际关系，这时客户一般不会拒绝你的成交请求。

（3）对于已经发出购买信号但仍在犹豫的客户，可以采用请求成交法。

2．假定成交法

假定成交法也称假设成交法，是指销售顾问假定客户已经接受推销建议而直接要求客户购买推销品的成交方法。例如：

销售顾问：王先生，现在没有什么问题了吧？您准备什么时候来提车呢？

顾客：下个星期一左右吧。

销售顾问：好的，那我们先去办理一下订车手续吧。

在使用假定成交法时，销售顾问要密切注意客户的心理变化和行为反应，密切注意各种有利的成交信号；要充满自信心，对推销过程有充足的掌控，对客户的反应有准确的判断；要善于制造推销气氛，使用亲切、温和的语言表达。这种方法特别适用于对老客户的推销。

3．诱导成交法

诱导成交法又称连续点头成交法，是销售顾问在推销洽谈中诱导客户同意自己的推销建议，最后促使对方同意成交进而签约的方法；或诱导客户提出具体意见，销售顾问帮助客户解决问题，进而导致成交的方法；或销售顾问不直接总结这款车的优势，而是提出系列问题让潜在客户做出一连串的肯定回答的成交方法。

4．体验成交法

体验成交法是销售顾问为了让客户加深对产品的了解，增强客户对产品的信心而采取的试用或者模拟体验的一种成交方法。

体验成交法能给客户留下非常深刻的直观印象。目前，在汽车销售领域中，“试乘试驾”“免费使用若干年”“户外活动”等体验式销售活动非常流行。这种方法的运用必须要做好充分准备，并对汽车存在的不足要有清晰的认识，提前安排好应对策略。否则，客户试用的时候很容易发现汽车存在的不足，从而导致成交失败。

5．从众成交法

从众成交法也称排队成交法，是销售顾问利用大多数人的购买心理和行为来促成潜在客户购买推销产品的成交方法。

客户在购买产品时，都不愿意冒险尝试，凡是没经别人试用过的新产品，客户一般都持有怀疑态度，不敢轻易选用。反之，对于大家认可的产品，客户容易信任和喜欢。例如，营销人员告诉客户“这款车卖得很火，以后估计要提前预定了，您看那边几位客户，他们刚才来看车，都看中了这款车”，这就是有效地利用了客户的从众心理，暗示客户大家都买这款车，说明这款车肯定不错，这样使客户在成交之际找到一种心理认同，就很容易做出购买决定了。

6．优惠成交法

优惠成交法又称让步成交法，即销售顾问提供优惠的交易条件来促成客户立即购买推销产品的成交方法。

在使用这些优惠政策时，销售顾问要让客户感觉他是特别的，优惠只针对他一个人。不要随便给予优惠，否则客户会提出更进一步的要求，直到你不能接受的底线。同时，表现出自己的权力有限，需要向领导请示。优惠成交法与机会成交法结合起来运用，更能增强对潜在客户的刺激，诱导性更强烈。

7．机会成交法

机会成交法也称限制成交法、唯一成交法、最后机会法，是销售顾问向潜在客户提示最后成交机会，促成立即购买推销产品的成交方法。这种成交法利用最后机会、优惠机会、减价机会、展销机会等契机增强说服力，有利于创造成交气氛，吸引客户注意力；能施加一定的成交机会压力，促使客户主动成交。合理使用此法也能主动限制客户的成交条件，为己方获得更多利益。

8．选择成交法

选择成交法也称非此即彼法、二者择一法，是指销售顾问向客户提供两种或两种以上的购买选择方案，并要求其迅速做出抉择的成交方法。

这种成交法主要用来帮助那些没有决定力的客户做出交易决策，将选择权交给客户，为客户提供成交方案，既可以减轻客户的心理压力，又使销售顾问有回旋的余地。选择成交法的要点在于使客户回避“要”还是“不要”的问题，堵住客户说的“不”

字，如“您选择自动挡还是手动挡呢”“您喜欢红色的还是蓝色的呢”等。

销售顾问在运用选择成交法时，所提供的选择事项应能让客户从容地做出一种肯定的回答，而不能给客户拒绝的机会。在向客户提供选择方案时，应尽量避免向客户提供太多的选择方案，最好就是两项，最多不超过三项，方案过多会使客户有机会犹豫或无法选择，而销售顾问也无法达到尽快成交的目的。

9．总结利益法

总结利益法，即销售顾问在推销洽谈中记住客户关注的主要特色、优点和利益，在成交中以一种积极的方式成功地加以概括总结，从而得到客户的认同并最终取得定单的成交方法。这种成交法特别适用于直来直去的客户，而不是有特殊个性的客户。

10．保证成交法

保证成交法是指销售顾问直接向客户提出成交保证，使客户立即成交的一种方法。所谓成交保证就是指销售顾问对客户所允诺担负交易后的某种行为。

当客户对某款车不是十分了解，对其性能、质量也没有把握，价格又不低，由此而产生成交心理障碍，犹豫不决时，这时销售顾问应该向客户提出保证，消除客户成交的心理障碍，以增强客户的购买信心。

11．配角赞同法

配角赞同法是指销售顾问把客户作为主角，自己以配角的身份促成交易的成交方法。

配角赞同法既尊重了客户的自尊心，又富有积极主动的精神，促使客户做出明确的购买决策，有利于推销成交。但这种方法的缺陷也是明显的，它必须以客户的某种话题作为前提条件，不能充分发挥销售顾问的主动性。

运用这种方法时，关键应牢记一个法则，即始终当好配角，不能主次颠倒。

12．富兰克林成交法

富兰克林成交法又称理性分析成交法，就是鼓励潜在客户去考虑事情的正、反面，突出购买是正确选择的方法。

客户在作决定的关键时刻总会犹豫不决。富兰克林成交法的基本做法是在一张纸上画出两栏，呈“T”字形，将推销车型的优点写在左边，缺点写在右边，然后让客户一一分析优缺点。销售顾问在一旁帮助客户记忆优点，至于缺点就由客户自己处理了。

这种做法便于客户比较利弊，说服力强，特别是在书面写下这些信息时，能让客户感觉到销售顾问只是代表他把他的评估比较客观地写在上面；同时，在时间和信息有限的情况下客户不可能突然想出太多的否定因素，从而有利于缔结成交。

思考与练习

1. 成交信号的基本表现类型有哪些？

2. 不同类型的客户应采取不同的成交方法，试以表格的形式列出客户的类型及成交方法，并作简要分析。

3. 某营销人员为了尽快成交，最后再次对客户让价，并许诺赠送专属全车贴膜。请问该销售顾问采用的是什么成交方法？采用这种成交方法时需要注意哪些问题？

模块三 汽车传统营销模式

课题一　汽车展会营销

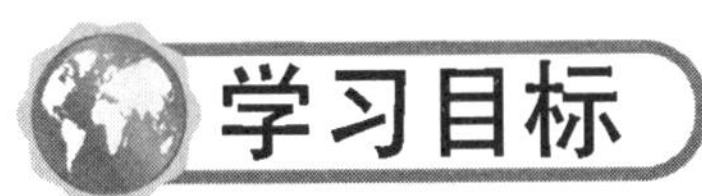

学习目标

◆ 了解汽车展会的含义、分类及特点。

◆ 掌握汽车展厅设计需考虑的因素。

◆ 掌握汽车展会营销策略。

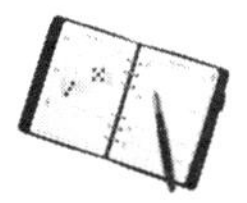

课题导入

2016 年北京车展共吸引观众 81.5 万人次，来自全球 14 个国家和地区的参展商 1 600 多家，来自全球的 100 多个汽车品牌共展示车辆 1 179 辆；2016 中国（沈阳）国际汽车展览会有 130 家国际、国内汽车厂商参加，142 个国际、国内品牌参展，参展车辆达到 1 154 辆，实现购车交易额约 40 亿元；2016 年中国海南国际汽车博览会观展人次逾 28 万，成交量逾 5 000 辆，总成交金额高达 10 亿元。

车展上的新车展示以及丰富多彩的展览活动能让观众们流连忘返，车展早已成为车企营销的重要形式之一。

一、汽车展会概述

1. 展会的含义

展会是为了展示产品和技术、拓展渠道、促进销售、传播品牌而进行的一种宣传活动。

汽车展会也称汽车展销会，即车展，是由政府机构、专业协会或主流媒体等组织，在专业展馆或会场中心进行的汽车产品展示展销会或汽车行业经贸交易会、博览会等。

汽车展会营销能提升品牌的知名度和美誉度，提升商家的销量，收集到更多的意向客户，提高商家的团队营销力，提升品牌的知名度。

2．汽车展会的分类

新车型已经成为争夺汽车市场份额的有力武器，因此世界各大汽车制造厂商每年都在一些大都市举办规模盛大的车展，在车展上推出自己企业的最新车型、概念车型，来展示自己在汽车领域内取得的成就。

在业内，车展级别分为A、B、C、D级，具体的区别见表3—1—1。

表3—1—1　　各级别车展的区别

级别	A	B	C	D
参展方	厂家直接参展	厂家直接参展	厂家支持经销商参展	部分厂家支持经销商参展
参展门槛	参展门槛相当高	几乎没有参展门槛	无参展门槛	无参展门槛
影响范围	全球范围	国内	省内	地市州
承办方	一般为举办国汽车工业协会	一般为举办国汽车工业协会	一般为举办地汽车工业协会	一般为当地广告公司或会展公司
举办目的	发布新技术、新车型	发布部分新技术、概念车型，或国内新车首发	几乎没有新技术发布，一般为新车省内上市	促进销售
车模	全球顶级车模	国内知名车模	当地传媒公司车模	几乎没有车模
观展群体	全球范围内的媒体	全国范围内的媒体	省内媒体及省内购车群体	地市州内购车群体
车型特色	概念车、首发新车	部分概念车、首发新车	首发新车、加装配置车型	主要促销车型、部分新车

（1）A级车展

按照目前的国际惯例，被公认的国际车展为“五大”：北美车展、法国巴黎车展、瑞士日内瓦车展、德国法兰克福车展和日本东京车展。中国北京车展与上海车展每两年一届，最初定义为B级车展，由于中国汽车市场发展迅速，现也被国际认为是A级车展。

（2）B级车展

在国内，业内普遍承认的B级车展为成都车展和广州车展。

（3）C 级车展

C 级车展一般为省会城市的汽车博览会，如长沙国际车展、南宁国际车展等。举办频率一般为一年一届。

（4）D 级车展

D 级车展一般在三四线城市举办，影响力大多局限于举办地点所在的城市，展台搭建一般由经销商合作的广告公司或者主办方完成。

此外，还有许多小型的室外车展，这种车展一般不会被称为正式的车展，而是外展活动。参展一般为经销商的个体行为，主要是以收集意向客户信息为目的。一般此类车展不会有太多的成交量，因为受其展出条件限制，没有良好的客户洽谈环境，营销人员多会将客户邀约到店内进行深度的洽谈。

3．汽车展会的市场意义

汽车展会是对于汽车工艺的呈现与汽车产品的广告。汽车企业可以通过车展对外宣传产品的设计理念，发布产品信息，推广品牌，在新车投放上加大对消费者的舆论引导，从而达到销售目的。消费者则可以经由汽车展览会场所展示的汽车或汽车相关产品，了解汽车产品信息，以及汽车制造工业的发展动向与时代脉动。

2016 年 4 月 25 日—5 月 4 日举办的北京汽车展览会，除了展示、交流新技术、新产品，也是全球汽车产业发展趋势的风向标。从北京车展可以看出中国车市的四大发展趋势：

（1）中国车市继续向好的趋势发展。

（2）中国新能源汽车市场发展前景看好。

（3）中国 SUV 市场还将继续快速增长。

（4）智能汽车正在被逐步推广和应用。

二、展厅的设计

1．展位的选择

展位本身是静态的，相对于单个企业本身来说，影响其选择展位的因素也是静态的。但展览并不只是一家企业的展览，当考虑到其他参展企业时，展位选择也是一个动态问题。相对于其他竞争对手或合作伙伴，展位选择可以有不同策略。

（1）直面竞争型策略

直面竞争型策略是企业把展位选择在竞争对手旁边，与竞争对手针锋相对地争夺观众。一般来说，选择这种策略的企业应与竞争对手的实力相当。有时公司的实力即使不如竞争对手，但由于想在展会上推出一种新产品，或是希望与业内领头羊一较高低，那么公司的选择策略也会积极一些。当然，选取这种策略的公司一定要在展台设计或展示方式上突出自己的特色。

案例分析

2016 年北京车展，在 E1 馆内的品牌有博世、乔治巴顿、宾利、华晨汽车、迈凯伦、阿斯顿马丁、阿尔特、兰博基尼、法拉利、中国一汽、广汽集团、华泰汽车等品牌，除了国内三大品牌，其他都属于竞争关系。E3 馆的比亚迪汽车和奇瑞汽车的价格和品牌定位基本都是互相重叠的，争夺的也是同一块市场。丰田旗下的皇冠和奥迪旗下的 A6L，汉兰达、普拉多和奥迪的 Q5、Q7 等直接形成较量；同馆竞争的还有丰田的混合动力车型与特斯拉的 MODEL 3 等车型。

本案例中，各大汽车品牌场馆布局采用的是典型的直面竞争型布局方法，其竞争品牌或竞争车型基本处在同一类型竞争市场。

（2）共享资源型策略

共享资源型策略是一种依靠策略，这是中小品牌车企在参展预算有限的条件下，可以采取的一种比较“灵活”的选位战术。共享资源策略有以下两种方式：

一是溜边策略。简单地说，就是紧挨着行业巨头旁边选择展位，目的就是为了分享他们的客户资源。如图 3—1—1 所示为 2016 年北京车展的 E1 馆布局。

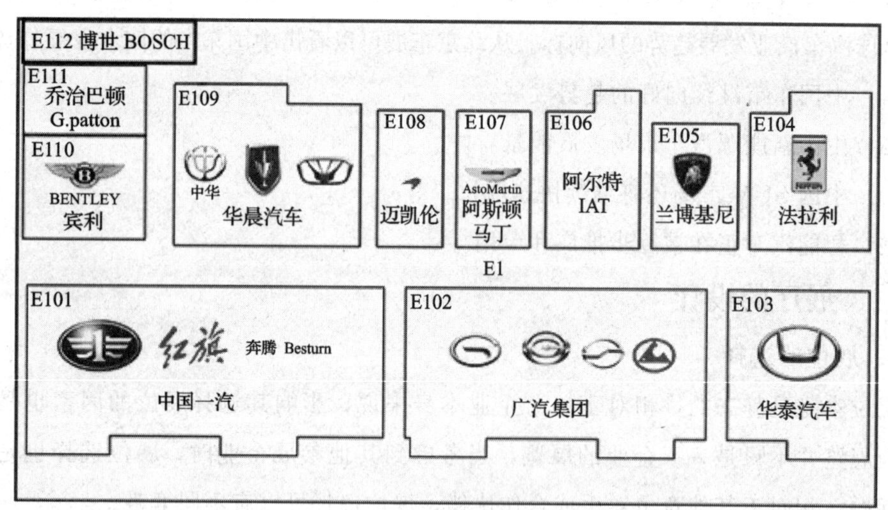

图 3—1—1 2016 年北京车展 E1 馆布局

二是环绕策略。就是沿着展馆边界布置展位，将展馆整体“包围”起来，形成一种大品牌在外侧环绕，小品牌罗列其中的布局，目的就是为了分享大品牌的客户资源，如图 3—1—2 所示。这种策略经常在一些海外车展中使用。

（3）合作伙伴型策略

合作伙伴型策略也称抱团策略，就是参展企业自己不独立设置展台，而是与合作伙伴联合起来，即设计“伙伴展位”，通过整合企业与合作伙伴的产品与服务来达到展示自己产品的目的。展览上参展企业彼此之间可能是竞争者，也可能是合作伙伴，这是一种让目标观众了解企业产品或服务的非常有效的方式。

图 3—1—2　展位环绕策略

合作伙伴型策略包括三种形式：

一是同车系抱团。例如，在 2016 年日内瓦国际车展上，4 号展馆几乎清一色为日系车，如图 3—1—3 所示。

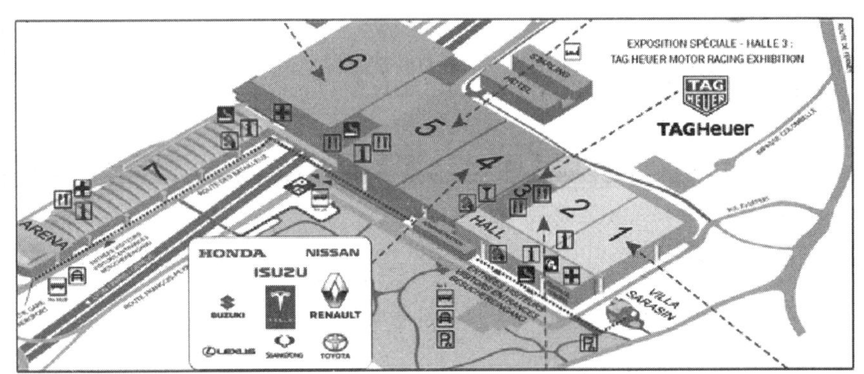

图 3—1—3　同车系抱团策略

二是同集团抱团。即同一个集团在同一片展位。相比按车系国别来“抱团”，同集团内部品牌“抱团”（如丰田和雷克萨斯、大众和奥迪等品牌在一起展出），往往会形成高低搭配，最终得益的还是整个集团。又如，大众集团就曾单独租用一个场馆，场馆里全部展示自己旗下的车型，如图 3—1—4 所示。

图 3—1—4　同集团抱团策略

三是同档次抱团。车企根据品牌的市场定位，在车展时，往往采取与同档次品牌抱团的现象，即各档次品牌汽车在相应的展区，这是目前车展比较常用的策略。

四是同城抱团。如 2016 年北京车展，E2 馆内展示的品牌有上汽通用五菱、上汽大通、上汽荣威、上汽名爵、长江 EV、雪佛兰、别克、力帆汽车、江淮汽车、广汽菲克等，基本可以被称为“上汽专场”，如图 3—1—5 所示。

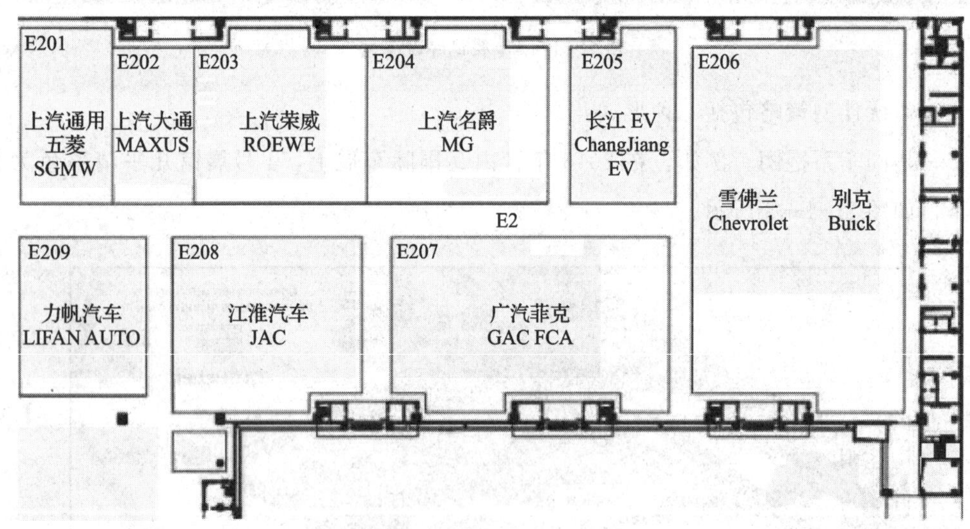

图 3—1—5　同城抱团策略

2．车展展厅设计需考虑的因素

展销的目的是为了招揽客户，以便能够达到销售的目的。因此，汽车经销商在进行展厅设计时，要充分考虑以下因素。

（1）展台的颜色和包装的质量应和汽车 4S 店的形象互为补充。

（2）可以用灯光来强调展出的产品，营造氛围。

（3）可以使用特殊效果来抓住参观者的注意力，如移动的物体、音响、模型、模特和活动等。

（4）展台图片一定要简明扼要，可以使用动感词汇，还可以采用4S店的标志，用来表明身份。

（5）桌子应放在场地边上，有条件的尽量放在各种车型辐射范围地带。

（6）使用绢制花草装饰的效果要好于使用真的花草。

三、汽车展会营销策略

1．汽车展会中的客户识别

中国的大小车展越来越频繁，可以用人山人海来形容，但这种火爆的车展对于营销人员来说是好事也是坏事，因为车展人气虽然火爆，但参加车展的并不都是有意向的购车客户，所以营销人员应善于在人山人海中辨别出意向客户。

（1）车展客流分类

1）媒体工作者。这类人群易于分辨，一般不是胸前挂着工作牌，就是身上挂着专业相机，专注于车秀和新车话题。

2）车迷。车迷参观车展多数是关注概念车、新产品和新技术，尤其是对一些新技术会特别关心，而且车迷一般问的问题都很专业。

3）闲逛者。一般都是走马观花，很少询问价格，在各个展厅停留的时间都不是很长，有时候会被车展内的歌舞活动吸引驻留。

4）近期已购车新用户。这类客户进入展厅更关心的是价格，对产品讲解没什么太大兴趣，与营销人员交流时，也都是围绕价格展开的。

5）赠品收藏人士。这类人群来车展主要目的是要赠品和收集资料，对促销反应冷淡，年龄相对偏大一些。

6）学校师生。这类观众结伴而行，或走马观花，或深度探询新车型、新技术。

7）真正购车和考虑购车者。这类人群才是营销人员的主要目标。

（2）意向客户

1）现场订购类型。这类人群在前期就已经看好某款车型了，而且已经决定购买，来车展无非是等着厂家的促销，无论促销力度怎样，基本都会签单购买。

2）犹豫选择类型。这类人群有购买意向，但是还在几个品牌之间徘徊，没有做出选择，来车展主要想看看各品牌的促销力度，另外也是想通过车展确定购买某一款品牌车型，这种类型的客户很容易转化成现场订购类型。

3）潜在购买类型。这类人群的购车时间都在半年甚至一年以后，处于初期询价和学习期。

4）公司采购类型。这类人群一般不是一个人来参观车展，往往是两个人及以上，目的是为公司采购汽车，所以对汽车性能关注得更多，反而对价格关注得比较少。

5）外地客户类型。这类客户一般都是郊县和车程在 50 km 以内的外地客户，他们来看展是为了比较两地之间的差价。一般营销人员在询问客户住址的时候，就能分辨出这种类型的客户。

（3）意向客户的八大典型特征

1）对某一车型直接询问优惠条件或者直接和营销人员谈价者。这种类型的客户属于比较典型的现场订购类型，成交几率很大。

2）对购车细节特别感兴趣，询问保险、贷款、保养等问题。这种类型的客户基本上已经确认购买，但是对一些细节还有些疑问，所以需要了解清楚。

3）直接和营销人员讨论竞品和本品牌之间的区别。这种类型的客户，还在几个品牌之间徘徊，尚未确定，营销人员需要通过产品的讲解和促销的刺激来帮助消费者确认购买推荐品牌。

4）全家共同讨论某款车型。这种全家共同前来参观车展的，签单的几率很大，但有一个很大的问题：一定要分清谁是决策人、谁是购买人、谁是使用人。

5）坐在车内和家人长时间讨论的参展者。这种情况一般是夫妻二人在车内对比几个意向品牌，最后确认的过程。

6）进场后直奔某款车型，长时间驻足停留。这种类型的客户也属于在来之前曾经去过 4S 店或者在网上查找过相关车型资料，对此款车型比较中意的人群。

7）手中拿着几种竞品品牌的单页，不断询问细节并比较的人群。这种类型的客户还处于购买的初级阶段，它和第三类客户特征的区别在于购买的阶段是不同的。

8）长时间认真倾听营销人员的讲解，但和营销人员交流并不多。这种类型的客户有购买意向，但在车展上的购买几率是 50%，需要后期跟进。这种类型的客户未必是决策者，但有购买意向；如果与营销人员交流内容很广泛，那么也有可能是车迷。

2．车展中的营销技巧

传统的展厅（如 4S 店内）采用的是“接待客户→分析需求→商品介绍→试乘试驾→促成签约”的线性流程开展销售活动，而在车展中变成“确认需求、直切亮点、有力报价、转移抗拒”的非线性流程开展销售活动。

车展中的营销法则主要包括取得客户信赖、瞄准客户需求、价值大于价格、利益引导决策等。

（1）快速筛选客户法

以每日数万观众计算，现场每小时至少有 5 000～10 000 人移动，潜在客户是被动的，如何快速筛选潜在客户是重点。可从客户的眼神和移动路线、停留时间、赏车位置等要素筛选潜在客户。

（2）顺势再探询法

回答客户问题后营销人员应顺势再探询，例如回答客户车型配置后顺势询问配置需求，回答发动机马力后顺势询问驾驶需求等。

（3）团队销售法

客户没有等待销售人员回答问题的时间，在车展上，销售经理与维修技师应坐镇现场，针对优惠、技术、二手车处理等问题要当机立断，由团队联手创造新车价值与服务价值。

（4）报价时预留伏笔法

车展报价一定要预留伏笔，若第一次报价以铁价定调容易丧失决赛权。

（5）反问法

客户常询问会赠送什么，销售顾问可以反问："说说看，您需要什么?"客户提出让利、赠送赠品等问题，营销人员宜以"如果/是否"反问句型引导客户承诺。

（6）追踪策略活化法

对H级客户（购车欲望强烈）要把握4小时原则，对A级客户（购车欲望比较强烈）要活用短信、微信、QQ、电话、试驾等不同方式。

为了配合展馆内的营销活动，参展车企要充分利用好外场噪声小的优势，与客户进行洽谈，使客户进入"舒适区"洽谈；要在外场配备好试乘试驾方案，让客户充分体验。同时，外场也包括4S店，可以邀请客户到4S店里进行洽谈，提高成交率。

3．展会后的客户跟进

（1）做好客户分类管理

首先，整理好客户的签到、签名、名片、联系方式、交流记录、现场印象等资料、信息和文件。

其次，对以上痕迹客户按照一定的级别进行分类。

再次，根据分类制定跟进计划，依据结果导向性的工作原则做出不同的计划。如对于意向最强的客户，要制定必须拿下订单的计划及促进订单进度的计划，计划要明确且具有可执行性。

最后，对展会结束后的工作进度进行评估。

（2）车展后的客户类别

1）已付订金的客户。这种客户可以被划分为最优级客户，是意向最明显的，所以车展结束后要马上按照要求准备资料，联系沟通等。

客户在车展中与营销人员确定好交易关系，并支付好订金，但这种客户不一定会最终购买。虽然支付过订金，签过合同，但若过后有更好的选择，客户仍会取消订单，

这种情况非常普遍。对于出现客户迟迟不能正式“定车”的现象，汽车营销人员应及时与客户沟通，看看问题出在哪些方面，从而采取相应的措施。

2）对某些要求或者价格谈不下来的客户，车展结束后，要仔细考虑好是否要向他们的要求妥协。若决定妥协，可先打电话再次与客户沟通，判断客户是否会让步，如果客户坚持自己的决定，就应直接向客户让步。

3）有意向下单的客户。对于这样的客户，营销人员在车展之后，应及时准备好相关资料，保持进一步的联系，有新产品要及时推荐给这类客户。

4）索要资料客户。对于一些咨询过或索要过资料、赠品的客户，展会回来后应该立即着手跟进。

5）潜在客户。车展结束后，先打电话或者发电子邮件了解客户的潜在需求，但是联系的密度不宜太密。与客户的联系是汽车营销工作中必不可少的一个环节，这也是挖掘潜在客户的重要手段之一。

思考与练习

1. 简述汽车展会的分类。
2. 简述汽车厂商在车展中的展位选择策略。
3. 在车展中如何进行客户识别？简述车展中的营销技巧。

课题二　汽车异业联盟营销

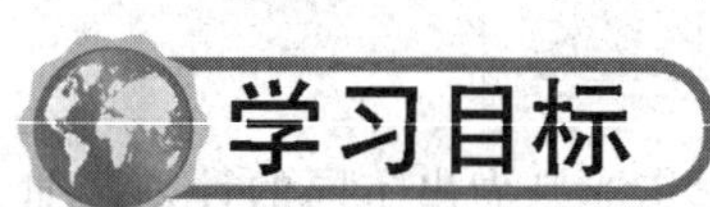

学习目标

- 了解异业联盟营销的概念、特点和意义。
- 掌握异业联盟成员的选择及合作类型。
- 掌握异业联盟营销策略。

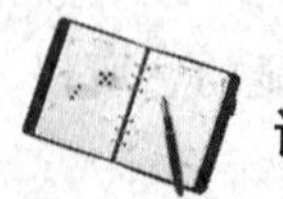

课题导入

2013年，北京现代联手北京国美43家分店开展主题为“春季尊享，惠动京城”的联合促销活动，将家电和汽车产品相关联。北京现代还特地以瑞纳汽车使用权等作为抽奖奖品，通过更多的让利、更好的产品、更优的服务，赢得新老客户的认可和信赖。通过异业联盟的形式，可以给予更多优惠让利空间，感恩回馈消费者；推出诸多置换、金融计划等政策以推动自身用户群体的不断壮大；同时不断完善产品格局，为消费者用车提供更加多样化的选择。

在渠道为王、资源整合的时代，异业联盟营销逐渐成为车企重要的营销形式。车企在异业联盟中，凭借着彼此的品牌形象与名气，来拉拢更多的消费者族群，借此来创造出双赢的市场利益。

一、异业联盟营销的概念

异业联盟（Horizontal Alliances）是指各行业、各层次的商业主体之间，为了达到共同的利益，通过一定的组织机构或网站形式组成的商业联盟。异业联盟的各商业主体之间相对独立，同时，又存在一定的利益关系。因此，异业联盟是一个相对紧密、资源共享、利益共存的联盟。

从英文字面上的原意来解释，异业联盟的意思是“水平结合”。顾名思义，异业联盟营销是指产业间并非上下游的垂直关系的商业主体，而是基于双方共同行销、互惠目的的水平式合作关系。

在汽车产业中，有不少车型在配备上往往会搭配口碑较高的零部件产品以提升自身的产品价值。例如，奥迪 A8L 就特别强调车内音响系统是采用在家用音响领域中颇富盛名的 Bang & Olufsen；英国顶尖豪华车品牌宾利也与瑞士知名飞行表厂家 Breitling 展开合作；专攻赛车引擎的 Cosworth 也曾经被结合到福特汽车旗下的 Escort、Sierra 以及奔驰 190E 车系上。一般来说，两个品牌间的异业联盟，通常是其中一方搭载名气更大的另一方企业的顺风车，借着品牌叠加后的增值效应来换取更有利的收益。但不可否认的是，这种异业产品组合构建的多元化发展体系，既填补了后市场商业主体欠缺的圈子文化，又为车企的渠道拓展提供了全新的运作思路。

在移动互联时代，结合 O2O 模式，异业联盟在解决单一品牌面临的消费人群单一、客户人群有限、产品单向销售、营销成本居高等问题方面将发挥更大的作用。

案例分析

2015 年自主汽车网与爱国者组成异业联盟（图 3—2—1）。自主汽车网站是中国第一个自主汽车门户，服务对象是中国自主汽车品牌，除了网站，线下产品包括千县万乡巡展、城乡大集车展等；爱国者联盟是中国著名 IT 品牌“爱国者”旗下 O2O 的商业平台。两者基于一个共同纽带——“中国制造”的“爱国”理念走到一起，优势互补，共同推动中国制造品牌的传播与销售。此案例是异业联盟营销在汽车营销中的一个典型案例。

图 3—2—1　自主汽车网与爱国者组成异业联盟

二、异业联盟营销的特点

异业联盟营销模式具有别的行业团体难以比拟的特点，主要包括联盟主体差异性、联盟主体非竞争性、联盟主体互补性、联盟运作网格性、收益根式延伸性等。

1．联盟主体差异性

由异业联盟的本质决定，要求其联盟合作者必须为具有行业差异性的主体，或是同一行业阶段性差异化的主体，这样的前提决定其没有利益冲突，为异业联盟的创建提供了基础。

2．联盟主体非竞争性

这一特征是基于其主体差异性产生的，主体的差异使联盟合作者不存在竞争性或是没有直接的、硬性的利益冲突，即联盟主体具有排他性和独享性。这种情况下，异业联盟作为一个系统，才能够协调运行，各参与者才能够竭尽全力，实现共同发展。

3．联盟主体互补性

任何行业，任何个体的任何一次合作，出发点都是为了实现各自利益最大化，获得利润。异业联盟作为一种合作共赢的商业运作模式也是如此。各个联盟合作者或多或少地都会找到契合点，这个契合点的理想模式为“螺丝—螺丝扣”模式，非理想型为互补性。也就是说，能够找到与对方合作的点，而这个点也能为自己创造价值。互补性为异业联盟的创建提供了可能性。

4．联盟运作网格性

异业联盟利用网格性整合应用特点，将表面本非一体的经济参与主体有机结合起来，发挥其团体效益。所以，在异业联盟范围内，以一个参与主体为点，透过网格性特征，或多或少地都会找到与其他参与主体的利益关联。

5．收益根式延伸性

以上四点保证了异业联盟良性运作的可行性，同时，也会促使收益根式延伸性的出现。在联盟运作有了一定的成熟性以后，各参与主体都会根据合作经验，深挖自己的利益对象，实现品牌的提升、经营成本的降低、客户数量的增加和质量的提高。

6．目标市场一致性

2007年9月26日，金山软件正式宣布战略结盟东风日产乘用车公司，东风日产为《春秋Q传》游戏提供“骐达”与“骊威”两款车型作为豪华大奖，同时金山也将该两款车植入游戏，供所有玩家在游戏里激情体验。网络游戏作为新媒体资源吸引了大量年轻用户群体的注意力，具有强大的媒体效应。而汽车用户也越来越年轻化，两者的目标市场存在高度一致性，最终促成双方的异业联盟。

7．品牌形象匹配性

异业联盟讲究“门当户对”，不同定位的商业匹配的异业联盟伙伴也不一样。品牌的对称性是异业联盟建立的基本落脚点，比如对高尔夫这个高端服务行业来说，如果搞试驾活动，那一定是选择陆虎、奔驰、宝马这个量级的，若品牌不对等，则伤害的是双方的客户体验。

三、异业联盟营销的意义

异业联盟营销是一种创新的商业营销模式，其实质是一种跨界营销。当今市场，渠道越来越多元化了，电商、专卖店、手机移动终端等在为消费者提供更多选择的同时，也在分流传统零售业的客源。在一定程度上、一定范围内，异业联盟营销具有解决营销主体的客户群问题、成本问题、单向销售问题和单一消费人群问题的实践价值。在这种竞争态势之下，意在“共享客户资源，共同做大市场”的异业联盟，显得意义重大。

1．有利于资源共享

异业联盟可以在各结盟商业主体之间实现资源和信息共享，丰富信息量，迅速把握市场，了解客户需求动态，使经营有更大的市场发展空间。

2．有利于培养客户的忠诚度

推动异业联盟风行的另一市场背景是消费者的日渐成熟，市场需求越来越细化和多元化，不可避免地对营销提出了新的要求。打折、促销、赠品在这些常规的促销手段已经使消费者产生了审美疲劳。要想留住客户，必须提高服务的附加值。异业联盟提供的附加值：一是价格的优享，二是关怀，其影响可能是长效的。异业联盟跟客户之间的关系越紧密，客户的忠诚度就越高。

3．有利于降低成本

联盟之间的资源共享、信息共享、活动共享，使得各商业主体整合了资源，降低了经营成本。资源整合包括广告资源、公共关系资源、市场信息资源、客户信息资源以及市场供给需求等。

4．有利于提升品牌叠加效应

联盟商业主体之间的互动宣传活动起到了广告宣传效应，使各商业主体的知名度和品牌也得以相互反复传播，有利于提升品牌的叠加效应，提升品牌附加价值，提高企业的知名度和品牌形象，增强企业的市场竞争力。

案例分析

2016 年 6 月 30 日，首个亚洲本土豪华邮轮品牌“星梦邮轮”旗下首艘邮轮“云顶梦号”与汽车经销商集团——康顺汽车集团结成异业联盟（图 3—2—2），为双方客户提供尊贵独特的专属礼遇，打造与众不同的奢华旅程，提升和丰富双方的客户体验，延伸双方的尊贵服务，为双方客户带来独特的海陆跨界体验，极大地提升了品牌的叠加效应，并提升了品牌的附加价值。

图 3—2—2 “云顶梦号”邮轮与康顺汽车集团结成异业联盟

5．有利于实现利益最大化

将异业的商业主体整合在一起的实质是将分散的各大利益主体共置在一个公共平台上，消费的一方和产出的一方都在这个平台上，能解决自身所面临的问题，实现自己的利益最大化，如图 3—2—3 所示。

6．有利于实现双赢

各结盟企业之间的业务紧密相关，相互支援，能拉动不同行业之间消费者的消费，吸纳不同行业的客户群体，扩大和补充客户的需求，建立良好的人脉体系，不断提高不同行业之间的服务质量，创建一个支持共赢的成功系统。

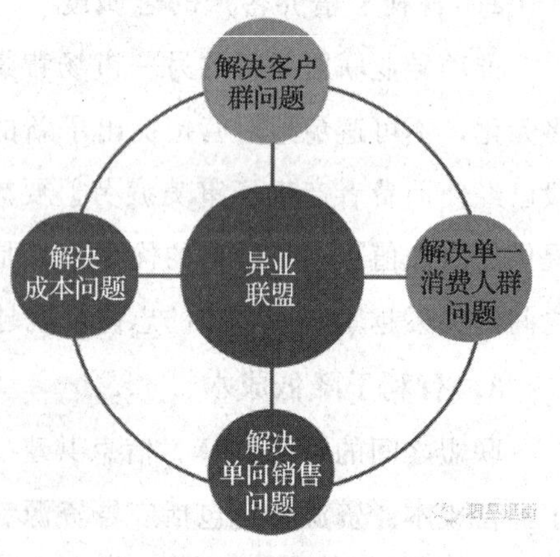

图 3—2—3 异业联盟的价值

四、异业联盟成员的选择

选择合适的联盟商家对于汽车异业联盟的成功有举足轻重的作用。联盟商家选择得好能促进营销活动的成功，更容易激活各联盟商家员工的潜能，联盟会创造更大的产值；反之则会影响品牌形象及营销活动的执行力，起到负面作用。

在选择与之合作的行业时，应充分考虑到各行业间的直接和间接的关联属性，就汽车产业链而言，可以选择建筑行业、体育赛事、旅游行业以及影视行业等作为联盟成员。

同时，在选择联盟成员时，还要明确成员的具体要求，应是在当地拥有较高知名度的本地品牌或全国性知名品牌；产品质量优良、售后服务完善，具有较好的品牌口碑；在本地同类中、高档产品中的市场占有率处于前三位；应具有排他性，即只与我方合作，而不能与汽车类其他品牌，特别是直接竞争对手合作。

五、异业联盟合作类型

根据商家自身综合实力、公共关系、市场状况、供给需求及谈判能力的不同，主要分为合纵和连横两种合作类型。其中合纵型可分为组织型异业联盟和随机型异业联盟。

1. 组织型合纵异业联盟

组织型合纵异业联盟的要点在于，通过组织架构、规章制度、运作机制、利益互绑等要素，将联盟内的每个商家紧密联系在一起，具有较强的排他性、协同性和整合优势。

组织型合纵异业联盟建立的条件是：发起方在当地市场具有一定的行业影响力和公共资源掌控能力；当地汽车市场发展较为成熟，市场潜力较大；当地汽车市场竞争激烈，但未形成一家独大的格局；组织管理成员具有较高的威信和统筹协调能力。

联盟成员商家开展重要营销活动时，其他商家应给予一定的支持与协助；制定统一的、联盟内流通的促销工具，如联盟代金券、会员制一卡通等；组织并统筹、协调管理联合性市场推广活动及促销活动；对联盟内各商家的资源、信息整合共享；对联盟内各成员进行统一的监督管理及奖惩制度；会员有义务及责任，共同承担联盟运作所需要的费用；联盟应定期举行相关会议，如组织运作会、管理沟通会和市场研讨会等。

2. 随机型合纵异业联盟

随机型合纵异业联盟适用于不具备一定公共资源、行业影响力或市场条件不成熟的经销商。随机型合纵异业联盟的要点在于通过将汽车行业内各商家，以非正式组织的形式，相互间就局部合作达成一致协议，商家间可一对一、一对多相互合作。联盟形式较为松散、随机和灵活，但联盟一定要具有同行业排他性。

随机型合纵异业联盟组织没有管理方，也无其他独立机构，联盟间的活动都是建立在相关协议基础之上。成员相互间相对独立又相互关联，任何成员均可发起各种联盟讨论会和交易合作会。

在联盟框架内，各商家可以以较低的成本进行资源互换、交易、合作，来提升商家在同业内的竞争力和降低市场运作成本。

随机型合纵异业联盟成立的条件是，随机型组织联盟各商家就组织运作期限，签订文本协议；联盟内商家之间必须不与联盟内商家竞争对手合作，签订文本协议；联盟内商家之间必须就相互资源互换、交易等合作方式，事先达成统一约定，并签订相关协议。

对联盟内各商家的合作，具有一定约束力；通过联盟组织，将商家间的资源进行整合，建立商家间资源交易合作平台，各商家可随机、灵活地进行资源交易和合作；在联盟协议内，各商家间的交易合作具有一定的安全保障性。

3．连横式异业联盟合作

连横式异业联盟合作即商家与其他异业组织间的联盟、组织与组织之间的联盟合作，即1＋N连横式联盟和N＋N连横式联盟。

1＋N连横式联盟合作：商家以独立个体的名义，与各种组织进行合作，如与百货商超、电影院、卖场等进行合作。

N＋N连横式联盟合作：以汽车联盟组织的名义与其他异业组织或多个个体进行联盟合作。其要求在于利用组织的综合实力和资源与其他组织或多个个体，组成强大的市场覆盖网络。

合作对象须在其行业内具有一定规模和市场占有率，原则上各行业只能选择一家合作。

连横式联盟的合作方式主要表现在：

（1）广告资源合作。彼此可在对方的宣传物料中加入关于自身的品牌、促销信息，如宣传册、展板、X展架、POP广告等。

（2）会员制合作。联盟之间的消费者凭会员卡在联盟之间消费，即可额外享受优惠政策。优惠形式主要有积分、打折、赠品等。

（3）与企业间的合作。向企业免费赠送会员普卡，企业可将此卡作为福利发放给企业员工，企业员工凭此卡即可在商家或联盟内，购买任一正价产品，即可享受会员普卡权益。

六、异业联盟的营销策略

1．确定目标消费者

这是有效实施异业联盟策略的前提，也是整个联盟能否成功的关键一步。企业想要真正确定到底谁是自己的目标消费者，还得通过必要的市场调查手段来实现。

2．确定目标消费者的其他需求

任何消费者都不可能只具有某一方面的需求，还应该具有很多方面的需求，这就为企业实施异业联盟策略搭建了一个很好的平台。企业可以根据自身之前确定的目标消费者的特征来确定他们在除本行业之外的其他行业内的需求。

从目标消费者的其他需求中，选择出较为突出的一至两个，然后确定它们各自的可靠供应者。

3．选择异业联盟策略伙伴

被候选企业在目标消费者心中的地位起码要与本企业在目标消费者心中的地位一致，或高于本企业在本行业内的地位。只有这样，才能最大限度地发挥异业联盟策略的优势。当然，与选择行业不同的是，选择合作企业时，可以选择某一个企业，也可以选择具有相同或相似目标消费者的多个企业，比如，宏碁 Acer 曾经与法拉利 Ferrari 共同推出一款笔记本电脑（图 3—2—4），当时除了以碳纤维机身打造出跑车味浓厚的外观，在配备上也采用顶配设计，吸引了大量消费者，宣传效果立竿见影。

图 3—2—4　宏碁与法拉利异业联盟推出的笔记本电脑

4．与选择对象协调，共同制定异业联盟策略并执行

确定异业联盟策略合作伙伴之后，剩下的事情就是与对方商讨如何更好地满足目标消费者的需求；同时，保持各自业务的同步增长。

在产品同质化、渠道同质化、终端同质化、推广同质化、营销同质化的今天，众多传统行业将营销差异化视为救命稻草，异业联盟成为各个厂商寻求的“蓝海”。决定市场经济发展方向的是消费者，这个事实已经越来越得到商家的普遍认同。每个行业都只是满足消费者的某时某刻的某种消费需求，因此如果把相近需求的各行各业联系在一起集中体现，那么对于消费者、收藏者和厂家都是相当有益的，这也是异业联盟营销兴起的主要原因。

思考与练习

1．什么是异业联盟？异业联盟营销有何特点？

2．异业联盟的合作类型有哪些？

3．例举一则成功的异业联盟合作案例，并分析其所采用的异业联盟营销策略。

课题三　汽车大客户营销

学习目标

◆ 了解大客户的分类及其特点。

◆ 理解大客户营销的要素及开发流程。

◆ 掌握大客户营销策略。

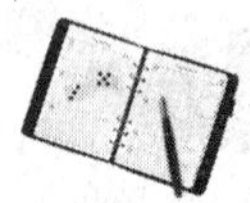

课题导入

2015 年 11 月，江淮汽车分别收获一嗨租车及太原联通的 MPV 大单采购，先后交付 103 台瑞风 MPV 及 100 台瑞风 M3。这是继瑞风 S3/S2 频繁大规模交车之后，瑞风 MPV 连续性的大手笔交车之举。作为“MPV 专家”，瑞风 MPV 此前多次获得政府、企事业单位大单采购，此次再获两宗百台大单，巩固了其在大客户采购市场的地位，也进一步打响了瑞风 MPV 的品牌声誉。

中国车市的竞争越来越残酷，对大客户的争夺也将越来越激烈。尽管私人消费者已成为车市购车的主力，但随着国民经济的发展，政府采购、企业采购等也会水涨船高，大客户销售的空间将会越来越大。

一、大客户与大客户营销

大客户（Key Account/KA），又被称为重点客户、主要客户、关键客户或优质客户等。大客户有两个方面的含义，其一指客户范围广，客户不仅包括普通的消费者，还包括企业的分销商、经销商、批发商和代理商；其二指客户的价值大。

不同的客户对企业的利润贡献差异很大，20％的大客户贡献了企业 80％的利润，因此，企业必须要高度重视高价值客户以及具有高价值潜力的客户。在大客户营销战略中的大客户是指后者，指公司所辖地域内使用产品量大或单位性质特殊的客户，主要包括经济大客户、重要客户、集团客户与战略客户等。其中经济大客户是指产品使用量大，使用频率高的客户；重要客户是指满足党政军、公检法、文教卫生、新闻等国家重要部门的客户；集团客户是指与本企业在产业链或价值链中具有密切联系，使用本企业产品的客户；战略客户是指经市场调查、预测、分析，具有发展潜力，会成为竞争对手突破对象的客户。

在英文中，汽车大客户称为“fleet vehicle”。西方国家有着十分发达的汽车租赁业务，使得汽车租赁公司成为了各大汽车厂商眼中绝对的大客户兼 VIP，它们和政府、企业组织等构成了汽车大客户的主体。

汽车大客户由于一次性购买的数量较大，对于提高品牌的市场占有率和扩大品牌的影响力有相当大的帮助，所以受到了厂家和销售商的欢迎。例如，在 2014 年底，海马汽车最终成功中标海南省食品药品监督管理局执法用车更换项目，成功取得 166 台福美来三代的采购订单，为海马汽车大客户业务再添新彩（图 3—3—1）。

图 3—3—1　海马汽车成功中标海南省食品药品监督管理局执法用车

大客户营销就是针对大客户的一系列营销组合。由于大客户的价值相对比较大，需要一对一地进行客户管理与营销战略实施。

二、大客户营销要素

业绩是检验大客户营销效果的唯一衡量标准。以业绩为导向的大客户营销要素的构成如图 3—3—2 所示。

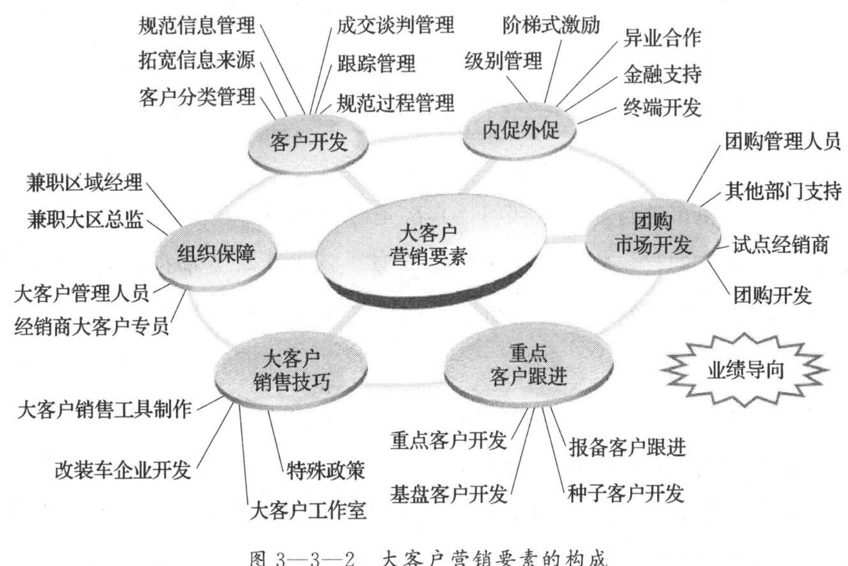

图 3—3—2　大客户营销要素的构成

三、大客户的分类及其营销特点

针对大客户，车企要依据不同的类型寻找不同的切入口进行开发。新车销售中的大客户一般有以下几种：

1．政府企事业单位采购

近几年国家限制“三公”消费，公车采购量下降，经销商重视度也随之下降。但限制“三公”消费，不等于取缔“三公”消费；采购量虽少了，不等于没有公车采购。若车企的品牌车型能进入政府采购，代表其符合标准，反映其资质良好，这在一定程度上可以作为企业品牌形象进行宣传。因此，政府企事业单位依旧是车企重要的大客户。

2．公务员、车改政策客户

公车改革之后，越来越多的公务员、车改政策用户开始自购车辆，厂家意识到这类群体的庞大，纷纷出台相关大客户政策，经销商应将相关政策向全体员工宣导，全员营销，寻找符合政策规定的客户。可从原有基盘客户、保有客户中积极宣导政策；利用自媒体等多维度开展宣传引导工作。

3．私营企业

私企购车考虑的是车辆的实用性和后期的使用成本，可以考虑从行业协会、商会、专业市场等渠道拓展业务。行业协会和专业市场可选择有影响力的带头企业先突破。

4．外商、外资企业

外商、外资企业包含台资和港资等，这类企业大多会采取租赁的形式解决其用车问题，可以考虑以租代购的方案，提供相应的租赁服务。许多地方都有招商局或商务局专门负责招商引资，通过他们为外资前期考察项目时提供用车服务，在前期建立好感，开展互动，为后期服务。

5．出租车

首先要关注出租车的行业主管部门，其次是出租车公司。出租车使用年限一般为8年，出租车司机关心的是影响车辆上座率的车型、后期维修保养的费用、配件的价格、售后服务的及时性，双燃料出租车司机还关心燃气储气筒的大小等。

6．租赁车

这类群体也较多，大型汽车租赁公司一般会找汽车生产厂家直接谈采购业务。租赁公司一般会选择市场认可度高、出租率高、保值率高、后期好处置的车型，而对热销车型、需要加价的车型、运动型车选择较少。越来越多的租赁公司购车会考虑经销商和主机厂是否提供金融方案，能否解决他们的资金问题。

从上述细分来看，大客户可分为以下几类，见表3—3—1。

表3—3—1　　大客户的分类

分类	详细说明	
A类大客户	属于法人用户，既是购买者又是使用者，一般是大型企事业单位，如行业集团公司、租赁公司、旅游公司、客运公司、外资企业、私营企业、各级政府和单位等	
B类大客户	政府采购	省、市采购中心，即各地政府机关部门上报计划采购车辆，由采购中心负责执行招标或采购
	系统采购	如部队、公安、海关、总装、国管局、中直、银行等，即国家直属机关或系统集中采购，再将车辆分配到下属各部门、地区使用
	车改用户	如机关事业单位、国企等，因用车制度改革而出现的内部职员统一购车的行为

7．大客户的营销特点

从大客户的分类可以看出，与普通客户营销不同的是，大客户营销特点鲜明：

（1）业务开发周期长，客户开发投入资金、人力、物力大，决策层次多。

（2）采购数量大，采购车型复杂，倾向于招标采购。

（3）决策层次多、决策因素复杂。

（4）对车辆品牌、质量、服务要求高，对零散客户具有示范作用。

（5）对产品个性化需求和差异化服务要求程度高，系统的解决方案是影响客户购买的关键。

（6）客户采购具有持续性，服务保障和客户情感维系是取得客户再购买的关键因素。

四、大客户的营销价值

大客户属于高价值客户群体，这类客户群体为企业不仅带来收益价值，更带来品牌、专业服务能力、行业领先优势、社会影响力等多方面的增值价值。大客户群体的特点决定了企业必然要为其提供超值服务并进行妥善管理，管理大客户就是管理企业自己的未来。大客户的营销价值如图3—3—3所示。

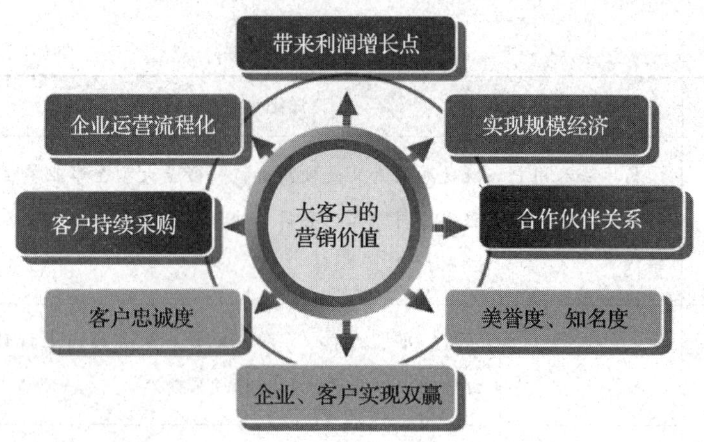

图 3—3—3　大客户的营销价值

五、汽车大客户营销过程

1. 大客户的寻找与确定

（1）大客户的寻找

主要有以下几种方法：

1）熟人介绍。通过熟悉的圈子锁定目标客户。

2）竞争对手。把公司的竞争对手作为一个参考的对象，分析他们目前的客户群，从而找出寻找方向。

3）借助专业人士的帮助。通过行业协会、权威人士、猎头、代理商或专业公司寻找客户。

4）客户推荐。在很多行业中，同业之间的关系都很密切，如果能让现有大客户帮助去向其他客户推荐产品或服务，效果将远胜过业务人员的各种公关。

5）展开商业联系。通过政府职能管理部门、行业学会/协会、驾驶员培训学校、俱乐部等行业组织，挖掘潜在的客户群体。

6）互联网、杂志、报纸等媒体。信息时代，客户会利用媒体宣传自己，或是被媒体所宣传。通过互联网、杂志、报纸，也可以挖掘到潜在客户。

（2）大客户的确定

每个客户的购买状况可用以下形式表示（图 3—3—4）：

客户（X，Y）

其中：X——目前的购买状况；

Y——未来的购买能力。

X、Y 的数值用数字 0～4 表示，划分出级别的不同。

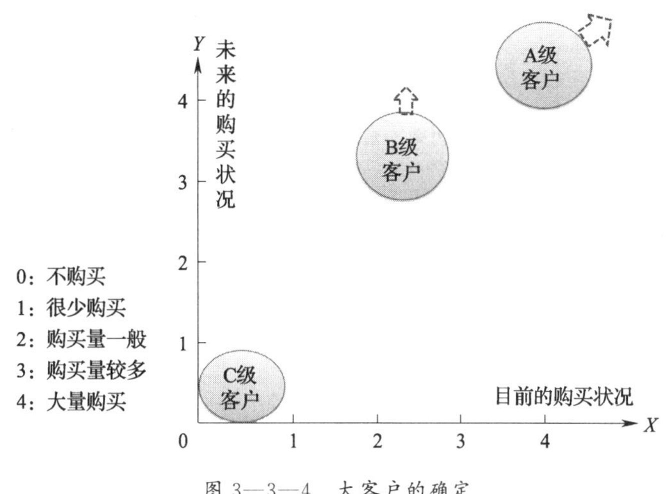

图 3—3—4　大客户的确定

用这个系统来分析现有客户，很容易划分出以下几个级别，并最终确定大客户营销策略：

A 级客户：无论是现在还是未来的购买状况，都是高能力、高潜力，这就是大客户，需要投资，予以重视。

B 级客户：现在的购买能力一般、中等，但是未来有充分的购买空间，需要选择性投入。

C 级客户：无论是现在还是未来，购买能力都很低，要放弃投入。

VIP 重量级客户：虽然他们现在的购买状况很一般，但其销量不能和 A 级或 B 级的客户相比；可能不是 KA（大客户），但由于他们有极强的影响力，其在行业/企业方面的影响超过了其购买作用，尽管有些甚至没有购买，但是他们很重要，是倡导者，所以给予特别的待遇。

根据客户的不同等级，就可以明确目标大客户。

2．大客户营销分析

（1）大客户需求分析

大客户需求分析见表 3—3—2。

表 3—3—2　　**大客户需求分析**

项目	需求内容分析
大客户购车用途	宣传车、公务车、不确定
主要使用区域	省内、跨省长途公务使用等
主要使用环境	高速公路、省道、市内、乡镇道路等

续表

项目	需求内容分析
产品技术要求分析	车身、内部、配置、配件要求
现有产品满足性分析	与采购要求是否相符，能否全面满足车辆需求分析
车辆采购预算	采购时间、车型、数量、预算分析，是否值得投入该项目，投入风险有多大等

（2）大客户信息分析

大客户信息分析见表3—3—3。

表3—3—3　　大客户信息分析

信息类别	信息分析
客户经营信息	➢ 客户的流动资产率——可以衡量客户是否有买单的现金实力，这个信息很关键 ➢ 客户的净利润率——可以衡量整个公司的收益状况 ➢ 客户的资产回报率——可以比较客户的投资与收益，并用来评估客户公司的管理水平 ➢ 回款周期——可以衡量客户公司内部的现金是用来偿还贷款还是作为流动资金来使用 ➢ 存货周期——可以衡量客户的销售能力或实际使用量，还可以看出其现金流动的速度
客户销售信息	➢ 产品的购买对象，包括性别、年龄及客户的营销方式等 ➢ 客户的物流方式，包括产品的库存、运输方式等
客户高层决策者的信息	包括决策者在公司的地位、决策者的性格、决策者面临的压力和挑战、决策者的兴趣及爱好、决策者的家庭情况等

（3）大客户购买决策的影响因素分析

同消费者购买行为一样，大客户的购买行为也同样会受到各种因素的影响。美国的韦伯斯特和温德将影响大客户购买行为的主要因素概括为4个，即环境因素、组织因素、人际因素和个人因素。

1）环境因素

在影响生产者购买行为的诸多因素中，经济环境是最主要的。大客户购买者会受当前经济状况和预期经济状况的严重影响，当经济不景气或前景不佳时，大客户购买者就会缩减投资，减少采购。此外，大客户购买者也受科技、政治和竞争发展的影响。汽车市场营销人员要密切关注这些环境因素的作用，力争将问题变成机遇。

2）组织因素

每个大客户的采购部门都会有自己的目标、政策、工作程序和组织结构。汽车市场营销人员应了解并掌握大客户内部的采购部门在单位里处于什么地位：是一般的参谋部门，还是专业职能部门；它们的购买决策权是集中决定还是分散决定；在决定购买的过程中，哪些人参与最后的决策等。只有对这些问题做到心中有数，营销工作才能做到有的放矢。

3）人际因素

是指大客户内部的人事关系因素。汽车产品购买的决定，是由客户各个部门和各个不同层次的人员组成的“采购中心”做出的。“采购中心”的成员由质量管理者、采购申请者、财务主管者、工程技术人员等组成。这些成员的地位不同，权力有异，说服力有区别，他们之间的关系也有所不同，而且对汽车产品的采购决定所起的作用也不同，因而在购买决定上呈现出纷繁复杂的人际关系。汽车市场营销人员必须了解用户购买决策的主要人员、他们的决策方式和评价标准、决策中心成员间相互影响的程度等，以便采取有效的营销措施，赢得客户。

4）个人因素

大客户市场的购买行为虽为理性活动，但参加采购决策的仍然是一个个具体的人，而每个人在做出决定和采取行动时，都不可避免地受其年龄、收入、教育、职位和个人特性以及对风险态度的影响。因此，汽车市场营销人员应了解汽车行业市场采购员的个人情况，以便采取“因人而异”的营销措施。

（4）竞争对手情况分析

营销人员应对主要竞争对手进行分析、比较，明确公司自身的优势和不足，充分认识到大客户开发的竞争环境。

3．汽车大客户的开发

（1）大客户开发的三个维度

高度决定视野，角度改变态度。宽度、高度和深度是大客户开发最基础的三个维度，应以此作为汽车大客户开发的指导思想，如图3—3—5所示。

（2）汽车大客户开发的流程

根据汽车大客户开发的三个维度确定汽车大客户开发的流程，如图3—3—6所示。

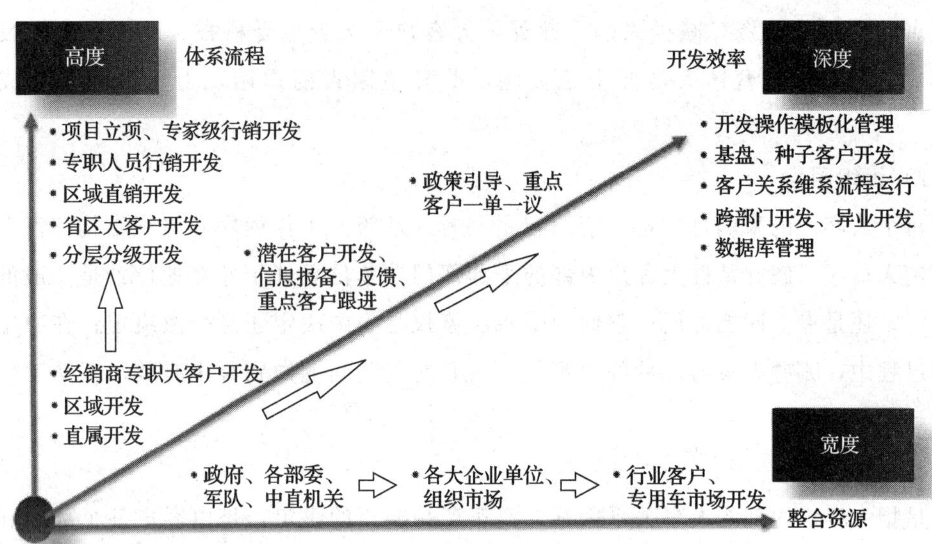

图 3—3—5　大客户开发的三个维度

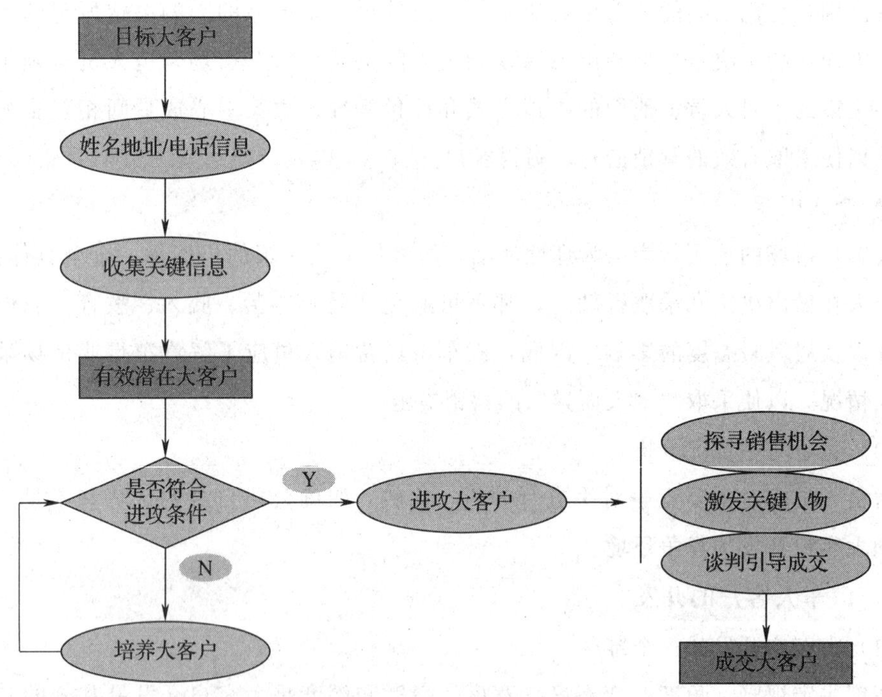

图 3—3—6　汽车大客户开发的流程

（3）汽车大客户营销的公关流程及其策略

关系营销是汽车大客户营销的主要手段，因此，在营销过程中，汽车营销企业必须制定详细的、有针对性的公关流程及策略，如图 3—3—7 所示。

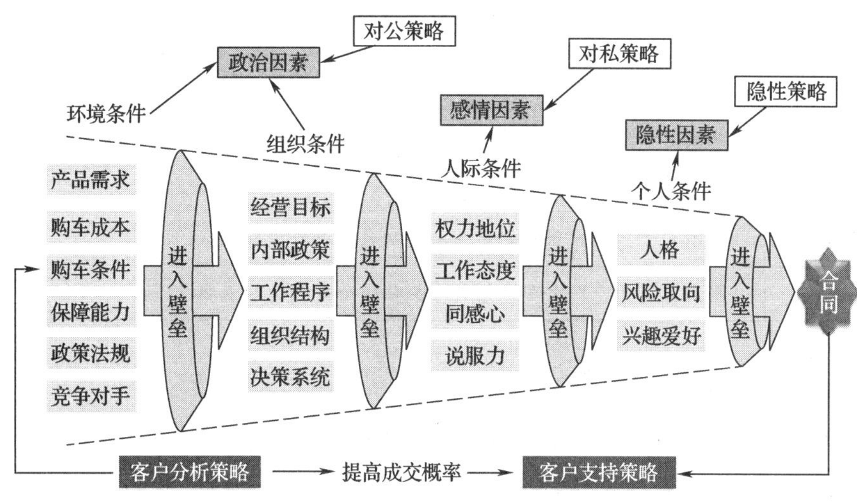

图 3—3—7　汽车大客户营销的公关流程及策略

六、汽车大客户营销策略

1. 信息策略

在大客户营销过程中掌握信息非常重要，有的时候信息就是优势，掌握的信息越及时越准确，主动性就越强，把握性就越大。

在信息策略上，主要把握以下九个方面：

- 项目推进的步骤，在推进的过程中关键的难点。
- 客户的采购流程，客户采购的重点。
- 客户的组织结构，我们在组织结构中的支持面。
- 客户在此项目中的决策结构，决策结构中每个人的影响力。
- 客户的资金和信誉情况。
- 客户立项的原因，每个类别的项目经手人的真实需求。
- 我方和客户方的参与者在项目推进过程中可利用的资源情况。
- 在项目推进过程中我方竞争对手的情况。
- 找到成功的关键要素，并及时关注和跟进最为重要的三个要素的变化情况。

信息策略中最重要的一点就是要在客户企业内部和外部建立自己的信息系统，在客户内部要发展“教练”(客户内部能及时提供准确信息的人)，在客户外部要和非同类供应商建立联盟关系。

2. 关系策略

理清客户群体之间的关系一般有三个步骤，见表 3—3—4。

表 3—3—4　　关系策略的步骤

步骤	策略
步骤一	找到影响销售成功的每个关键人物，并对每个关键人物的影响力和作用进行打分和排序
步骤二	不断扩大盟友，盟友就是主动协助我方获取项目的人
步骤三	扩大支持面，在大客户销售中要让整个支持面越来越大

3．擒王策略

客户组织内的最高决策者对项目的成败有着决定性的影响，是关键性因素。作为销售人员，与最高决策者的接触效果是至关重要的，因为得到他们的支持，赢单的几率会大增，反之失单的几率会大增。

思考与练习

1．大客户可分为哪几类？大客户营销有哪些特点？

2．假定一个大客户，并策划一项大客户开发方案。

3．以某一大客户为例，分析所采用的营销策略。

模块四 汽车互联网营销模式

课题一 汽车网站营销

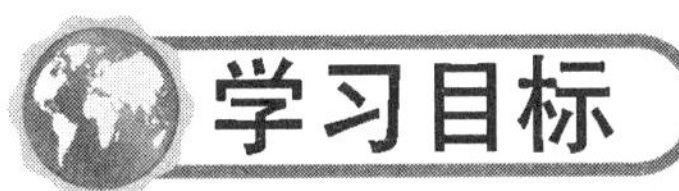

◆ 了解汽车网站的概念、分类及受众特点。

◆ 了解大型门户网站汽车频道、垂直网站的营销特点。

◆ 理解汽车网站的推广与建设。

◆ 掌握汽车网站的营销策略及技巧。

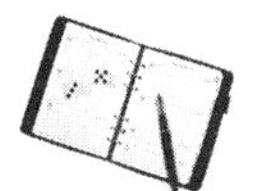

课题导入

2015 年，易车网累计为汽车客户带去超过一亿的销售线索，其中来自移动端的销售线索占比接近 70%。易湃平台付费客户峰值超过 24 900 家。

2016 年 11 月 12 日，汽车之家宣布双 11 疯狂购车节订单总量 134 225 辆，交易总额 196.92 亿元，订单量同比增长 150%。根据 iUserTracker 数据统计，汽车之家月度覆盖人数接近 8 000 万。中国互联网汽车用户 60%的时间花费在了汽车之家上。

爱卡汽车是中国汽车第一社会化网络互动媒体，拥有全球最大的汽车主题社区，其业务覆盖国内 437 个城市，囊括海内外近 10 000 余款热门车型的即时资讯、资深评测、权威数据和全面报价，并保持 7 天 24 小时不间断更新。

凤凰网汽车频道以服务全球华人汽车用户为己任，提供从购车到用车、修车、二手车交易各个方面的资讯和全面的车型数据服务，并以车吧、博客等灵活多样的互动形式为车友提供交流空间。

目前，汽车网站营销与服务的内容与形式越来越丰富，汽车网站营销已成为汽车营销的大众手段。

一、汽车网站与网站营销的概念

1. 汽车网站

汽车网站是指利用网络平台为网民提供不同类别汽车资讯的网络平台，范围涵盖汽车行业的各个方面，既有面对厂家和商家的网站，也有面对个体用户的网站。根据受众的不同，可分为产业类网站、门户网站汽车频道、垂直汽车网站和汽车企业及机构网站等。

汽车网站往往兼顾产业传播、汽车新闻、促进行业发展、宣传汽车产品、歌颂有车生活等内容。

2. 网站营销

网站营销就是以国际互联网络为基础，利用数字化的信息和网络媒体的交互性来辅助营销目标实现的一种新型的市场营销方式。网站营销也称为网络营销、网络直复营销，属于直复营销的一种形式，是企业营销实践与现代信息通信技术、计算机网络技术相结合的产物，是企业以电子信息技术为基础，以计算机网络为媒介和手段而进行的各种营销活动的总称。

直复营销的“直”是指不通过中间分销渠道而直接通过媒体连接企业和消费者，网上销售产品时客户可通过网络直接向企业下订单付款；直复营销中的“复”是指企业与客户之间的交互，客户对这种营销能够有一个明确的回复，企业可以统计到这种明确回复的数据，由此可对以往的营销效果做出评价。但是浓缩到汽车这类高档商品，网站营销更多地涉及品牌的推广与产品的宣传，即使是在销售层面，受网络安全性影响，也只能提供以服务为主要形式的购车通道。

二、汽车网站的分类

1. 门户网站汽车频道

门户网站（Portal Web 或 Direct industry Web），是指通向某类综合性互联网信息资源并提供有关信息服务的应用系统。门户网站最初提供搜索服务和目录服务，后来由于市场竞争日益激烈，门户网站不得不快速拓展各种新的业务类型，希望通过门类众多的业务来吸引和留住互联网用户，因此目前门户网站的业务包罗万象，成为了网络世界的“百货商场”或“网络超市”。

门户网站汽车频道是指在门户网站设立的汽车频道，主要受众是汽车消费者和汽车爱好者。这类网站以汽车消费资讯、导购为出发点，为网民提供全面的汽车新闻、试乘试驾、汽车评测、车型导购、汽车报价、汽车性能和评价等信息，还搭建了各种新车型的展示和网民互动交流平台。大型门户网站主要有搜狐汽车（auto. sohu. com）、新浪汽车（auto. sina. com. cn）、腾讯汽车（auto. qq. com）和网易汽车（auto. 163. com）

等。大型门户网站访问量非常大，每天有数千万甚至上亿的访问量，是互联网最重要的组成部分。

汽车门户网站逐渐成为购车用户决策的第一选择。购车是一个决策较长的过程，一个用户从开始有购车的想法到完成购车，通常需要半年左右的时间。在这个时间段内，购车者需要经历“认知、了解、喜欢、购买、分享”五个阶段。据调查，75.9%的用户在买车之前是利用互联网查询相关信息，而汽车门户网站作为最具有活力的信息聚焦点，正是用户购车过程中的最佳导购媒介。

2．汽车垂直网站

汽车垂直网站是以汽车行业内容为主题的网站，既基于互联网又与汽车行业紧密相关，通常包括汽车行业资讯、汽车行业技术信息、产品广告发布等内容。汽车垂直网站一方面向产业链的各个环节提供服务，获取利润，如给汽车厂商、经销商提供广告位，为经销商提供整合营销的平台，给衍生服务提供商提供与消费者沟通的交互平台等；另一方面汽车垂直网站又为消费者提供服务，如汽车资讯、详实的车型价格库、发表自己评论的社区论坛，以及一些线下服务等。

汽车垂直网站目标用户定位更加精准。传统门户网站虽然汇集了海量的分析，但是在专业性方面相对于垂直网站来说还有很大差距。垂直网站持续地在一个领域深耕，所积累的信息，所提供的服务，对目标用户来说无疑更加重要。它们能够很清楚地知道自己所要服务的用户群体的属性，能够为他们提供更为个性化的服务。

汽车垂直网站的广告价值更大。对于车企来说，如何帮助他们最快找到潜在的购买者，如何在最短的时间内覆盖到足够多的车友，如何进行最为精准的营销策略，这些往往才是他们关注的重点。不同商家主体的网络营销诉求往往也有非常大的区别，在对不同的商家主体营销需求的实现能力上，垂直网站更是有得天独厚的优势。

汽车垂直网站主要分为两类，一类是专注于从事汽车行业的网站，如中国汽车网（www.chinacars.com）、汽车之家（www.autohome.com.cn）、车168网（www.che168.com）等，这类网站的栏目设置与各大门户网站的汽车频道类似，新闻、价格查询（导购）、社区是其三大支柱内容；另一类是在相对比较成熟的刊物的基础上衍生出来的网站，如汽车之友（www.autofan.com.cn）、汽车世界（www.autoworld.com.cn）、中国汽车报网（www.cnautonews.com）等。

现阶段汽车垂直网站的盈利点在于给厂商、经销商、衍生服务提供商提供的服务，对消费者提供的服务主要是为了提高自己的点击率，吸引厂商和经销商的关注。从长远来看，开发消费者这块业务的盈利模式，是汽车垂直网站重点发展的方向。

3．交易类网站

交易类网站主要包括B2B、B2C、C2C等类型。交易类网站以在网站产生销售为目的，通过“产品选择、订购、付款、物流发货、确认发货”等流程实现产品的销售。国内知名的交易网站有阿里巴巴、淘宝、京东等。

4．分类信息网站

分类信息网站是指自带类别标签属性的信息发布平台，是一种个人或企业同时可以在线开通相应的帐号、店铺、类目，供更多的人在线分享产品类消息、企业类消息、服务类消息的平台。信息类别会因为行业、领域、产品、服务的不同而不同，每一个信息类别会有不同的人群、客户群等。分类信息网站根据类别标签属性分门别类地把信息筛选出来，以圈划出用户群，也方便用户找到相应的分类信息。

分类信息主要面向同城，是同城产品销售的重要平台。国内知名的分类信息网站包括58同城、百姓网、列表网等。

5．论坛

论坛即BBS（Bulletin Board System），其中文意思是“电子布告栏系统”，是一种以网络为媒介的交流平台，是交互性强、内容丰富而及时的互联网电子信息服务系统。

论坛可以有效地为企业提供营销传播服务，论坛活动具有强大的聚众能力，能调动网友与品牌之间的互动，具有分享个人观点、发布资料、讨论互动、公布信息、提高会员归属感等功能。由此而衍生的论坛营销，因其独有的特点成为现代营销市场的主流。

一些汽车厂商、汽车品牌及各类汽车网站等，大都围绕汽车主题生活开设有汽车专题论坛，如哈弗H9论坛、网易汽车论坛、爱卡汽车论坛、我爱汽车论坛等。

6．政府网站

政府网站由政府和事业单位主办，其内容通常比较权威，是政府对外发布信息的平台。目前国内政府和事业单位基本都有自己的网站。

7．功能性网站

功能性网站也被称为定制性网站，它区别于那种一般只有文章、图片及视频类内容的网站，更偏向于应用逻辑的处理，定制性强，如站长工具、电话号码查询、物流信息查询、火车票购买、汽车信息等。功能性网站以实现某一种或者几种功能为主要服务内容。

8．娱乐类型网站

娱乐类型网站主要包括视频网站（如优酷、土豆）、音乐网站、游戏网站等。虽然互联网发展非常迅速，但是互联网还是以娱乐为主，大部分人上网还是为了娱乐。通常娱乐网站浏览量非常大，主要是需求非常大，以视频、游戏娱乐网站最为突出，许多娱乐类网址都开设有汽车频道，可进行汽车品牌宣传或营销活动。

9．汽车企业及机构网站

几乎每一个企业都有自己的企业网站。汽车企业网站是企业对外展示的窗口，也是企业销售产品的最主要方式。汽车企业网站内容包括企业的新闻动态、产品信息、简介、联系方式等。

汽车机构网站包括中国汽车工程学会网（www. sae-china. org）和中国汽车工业协会网（www. caam. org. cn）等。

10．个人博客

个人网站或者个人博客是个人对外发布信息的平台。随着互联网的发展，个人网站类型的数量也在不断增加。

11．朋友圈

朋友圈是以交友、朋友圈子为主要服务内容的网站，比如人人网、开心网等就属于该类型的网站。

三、汽车网站的受众特点

1．汽车网站核心用户特征

核心用户特征主要表现为人口学特征。汽车网站用户特征（图 4—1—1）与互联网普通网民相比有一定的差异。

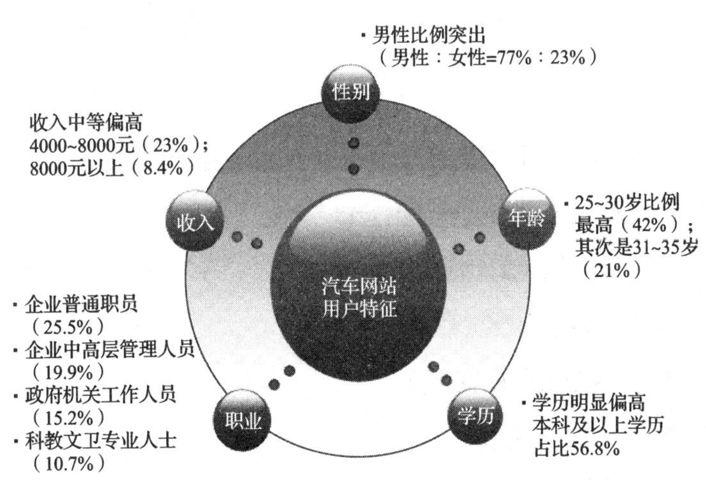

图 4—1—1　汽车网站用户特征

2．汽车受众关注的汽车类资讯

图 4—1—2 所示为汽车类资讯的受众关注度。新车发布是汽车受众最关注的汽车

类资讯，因此每年的各大车展都吸引了大量的网民关注，为汽车网站带来大量的用户和流量。其次受关注的是汽车最新行情。对网民购车、养车更为实用的汽车评测和汽车导购也是汽车受众关注度较高的资讯内容。

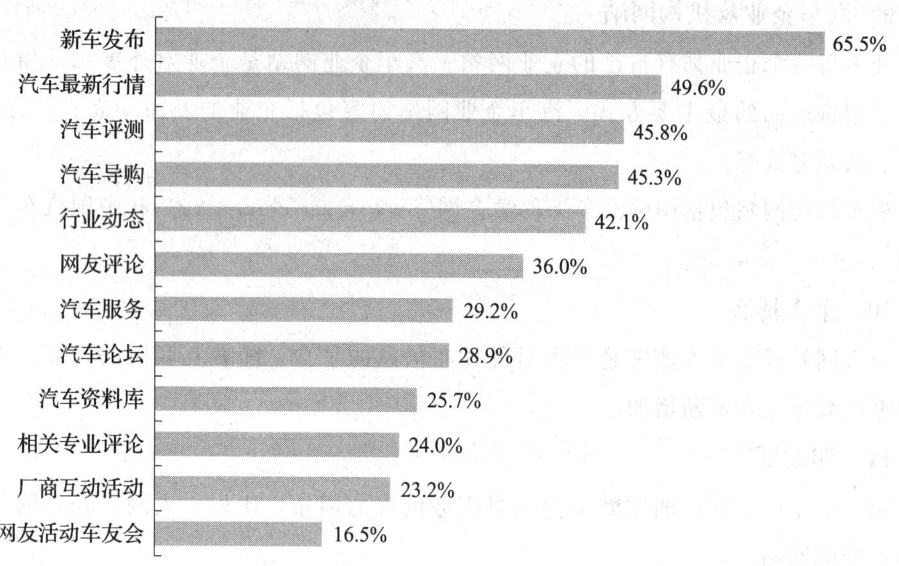

图 4—1—2　汽车类资讯的受众关注度

3．汽车受众关注的汽车类型

图 4—1—3 所示为不同汽车类型的关注度。经济增速放缓等因素影响汽车消费，同时燃油税的实施使得汽车受众更趋向于关注小排量、低油耗、实用性强的经济型轿车。小型轿车受到网民受众最多的关注，明显领先于其他车型；紧凑型轿车也受到较多关注。

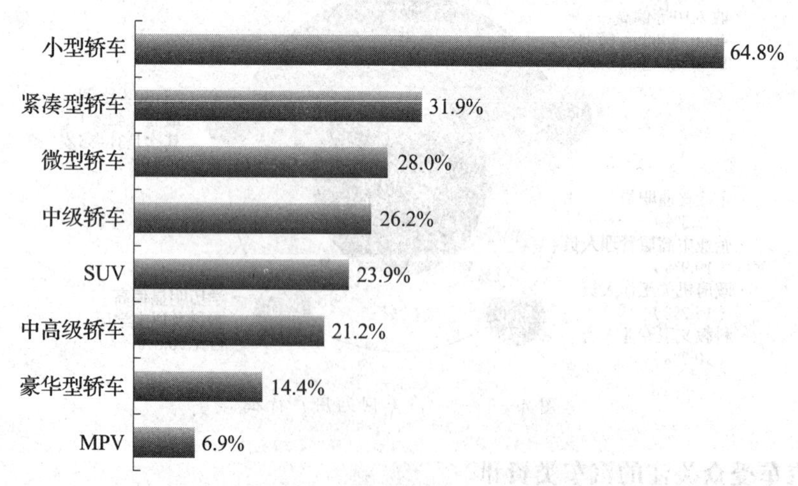

图 4—1—3　不同汽车类型的关注度

四、大型门户网站汽车频道营销特点

1．新浪汽车频道

作为中国影响力最大的门户网站之一，新浪网一向以新闻的及时性和信息量大等特点被人们所喜爱。其主要特点为：

（1）以汽车新闻的传播作为重点，包括汽车自身信息、汽车企业信息等。

（2）对中国汽车行业和汽车企业发展的关注。

（3）对中国汽车销售市场的关注。

（4）着重对汽车行业大型活动的关注。

2．凤凰网汽车频道

凤凰网的公信力是得到过广泛赞誉的，对重点新闻即焦点事件的策划方面更是在众多门户网站里技高一筹。其主要特点为：

（1）对有关汽车行业国家政策的关注是首要的。

（2）对于和汽车相关的人们的生活方式的差异进行重要关注（如对某些人奢侈、浪费、讲排场等生活方式的报道）。

（3）对与汽车行业一些不利于行业发展和良好运行的某些企业行为进行报道，对某些违法违规的行业信息给予重点报道。

总体来讲，凤凰网的报道方式更多地体现了作为媒体的社会责任和舆论监督功能。

3．腾讯网汽车频道

腾讯网汽车频道的特点为：

（1）更着重于与购车相关的信息的报道，如对某些新车型的报道较多。

（2）商业广告类型的报道较多。

4．网易汽车频道

网易汽车频道的特点为：

（1）关注与行业相关的事实，如哥本哈根会议关于汽车行业的信息，从中国经济的角度出发考虑中国汽车行业。

（2）对中国汽车行业内、企业间的变动给予重点关注。

5．TOM 汽车频道

TOM 汽车频道的特点为：

（1）着重报道关于购车方面的信息，如进行车辆质量、性能等的对比，以及导购型的报道较多。

（2）对车展活动给予重点关注。

6．搜狐汽车频道

搜狐汽车频道的特点为：

（1）汽车行业发展和汽车企业发展情况的信息报道突出。

（2）对与新车的上市和某些车型的对比与推荐报道较多。

五、汽车垂直网站营销特点

与门户类网站不同的是，汽车垂直网站的信息更加详细，给用户在购车的过程中提供更多的详细信息。如果把门户网站看作是宏观的话，那么汽车垂直网站就是微观。同时，汽车垂直网站之间并不是完全的竞争关系，正是由于不同网站定位和网站特色不同，各网站之间在竞争的同时形成资源、形式等互补，从不同角度满足同一汽车网民的需求，例如，汽车论坛类网站与汽车资讯类网站互补。

1．汽车之家

汽车之家是汽车垂直网站中核心用户规模最大的网站之一，其庞大的用户群体就是其高营销价值的基础保证；广泛的车型覆盖，全面的汽车资讯是其突出的用户利益点，网站黏性基本居于各垂直网站之首。

采用“垂直互动网络媒体”比较讲究搜索与互动，让使用者获得更多的信息；同时提供大量的新闻信息；利用论坛、博客、个人空间、相册等功能模块满足用户线上交流、选车、购车、用车体验的不同需求；提供汽车优缺点评价，让消费者直观判断。另外，汽车之家中的评测导购、汽车维护保养、汽车图片等内容基本上是涉及汽车营销网站之中最全面且最多的。

汽车之家覆盖用户广泛，其用户群体特征与汽车总体受众特征一致，覆盖不同年龄、收入等群体，因此三高受众群体（高学历、高收入、年龄为25～40岁）比例并不突出；其群体中的汽车拥有率和计划购买率都处于中等水平。综合而言，这是一个以规模取胜的主流汽车垂直网站，有较高的营销价值。

2．太平洋汽车网

太平洋汽车网与汽车之家有很高的相似性，同样以大规模的用户受众群体作为其高营销价值的基础。其为消费者提供网络口碑评价参考；包含用车玩车、车友博客等专为车主而设的栏目与服务，提供车主与准车主之间的交流平台；将品牌及地域细分成各个车友会分支，定期组织座谈交流、自驾出游等活动，将线上互动发展到了线下。

全面的汽车资讯、及时的信息发布是太平洋汽车网突出的用户利益点；由于群体规模大，特征相对分散，需求有所差异，网站满意度相对较低，总体网站黏性基本居于各垂直网站的中等水平；受众汽车拥有率相对偏低，计划购车率处于行业中等水平。综合而言，这也是一个突出以规模取胜的主流汽车垂直网站，有较高的营销价值。

3. 易车网

易车网在汽车行业受众中也拥有相对较大的规模，为其营销价值奠定了一定的基础。同样依靠广泛的车型覆盖，全面的汽车资讯以及及时的信息发布吸引大量用户登录并关注。其网站总体满意度较高，网站黏性基本居于各垂直网站之首，这为易车网增加了较高的营销价值。易车网受众年龄、学历等特征略低于其他网站，但由于有相对突出的私营业主等受众，其购买力并不低于其他网站，反而计划购车率明显高于总体，这也成为其较高营销价值的保证。

另外，它还推出了“易车测试（Bitauto Test Drive)”项目，以普通消费者的身份买车试车，对热销乘用车进行测试。易车网推出的购车通道改变了中国汽车用户的购车模式。

4. 中国汽车网

中国汽车网网站满意度中等，忠诚度略低，综合网站黏性处于各网站中等偏下水平。中国汽车网受众学历略低于行业水平，三高群体比例略低，用户价值一般。综合而言，其较大的用户规模对一般化的用户质量和网站黏性有一定的弥补作用。

5. 车168论坛

车168论坛是专业汽车导购平台，提供全方位的汽车资讯、报价、知识、图片等，其核心受众规模不大，但依靠完备的汽车资讯以及方便的信息查询方式，吸引并留住了自己的受众。车168论坛用户满意度中等，但忠诚度较高，网站黏性处于各垂直网站前列，成为其坚固的营销价值基础。车168论坛受众质量较高，三高受众群体比例突出，同时受众的汽车拥有率以及计划购车率都居于行业前列。如果用户规模能够进一步扩大将对其网站营销价值带来较大的提升。

车168论坛以原创汽车导购为目标和宗旨，有把导购做到底的决心；关注中国在售的全线汽车产品，拥有一整套产品导购体系；每款车都提供京沪穗等九地的经销商产品报价；用200个参数、66张图片、车主手册电子版和360°内饰全景来描述每一款车；并且，原创文章是车168论坛的亮点之一；其互动平台提供了车友、车迷和厂商间的平等沟通空间。

6. 网上车市

网上车市也是一个核心用户规模偏小的汽车垂直网站。其汽车资讯的完善与丰富与其他网站相比有所不及，但相关评测的专业性、与厂商的互动（在线购车）获得了受众好评，成为吸引受众经常登录的核心利益点，与其他网站内容建设的差异化体现得较为明显。网上车市将有形市场与无形市场融合贯通，为消费者提供全面、客观、及时的车型数据及“一站式”购车服务。网上车市还具有汽车动态价格走势分析和汽车报价跟踪系统。

目前，网上车市用户的汽车拥有率较高，但计划购买率并不高，群体中购买力强的三高群体比例中等，网站黏性也处于行业的中等水平。

7. 爱卡汽车网

爱卡汽车网不同于主流汽车垂直资讯网站，而是以论坛为主的汽车网站，目前主要的不足是其用户规模不大。但爱卡汽车网以自身论坛人气旺、“网友评论实用性”和“网友活动吸引力强”等方面成功吸引了一批有车、爱车、打算购买汽车的高价值用户。

爱卡汽车网将用户的线上体验与线下实体服务紧密结合；第一时间为汽车厂商与汽车用户提供国内外最新的汽车资讯和论坛精华；通过架设 79 家车型俱乐部、33 家地区俱乐部以及 32 个兴趣讨论组，构建了国内最大的汽车主题社区，尽最大可能为广大用户提供最人性化的“说话”平台。

爱卡汽车网的受众明显体现出高学历、高收入、高购买力的趋向，奠定了较好的营销价值。需要特别关注的是，爱卡汽车网的受众对网络硬广告的接受度偏低。

8. 车天下

车天下网站同样也是用户规模偏小的网站，但其汽车资讯完善且相关评测专业，吸引了一批忠实用户，形成了一定的网站黏性。车天下用户总体年龄相对偏小，多受过高等教育，普通职员较多，目前还处于为事业奋斗的阶段，汽车拥有率和计划购买率处于行业平均水平。整体来看，如果保持较好的用户黏性，随着网站受众的逐步成长，车天下的营销价值也会有所增长。

六、网站营销的推广

1. 线上推广

针对地域性门户网站，有效的线上推广可采用的平台和推广方式有以下几种：

（1）搜索引擎排名推广

搜索引擎排名推广（SEO）最常用的方法是增加内部链接、增加外部链接，优化网页标题和网文的关键词，尽量不用图片作为频道链接，并且应经常保持网站内容的更新。

（2）论坛贴吧推广

论坛贴吧是线上推广的重要形式，通过在论坛注册，推送精华帖子，并在帖子中植入有关营销信息，将签名设置成品牌名称或营销网址，从而实现推广的目的。

（3）博客推广

博客是一种不可忽视的推广平台。博客推广的优势是博文一般不会被删。此外，通过在热门博客留言或评论，留下自己的博客地址和公司网址，也会起到很好的推广效果。

（4）SNS网站推广

SNS（Social Network Service）即社交网络服务网站。社交网络服务网站注册有大量用户，网站一般有日志空间。营销团队通过添加用户，加入社交网络圈子或群组，保持活跃度，推送软文，同样可以达到较好的推广目的。

（5）友情链接推广

友情链接，也称网站交换链接、互惠链接、互换链接、联盟链接等。这种推广方法通过与具有一定资源互补优势的网站进行合作，用户从合作网站中获得链接信息，从而达到互相推广的目的。友情链接是网站流量来源的根本，也是一种常用的网站推广手段。

（6）新闻软文推广

软文是带有某种动机的文体，其实质是企业软性渗透的商业策略在广告形式上的实现。一篇符合SEO的软文对网站营销具有重要的推动作用。这种推广方式一般抓住时事热点，利用热门事件和流行词为话题，以新闻的视角、表现形式，将企业产品、服务、技术、文化、事迹等完整、清晰地表现出来，并在软文中突出关键词，从而实现网站营销推广。

（7）利用其他开放平台推广

在互联网开放的状态下，越来越多的平台成为网站营销推广的阵地，如人人网、天涯、猫扑、腾讯视频、优酷网等人气极其旺盛的开放平台等。

2．线下推广

线上线下相结合、新型传媒与传统传媒相结合进行全方位推广的形式是目前最有效的推广形式。

（1）与政府合作。以政府为后盾，利用政府的影响力推广。

（2）与本地媒体商家合作。通过与本地的电视台、报纸、商家联合举办活动，共同求发展，实现线下推广。

（3）开展线下活动。网站开展如年会、论坛、促销等强吸引力类活动，增加会员的忠诚度，扩大网站的影响范围，提高网站的黏度。

七、汽车网站营销策略

1．团购

对购车者来说，团购可以增加议价能力，在保证产品和服务质量的前提下，获得优惠的价格。根据目标客户的地域不同，可以把汽车团购分为全国性团购和地方性团购两种。例如，淘宝聚划算、淘宝双11购物节以及一些面对全国客户的团购网站，如团车网、一起买车网等都属于全国性的汽车团购模式；一些地方汽车论坛组织的汽车团购则属于地方性团购，它们一般与地方4S店合作，为特定地区的消费者服务。汽车电子商务发展至今，团购仍旧是最吸引消费者眼球的一种促销模式，在未来也将得到大幅度的发展。

2．汽车制造商官网直销

汽车制造商最了解自己的产品，所有品牌的汽车制造商都有自己的官网。在国内，这些官网主要承担着介绍自己产品性能的作用，其中一部分也开始进行网络销售，但比例相对较小。

3．第三方电子商务平台

第三方电子商务平台主要是指交易类网站及分类信息网站。例如，2015年11月，江铃汽车驭胜S350全新升级车型在中关村创业大街Binggo Cafézhao召开发布会，同时，江铃宣布全面启动江铃的电商平台，打造以天猫、京东、汽车之家、易车网为核心的全网电商平台，实现线上预订、线下提车的O2O交易模式。

4．汽车4S店网络销售

中国汽车门户网站（如搜狐汽车、新浪汽车、腾讯汽车等）和垂直网站（如汽车之家、太平洋汽车网、易车网等）都具有大规模的用户，并已经得到国内网民的高度认可。这种整车线上销售并不以汽车制造商为主体，而是依托具体的4S店，消费者可以不用通过主机厂而与4S店取得联系，享受询价、试驾、保养、置换等服务。据了解，部分重视网销的汽车4S店，通过这种模式获得的客源占到整体销售量的10%～30%，远远高于主机厂的分配比例。

5．网络经销商平台

网络经销商平台可以整合经销商、汽车制造商、银行、汽车金融和保险公司等多方资源，实现一站式在线销售，如优易购车、车易达以及180迈购车网。这种网络销售模式还处于发展的初级阶段，其普及度和市场影响力都较小。

思考与练习

1．汽车网站受众体现了哪些特点？试以典型汽车网站进行简单分析。

2．搜集五个大型门户网站，对比分析其汽车频道营销特点的异同。

3．当前汽车网站主要采取哪些营销策略？举例分析。

课题二　汽车电子商城营销

- ◆ 了解汽车电子商城的概念。
- ◆ 了解汽车销售模式从线下到线上的变革。
- ◆ 掌握汽车电子商城的三种营销模式。

课题导入

在“互联网+”时代，传统、单一的4S店模式已经受到了威胁，无论是用户体验还是经销商利润，4S店似乎都已经不能满足时代进步的需求。在这样的大趋势下，汽车电商逐渐成为汽车营销新平台。

2013年11月，庞大集团自主开发的O2O网络平台——庞大汽车电子商城正式上线，成为全国第一家网上在线销售汽车及流通汽车电子商城。2015年7月，庞大双龙汽车有限公司与汽车之家签署战略协议，开展电商合作。双方合作后，汽车之家利用大数据负责线上集客，庞大负责线下接待试驾及交车工作，这次合作是互联网对传统汽车销售模式的创新结合。传统汽车企业和经销商纷纷向互联网转型，以上汽集团、长安汽车等为代表的车企和经销商集团开始自建电商平台。汽车电商加速增长，引领行业融合与变化。

一、汽车电子商城的概念

电子商城也称为网上商城，类似于现实世界当中的商店，差别在于它是利用电子商务的各种手段，达成从买到卖过程的虚拟商店，从而减少中间环节，消除运输成本和中间代理的差价。

汽车电子商城以大数据为基础，以客户的汽车生活为核心，通过数据挖掘、信息交互、需求对接等手段，打造全渠道、社会化的汽车集成服务平台，实现新车销售、二手置换、汽车用品、汽车服务、汽车金融、汽车周边服务以及汽车社区等业务，是B2B2C+O2O模式的综合汽车电商平台。

汽车电商的模式首先是由天猫商城倡导开启的，而后汽车门户网站、汽车垂直网站纷纷开辟电商战场，吸引汽车厂商在网站上建立网络销售店铺，并通过这些网站的交易平台与人气，实现了消费者与厂商的网络对接。

二、从线下到线上——汽车销售模式的变革之路

从 2013 到 2015 年，中国的电子商务交易额从 10 万亿元上涨到了 30 万亿元，翻了三倍。在 2015 年的政府工作报告中，李克强总理首次提出“制定‘互联网+’行动计划，推动移动互联网、云计算、大数据、物联网等与现代制造业结合，促进电子商务、工业互联网和互联网金融健康发展，引导互联网企业拓展国际市场。”

1．从抗拒到拥抱

越来越多的消费者，尤其是 80 后、90 后的年轻一代，已习惯在网上购物，尤其是近三年来，电子商务对传统零售业的冲击非常大。事实上，传统汽车行业在 2013 年就已经开始被互联网“入侵”，在销售模式发生变化的同时，传统经销商、整车厂与电商三者之间的关系也变得微妙起来。

2012 年，汽车行业的库存问题开始凸显，经销商库存积压，资金链断裂的问题时有出现，此时汽车电商开始崛起，天猫汽车也正式上线。在接下来的三年里，随着“双十一”的引爆和互联网企业的加入，汽车电商开始迎来爆发期。

2013 年的“双十一”被喻为是中国汽车电商的“第一战”。根据中国汽车咨询中心网发布的一份《中国汽车电商发展研究报告》显示，2013“双十一”期间，天猫、易车、汽车之家三家网站共贡献了近 17 万辆车的线上订单，订单总金额达 235 亿元。

2014 年可以说是中国汽车电商的爆发期，当时唯品会、1 号店等上线汽车频道，而垂直媒体“车商城”等也陆续上线。到了 2015 年，阿里巴巴成立汽车事业部，加入战团。

2015 年“双十一”当天，天猫共售出 6 506 辆汽车，交易总金额达到 7.19 亿元；汽车之家仅用 14 个小时就打破了 2014 年的成交记录，当日订购总量达到 54 085 辆，交易总金额为 87.95 亿元；易车网则实现订购总量 77 992 辆，交易总金额达 125.6 亿元。“双十一”购物节各个平台加起来卖车超过 15 万辆，销售额突破 300 亿元。

消费者对汽车电商的热情显然让一众电商巨头看到了未来的市场潜力所在。

2016 年，在已步入“新常态”的中国车市，整车厂与经销商之间的关系逐渐因汽车电商的深入介入而面临重塑。加上《汽车销售管理办法》即将出台，汽车电商将迎来新一轮的挑战和发展。随着国家政策导向，互联网影响用户购买决策以及用户在线购车的意愿将逐渐加大。

传统的汽车企业显然无法忽视这种巨大的变化，开始纷纷加入到这一场线上抢夺战中。其中上汽集团便斥资 2 亿元打造了旗下电子商务网站——车享网；上海大众与苏宁、北汽新能源与京东达成了战略合作协议。上海大众在苏宁的线上产品不仅包括

整车业务，而且将逐渐扩展到原装、售后、配件等相关领域；而北汽新能源和京东将成立专门工作小组，为京东提供定制化的产品服务。

汽车电商的火爆，实际上也从另一个侧面反映出当下传统4S店所面临的困境。

据中国汽车流通协会发布的《2015年汽车经销商满意度调查》显示，2015年我国近50%的汽车经销商盈利处于持平状态，仅两成经销商盈利，新车销售利润甚微。另一方面，传统4S店的售后服务板块也开始遭遇到汽车后市场连锁经营的迅猛冲击，时下大多数库存高的经销商已开始转投电商的怀抱，电商具有成本低和效率高的特点，可让4S店快速地完成销售任务。

尽管汽车电商从起步到兴起也才3年多的时间，要改变传统的汽车销售模式仍有很长一段路要走，但事实上传统汽车行业已逐渐被互联网所影响。

2. 大电商+大经销商集团成趋势

在亏损越来越严重的情况下，传统经销商不得不另觅发展之道。

2015年8月，包括国机汽车、广汇汽车、庞大汽车在内的全国近40家大型汽车经销商齐聚在上海签署了一份合作协议，共同组建了“互联网+经销商共建汽车街电商平台”。

据悉，该电商品牌将由参与的经销商以股东形式或战略合作伙伴关系组建，并交由熟悉汽车销售各环节组成的O2O团队，依托现有的经销商线下渠道与线上相结合运营。

由于这样的合作在中国汽车界尚属首例，同时其规模覆盖全国成千上万家汽车4S店及上亿汽车用户，因此其走向将会直接定局中国汽车互联网+汽车O2O。

多数业内人士确信，这样的合作无疑会逐步改变中国汽车用户的消费习惯，同时也会为品牌经销商的转型升级提供正能量，在新的经济环境下，打造出高效落地的“汽车+互联网”新模式。

2016年1月，商务部对《汽车销售管理办法》公开征求意见，拟放开汽车销售的非授权经营方式。

与现有的《汽车品牌销售管理办法》相比，《汽车销售管理办法（征求意见稿）》明示了要积极发展电商销售模式，放开配件销售渠道，以及非强制性放开渠道形式的建议。同时作为对经销商独立运营权的保护，规定整车厂商不得实施压库、搭售、限制经营其他业务等多项长期为业内诟病的垄断行径。这将有利于电商、汽车超市等新兴销售模式的发展，打破4S店的销售垄断，进一步加剧这个行业的竞争，优胜劣汰。

2016年以来，广汇汽车斥资95亿元收购2014年排名第六的宝信集团，成为国内第一个千亿级的汽车经销商集团。同时其通过收购爱卡汽车也为其今后进军汽车电商布下了一枚关键的棋子。

另一方面，庞大汽贸集团股份有限公司则不再满足成为全国最大的线下汽车经销商，其最新的目标是建立中国最大的汽车电商平台。2015 年 11 月，庞大集团自主开发的 O2O 网络平台——庞大汽车电子商城正式上线。

尽管在线购车比例的增加能够帮助减少潜在的经销商网络问题，有些品牌甚至期望未来有一天能完全摒弃经销商网络的存在，但要彻底改变汽车销售及分销模式并非易事。数字平台会越来越多地影响汽车销售途径，但经销商的地位依旧无可取代。

然而值得注意的是，像一猫汽车、汽车之家等电商平台却毅然宣称“实体店”将是其 2016 年的主要目标。如此看来，经过冲击和竞争之后，渗透与融合或许是汽车电商与传统经销商之间关系演变的下一个关键词。

三、汽车电商的营销模式

从现阶段来看，目前的汽车电商大体分为 B2C（O2O 是 B2C 的一种特殊形式）和 B2B 两种模式。

1. B2C 模式

B2C 是“Business - to - Customer”的缩写，中文简称为“商对客”。B2C 即企业通过互联网为消费者提供一个新型的购物环境——网上商店，消费者通过网络进行网上购物、网上支付等消费行为。这种模式节省了客户和企业的时间和空间，大大提高了交易效率。B2C 模式是我国最早产生的电子商务模式，以 8848 网上商城正式运营为标志。B2C 模式如图 4—2—1 所示。

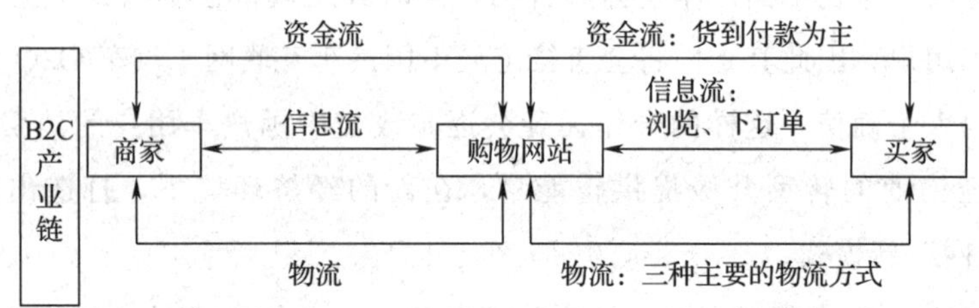

图 4—2—1　B2C 模式

（1）B2C 模式的优势

随着中国汽车市场饱和度的提高，新车销售利润空间不断被压缩。此时，能够带来经销成本大幅下降的电商模式自然为汽车厂商所接受。另外，他们能够通过这种汽车电商平台，来完成新车销售以及售后服务更多的平台升级。比如，售后服务各种信息的沟通、促销、售后环节各种汽车产品的在线销售、汽车金融保险业务的在线销售等。由于这种由厂商独立建立的电商平台能够集中厂商所拥有的全部资源，能够极大地降低新车销售以及售后服务的成本，从而大大提高自己在电商平台市场上的竞争力。

（2）B2C 模式的缺陷

从淘宝、京东、苏宁易购等电商平台取得的成功来看，B2C 模式或许是汽车电商未来的发展方向，但这只是理想状况。实际上，汽车不像零售商品——单价低、物流成本低，由于买车费用较高，用户决策流程很长，以及买车还牵涉售后服务，这就让汽车电商变得非常复杂了。

现阶段，汽车电商 B2C 模式存在的问题不少，一是流量成本和获客成本高，目前大多数用户只是通过电商平台获取信息，最终还是转到线下 4S 店购买。二是用户对第三方平台交易并不是很信任，导致交易平台不能掌控交易中最关键的资金流，又不能产生较高利润，这样的汽车 B2C 电商名存实亡。而在实际交付过程中，汽车异地交付物流成本居高不下，一台车的物流成本通常能达到好几千，如果商品交付存在问题，反向物流等各种成本更是高得吓人。

从商业模式上来说，如果 B2C 不能提供更低的价格、更好的服务（以及售后体系保障），用户最终还是会选择在线下 4S 店交易。但如果线上线下不同价，又会干扰和冲击现在的价格体系，这是一个矛盾。这也是让汽车电商 B2C 深陷困局的一个重要原因。

这种模式对于单价低的零售业产品是可以接受的，但对于像汽车这种单品金额大的产品来说存在着很大的风险。

正因为这些看不见的壁垒，现在很多 B2C 汽车电商都处于尴尬的局面，短期内很难撼动目前的新车交易模式（以 4S 店售车主导）。

（3）B2C 商城的四种盈利模式

1）资讯产品一体模式

除非汽车有非常好的口碑和很响亮的品牌，否则，在网站建设初期，不能一门心思想着盈利，要多注意用户体验。加强用户体验的方法之一就是不去单纯地售卖产品，而是在汽车相关的行业资讯上多花心思。专业的产品和行业资讯介绍，可以让用户对汽车有更好的认识，从而产生信任感而下订单。

汽车企业要针对 B2C 商城的站点做营销，首先要把自家品牌作为营销的第一要素，其次才是产品的销售。因为品牌打响之后，产品销售自然事半功倍。具体的网站内容包括：汽车行业资讯、汽车特色产品推广、市场拓展、品牌宣传以及在线交易系统等。

2）线上线下结合模式

O2O 即一种线上与线下结合的营销模式。线上销售后线下来服务，解决了线下推广的不可预测性。使用 O2O 模式，商家可以预测营销效果，而且可以对其进行统计和追踪评估有利于资源整合，能够为汽车消费者提供更优质的服务。这种新的盈利模式不仅能够拓宽电商的发展方向，还能促进汽车营销模式的多元化发展。

3）线上批发零售产品模式

虽然是在网上销售产品，但是不代表不用借鉴传统营销的方法和技巧。传统商务中，有一种营销模式采用的是批发零售，汽车电子商务同样也可以效仿这种模式，即尽量利用不同的渠道为用户打造性价比最高的产品。可以利用汽车商城所具备的购物性能，向消费者提供汽车咨询、在线销售、产品售后等服务，一起打造销售与批发合二为一的网上专业汽车商城。只要网站的服务够精准，线下的货物准备充足，不愁消费者不对车企品牌死心塌地。

4）经销商推荐广告盈利

广告盈利模式是网络营销盈利最传统的方法，当然也是最有效的方法，汽车商城给经销商推荐广告，在商城中给经销商一定的广告版块，发展经销商为其加盟的会员，收取一定数量的会员费，为经销商会员提供发布报价服务。同时，还可以向其他会员推荐经销商，整合经销商以及其他方面的服务，以吸引车主，努力将车主发展为会员，按年费形式收取车主会员费。这种网站盈利模式需要网站自身有很大的特色，或者网站需要有强大的流量支撑，不然想获取相应的盈利还是比较困难的。

2. B2B 模式

B2B（或写成 BTB），是“Business - to - Business”的缩写，是指企业与企业之间通过专用网络或 Internet，进行数据信息的交换、传递，开展交易活动的商业模式。它将企业内部网和企业的产品及服务，通过 B2B 网站或移动客户端与客户紧密结合起来，通过网络的快速反应，为客户提供更好的服务，从而促进企业的业务发展。

现阶段，汽车经销商还是存在不少困扰问题：一是解决车源，热销的车型经常拿不到现场，滞销车型有去库存压力；二是资金压力，经销商垫资分担厂商压力，造成经销商资金链紧张；三是获客和营销压力，需投放大量的广告；四是利润不断走低，为了获客和冲量不得不经常搞促销和优惠活动，最终只能靠厂商返点才能生存。而经销商一旦压力过大，就不得不向上游厂商转移压力，造成关系紧张，使得商品的流动性降低。

汽车电商 B2B 模式针对上面这些问题，在一定程度上能较好地解决经销商的困扰，间接服务于消费者。2015 年以来，汽车电商中开始出现了不少 B2B 模式的公司。

根据汽车流通协会数据显示，截至 2016 年 3 月，我国汽车库存预警指数为 58.9%，处于警戒线之上。人人车库是一个专供库存车的 B2B 汽车批发电商，作为中间商，人人车库发现，做 B2B 新车交易，中间商跟上游的议价能力太低，上游容易不配合，也难监管，导致任务重而效率低；但如果只做库存车买卖，则没有这些问题，因为上游需要处理掉库存车，且价格便宜。另一个原因则是，目前国家汽车库存压力较大，这是一个市场契机。因此，人人车库便从库存车交易入手，向上游集团公司拿货，再将车辆批发给下游商家，主要面向二级经销商、租赁公司以及二手车商。完成交易之后，人人车库会向上游收取1%的佣金。此外，对于库存180天以上的车辆，人人车库会请第三方评估机构进行安全评测，以保障品质。人人车库为汽车电商行业提供了一种新思路。

B2B模式可以提升汽车大宗商品的流动性，降低流动成本。与B2C相比，B2B相对规模化运输来说在物流成本上更低。此外，B2B模式完善了现有的产业链，促进行业转型升级。

国内B2B主要经历了两个阶段。第一个阶段是信息阶段，主要是解决信息不对称的问题，通过建立网络B2B平台，让买卖双方发布供求信息，在这个过程中通过彼此商业信息的沟通交流，产生了新的商业机会。第二个阶段是服务阶段，也就是目前国内各行业B2B正在经历的阶段，由于第一个阶段大数据的积累沉淀，如今B2B不仅仅只是解决信息不对称的问题，从销售管理到客户服务，到供给侧生产供应链的改革，这是一套行业企业提升效率、重配资源、降低成本的解决方案，不再只是一个商业模式而更像一个生态系统，能够更好地服务于各个行业的各个细分产业的合作伙伴，合作共赢，共建B2B生态圈。

3．O2O模式

（1）O2O的概念

前面已经提到，O2O是B2C的一种特殊形式。

O2O电子商务即Online To Offline，是一种互联网线上商务消费与线下实际商务相结合的商业应用模式。消费者在线上进行筛选服务并支付，在线下进行消费验证和消费体验。对于消费者而言，O2O是互联网下移动化、社交化购物习惯的满足；对于商家而言，O2O是对产品、品牌及服务的多终端全渠道覆盖。图4—2—2所示为O2O模式解析图，图4—2—3所示为汽车O2O模式体验图。

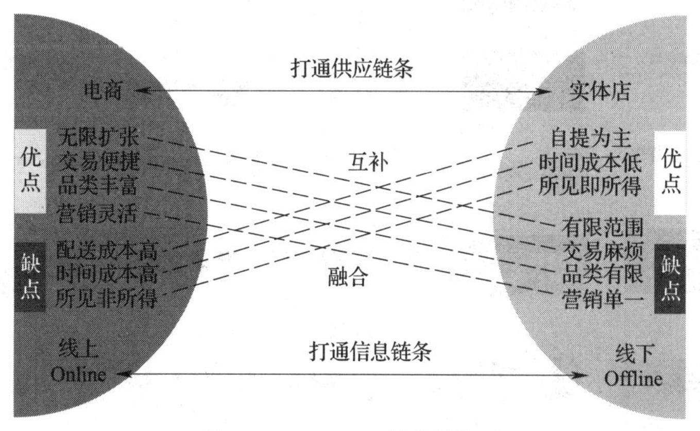

图4—2—2　O2O模式解析图

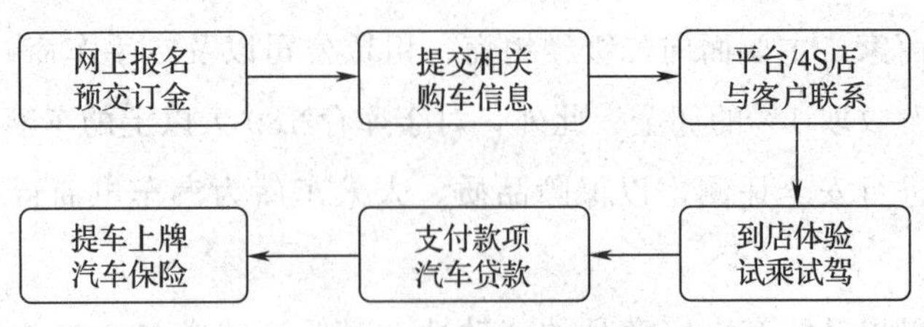

图 4—2—3　汽车 O2O 模式体验图

（2）O2O 的分类模式

在汽车前市场上，O2O 平台主要分为五类：

一是汽车制造商自建平台，如上汽打造的“车享网”、东风的 DNX 等。车企自建 O2O 平台的最大动机，从短期来看是让实体 4S 店有依存感；从长期来看是抓取信息，为大数据云计算搭建基础平台。

二是汽车垂直媒体网站平台转向电商平台，如汽车之家、易车等。这种类型的经营优势是拥有经过十余年沉淀下来的行业经验和网民资源，劣势是散落在各地的站点对于线下终端的协调与掌控力度有限。

三是海量终端客户的电商大鳄，如京东、天猫等。

四是大型汽车经销商集团自建平台，如庞大集团的电子商城等。

五是跨界合作平台。这样的例子很多，但多集中在二手车领域，比如易车、优信拍与庞大、联拓成立二手车合资公司，车易拍与 10 家汽贸集团（长久、运通等）成立易置换联盟，广汇与阿里在二手车方面的合作等。

图 4—2—4 所示为 2014 年中国汽车 O2O 领域的代表性热门企业。

图 4—2—4　2014 年中国汽车 O2O 领域的代表性热门企业

(3) O2O的未来与挑战

传统的B2C电子商务模式是“电子市场+物流配送”模式，消费者待在办公室或家里等货上门，涉及的是物流。而O2O是“电子市场+到店消费”模式，涉及的是客流。在节约消费成本的同时，O2O能更好地发挥线下的服务优势，具有体验营销的特色，进而提高信誉度和成交率。

汽车电商O2O模式包含五个环节：用户在线预订、支付订金、厂商组织生产、物流发车，最后用户在4S店完成付款及提车。这种模式既发挥了互联网的信息平台优势，又保留了汽车这种特殊商品的服务体验需求，同时也完全规避了业界对于汽车电商会与传统经销商和汽车厂商分羹的担心，整个产业向更为精细化的分工发展。

完全脱离线下经销商的汽车销售模式还不具备实施的现实条件，在未来也很难实现。汽车做电商必须依存现有的服务体系，从某种程度上更像是销售线索的转移。汽车在线交易本身的局限性造成了所有汽车电商平台更多地停留在“吹鼓手”的角色，即汽车销售正式完成之前的环节在网上进行，包括资讯了解、产品对比、品牌传播、价格促销，乃至订金缴纳等。在这个阶段，汽车平台更多的是一种产品资讯的承载与传播平台，而非交易平台。因此，O2O模式对汽车店商来说更容易实现和把控。

2016年8月，曾经估值超过10亿元的汽车电商O2O平台“车风网”宣告倒闭。业内人士指出，当前汽车电商其实走入了不少误区，没有真正解决消费者的痛点，而汽车服务O2O倒闭的公司也不在少数，同样是没有找到商业模式，纯粹的烧钱模式已经走不通。超过七成的意向购车者表示“快捷，减少不必要的流程”(77%)和“价格更加优惠”(75%)是他们乐意使用在线购车的主要原因。但是，还存在担心实物与宣传不符(74%)、担忧网购出现问题时维权困难(60%)、缺乏试乘试驾体验(51%)，以及担心网购大额支付的安全(50%)等情况。因此，O2O模式还存在严峻的考验与挑战。

四、汽车电商的发展趋势

随着用户对互联网出行的认知度提升、市场技术升级、资本利好和互联网企业开始对传统行业进行“互联网+”转型，中国互联网出现的市场交易规模将持续数年高速增长。

1. 结合互联网技术，越来越多的新型商业业态不断涌现

近年来，在新车、二手车和后市场电商等各个领域，新的商业模式不断涌现，冲击着传统汽车产业，如图4—2—5所示。而未来伴随着新消费理念和消费模式的不断升级，在互联网电商领域还将诞生出更多的新模式，来满足消费者和市场参与者的新需求。

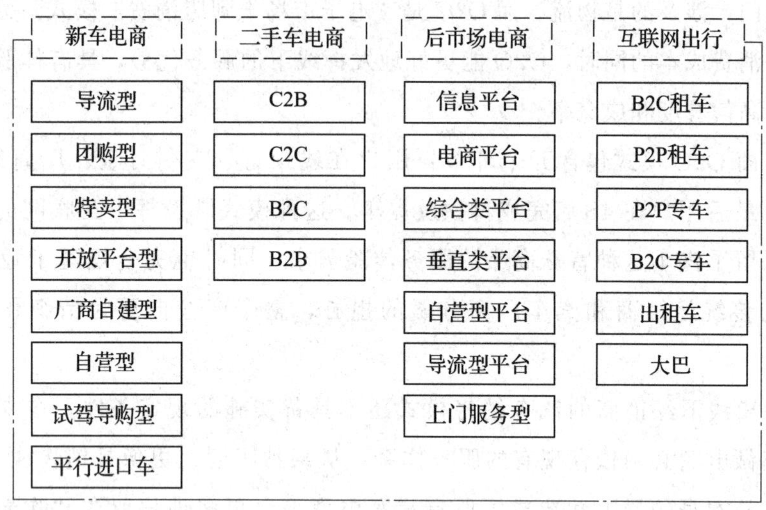

图 4—2—5　互联网汽车电商新模式

2．发力互联网+汽车金融，营利创新谋出路

2015 年，众多传统汽车门户、二手车汽车电商、专注于汽车领域的 P2P 纷纷进入汽车互联网金融领域，探索新型金融产品。未来该领域将成为汽车行业营收增长的新引擎。

3．汽车生态协调发展，汽车生活场景化服务市场巨大

随着信息技术的深度介入，汽车企业的商业模式也将向基于数据、平台的网络化服务转型。

除了现有的租车叫车、地图导航、汽车后市场等服务外，包括互联网停车、汽车共享租赁等基于用户汽车生活中不同场景、时段、价值取向的产品服务还将更加丰富，以满足人们个性化、多样化的用车和出行需求。

思考与练习

1．从线下到线上，汽车销售模式发生了哪些变革？

2．目前的汽车电商主要有哪几种营销模式？试比较其特点。

3．试述汽车商城 O2O 营销模式的发展前景。

课题三　汽车微博营销

◆ 了解微博营销的概念与特点。

◆ 了解微博营销的现状、策略与方法。

◆ 掌握车企微博营销的主要形式及过程。

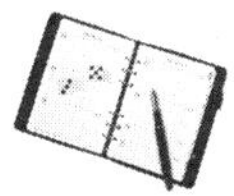

课题导入

2016年第一季度，微博月活跃用户达到2.61亿，同比增长32%，日活跃用户达到1.2亿，同比增长35%。与前一季度相比，微博月活跃用户净增2 600万，日活跃用户净增1 400万，均创下上市以来最大单季增幅。

在2016年的微博电影之夜上，#福特金牛座微博电影之夜#话题阅读量达到38亿，总投票数为1.2亿，相关微博总讨论数约700万。BMW2系旅行车上市后，公司拍摄关于BMW2系旅行车的秒拍视频，然后在微博上开展招募情侣的自驾游活动，并安排与两位国际网红的偶遇，进行整体的包装和故事传播。通过微博big day、PC等多终端直播，各种旅游、时尚、行业KOL及网红跟进，最终#把你交给我#话题阅读量高达1.6亿次，讨论达8.7万次，关注此话题页的粉丝达到6万人。全新奔腾B50上市，一汽轿车销售有限公司市场部部长以“@奔腾的小何”帐号直播，高层身份瞬间让无数路人转粉，94.8万人同时在线观看。

2016年第一季度，95个新车上市选择微博开设话题，微博话题行业发布新车覆盖率为80%，话题累计阅读量达3.3亿。这也再次证明：微博利用自身力量与资源制造热点的能力是其他网络媒体无法比拟的。

微博在扩张用户原创内容（UGC）的同时，提升专业生产内容（PGC）。配合新车上市的各种组合玩法、相关产品的更新迭代，以及新浪大平台和多终端直播平台等优势，使得微博营销越来越受到车企的重视。微博已经成为汽车营销主战场，更成为新车上市时的标配。

一、微博营销的概念

1. 微博

微博即微博客（MicroBlog）的简称，是一种通过关注机制分享简短实时信息的广播式社交网络平台。

微博是有效的网络营销工具。微博的运营商可以与企业共同进行策划，以企业微博、代言人微博、用户微博为载体，针对新产品、新品牌等进行主动的网络营销。微博将是植入式广告的最好载体之一，微博营销可以在趣味话题、图片和视频中植入广告。微博也是重要事件最好的新闻发布现场。

微博包括新浪微博、腾讯微博、网易微博、搜狐微博等（图 4—3—1），但如若没有特别说明，微博就是指新浪微博。2014 年 3 月 27 日，在中国微博领域一枝独秀的新浪微博宣布改名为"微博"，并推出了新的 LOGO 标识，新浪色彩逐步淡化。

图 4—3—1　新浪微博、腾讯微博、网易微博、搜狐微博、Twitter（推特）

2016 年 3 月 3 日，根据新浪微博发布的 2015 年第四季度及全年财报，新浪微博月活跃用户达到 2.36 亿，日活跃用户达到 1.06 亿，2015 年微博总营收为 4.779 亿美元。微博已经成为中国网民上网的主要活动之一。

微博作为一种分享和交流平台，更注重时效性和随意性，其最大的特点就是集成化和开放化，可以通过手机、IM 软件（Gtalk、MSN、QQ、Skype）和外部 API 接口等途径向你的博客发布消息。

相比较博客的"被动"关注，微博的关注则更为"主动"，只要轻点"follow"，即表示愿意接受某位用户的即时更新信息，从这个角度来说，商业推广和明星效应的传播更有研究价值。

2．Twitter

Twitter（推特）是最早也是最著名的微博。

Twitter（推特）是一家美国社交网络及微博客服务的网站，是全球互联网上访问量最大的十家网站之一，是微博客的典型应用。它可以让用户更新不超过 140 个字符的消息，这些消息也被称作"推文（Tweet）"。这个服务是由杰克·多西在 2006 年 3 月创办并在当年 7 月启动的。Twitter 在全世界也非常流行，被形容为"互联网的短信服务"。

随着Twitter影响力的提升和用户规模的不断扩大，知名企业（如福特汽车）纷纷选择Twitter进行企业营销。2016年7月，西班牙的Raul Escolano在他的Twitter上创建和使用了#comprarruncocheportwitter#主题标签，意即“在Twitter上要买一辆汽车”。日产汽车经销商通过Twitter界面上潜望镜视频流服务，向Raul Escolano展示了日产X－Trail汽车的视频。Raul Escolano在此过程中使用了Twitter页面的投票功能，让关注这次活动的人对他选择出来的多辆汽车进行网络投票。让人惊讶的是居然有260万人进行了投票，而最终结果显示，在260万条的评论中日产X－Trail的得票率第一，达到了43%。Raul Escolano根据该投票率最终选择了日产X－Trail车型并进行了在线付款。日产汽车借助Twitter平台，完成了汽车在Twitter平台的第一次直接交易。

媒体评论Raul Escolano的这一做法具有创意并且很独特，对双方都有利：购车者不必经过推销员和谈判，而汽车品牌也可以得到大量的社交口碑和宣传推广，并可能吸引其他买家。

3．微博营销

微博营销是指通过微博平台为商家、个人等创造价值而执行的一种营销方式，也是指商家或个人通过微博平台发现并满足用户的各类需求的商业行为方式。微博营销以微博作为营销平台，每一个网友（粉丝）都是潜在的营销对象。企业利用更新自己的微博向网友传播企业信息、产品信息，树立良好的企业形象和产品形象。

微博营销方式注重价值的传递、内容的互动、系统的布局、准确的定位，微博的火热发展也使得其营销效果尤为显著。微博营销涉及的范围包括认证、有效粉丝、朋友、话题、名博、开放平台以及整体运营等。自2012年12月以后，新浪微博推出企业服务商平台，为企业在微博上进行营销提供了一定的帮助。

2016年1月20日，“典赞——2016中国汽车市场论坛暨新浪年度车颁奖盛典”在京举行。本次盛典发布了《2015微博汽车营销白皮书》及《2015微信汽车营销白皮书》，向车企展示了微博在营销中的作用，并体现了微博与微信平台的营销互补意义。

二、微博营销的特点

用微博做营销，重点在于粉丝。从微博的特定性来说，每一个粉丝都会成为微博营销的对象，只要发布这些粉丝感兴趣的话题，又或者通过比较有影响力的名人明星发布话题，就可以达到营销的目的。

微博营销主要有以下几个特点：

1．低成本、低门槛、效果好

微博注册免费，发布门槛低，操作方法简易（所有操作基于信息发布、转发、评论）。运营一个微博帐号，不必花大价钱架构一个网站，不必有多专业的计算机网络技术，也不需要专门拍广告，或向报纸、电视等媒体支付高额的时段广告费用，充分利用微博的“自媒体”属性，做好“内容营销”即是微博营销的王道。

2．传播速度快，覆盖范围广

从覆盖面上来讲，微博与传统的大众媒体（报纸、广播、电视等）相比，受众同样广泛。微博还支持包括手机、电脑、移动端等在内的多种平台，随着移动互联网的发展，可以说随时随地都能从微博上获取信息。此外，由于微博的名人效应和其特定的传播方式，往往能使信息传播达到的速度和效果呈几何式放大。一条微博在触发微博引爆点后，短时间内互动性转发就可以抵达微博世界的每一个角落，能即时实现短时间内提升话题热度的效果。

3．展现形式多样，更具人性化

从微博营销的使用手段上来说，虽然文本框仅限于140个字，但还可以利用图片、视频、音乐等多种展现形式，而这些先进的多媒体技术手段，能够从多方面将企业品牌或者产品以更多样的形式呈现给受众。这种直观的方式能够使消费者更好地了解品牌或产品。从另外一个方面来说，微博的拟人化和接地气的亲和力，也能够吸引更多的粉丝。

4．微博更具亲民化，拉近距离

与其他营销模式相比，微博对话题是没有限制性的，例如政界人士、明星名人，甚至包括一些外国友好人士，都会通过微博拉近和普通民众的距离；企业通过微博营销也是同样的道理。

5．操作简单，高效便捷

微博营销受青睐还有一个非常重要的原因，就在于它的操作简单，高效便捷。构思一篇140字的微博要比拍摄广告片容易得多，所以节省了大量的时间和成本。作为社交工具，它的操作十分简单，几乎所有人都能上手，十分方便。

6．互动性强，能及时获得反馈

微博具备传统传播渠道和平台没有的社交属性，通过微博能够及时与粉丝进行沟通，获得用户反馈，而反馈的方式一般会表现为评论、转发、点赞，其中，转发可以说是二次传播，扩大了微博营销的影响力。

7．针对性强，短期效果显著

微博是即时性的社交工具，也就是说，它的营销是短期的，有时效性的，而从另一个方面来看，也意味着它投资少，见效快，在短期内可以获得可见利益。

三、微博营销的策略

1. 内容营销

微博内容营销需要通过新颖的话题达到传播的目的。只有用户喜欢你的内容（如一个好玩的话题、视频、图片），才是有价值的传播。网络时代必须做出真正优秀的内容，能与消费者产生共鸣的内容，才能实现真正的内容营销。

2. 意见领袖

通过意见领袖微博达到传播目的。在各行各业细分的用户都有自己的意见领袖，网络无权威，但是有意见领袖。他们在女性、互联网、美食、体育、旅游等领域，掌握着强大的话语权，时刻在潜意识里影响着数以万计的围观群众。如果想让品牌、产品信息快速传播，那么一定要锁定重要的意见领袖，并引导意见领袖去讨论、传播产品。

3. 活动营销

微博最善用免费、促销模式，免费的东西和促销活动，对萌动的消费者来说有着重量级的杀伤力。而微博相较博客更迷你且灵活，还可以迅速蔓延。企业可以通过自己的微博进行一系列长期的免费派送或促销活动，放大传播的影响力。微博营销还可以利用疯狂的病毒式传播，迅速建立起互联网时代粉丝对品牌的忠实度。通过各种形式的活动营销来获取消费者的参与，试销新产品，获得用户反馈，以此搜集市场信息，是微博营销常用的营销手段。

4. 情感营销

情感营销是从消费者的感情需要出发，唤起和激发消费者的情感需要，并将消费者个人情感差异和需求作为企业品牌营销战略的情感营销核心。微博传播的本质是基于共同价值观的人际传播，其传播特性契合了情感营销的要求与属性。微博情感营销正是借助消费者最熟悉和最信赖的人际传播优势，通过客户情感分析、情感定位、情感互动、情感巩固等策略来捕捉、激发和满足客户情感需求，从而实现营销目的。

四、汽车行业微博营销的现状和特点

1. 汽车微博营销的现状

（1）微博成为汽车传播的主要平台之一

2015 年 1 月至 10 月，微博上汽车行业相关信息达到了 46 453 979 条；每天微博平台上产生的汽车相关博文超过 10 万条，主流汽车垂直论坛的信息达到了 40 439 528 条。微博上有关汽车的声量已经超过了其他汽车垂直网站，如图 4—3—2 所示。

图 4—3—2　不同社会化媒体的汽车声量

在以往，汽车垂直网站往往是网络汽车信息传播与交流的主要平台，而随着微博和微信两大平台的加入，汽车信息在互联网上的传播已经进入了三足鼎立的时代，如图 4—3—3 所示。

图 4—3—3　汽车传播平台三足鼎立

微博由于其传播速度快和覆盖广的特点，其内容多为行业热点新闻、新车上市以及营销活动等。汽车垂直网站论坛的讨论则相对更加深层次，主要是消费者对汽车的体验及反馈。微信平台上则更多的是品牌及公众号发布的营销或品牌信息等。

长远来看，微博、微信和汽车垂直网站在未来一段时间内，都将是中国汽车信息传播和交流的主要平台。

微博作为一个公开的舆情发布平台，汽车消费者也经常在上面发布有关汽车品牌和车型的正面及负面态度和观点，因而微博上品牌的舆情分析对于汽车企业而言就显得格外重要。通过计算品牌正面声量占负面声量之和的占比得出品牌的净好感度，该数值可以较好地评价品牌在社交媒体平台上的口碑。图 4—3—4 所示为热门汽车品牌微博正面声量及净好感度。

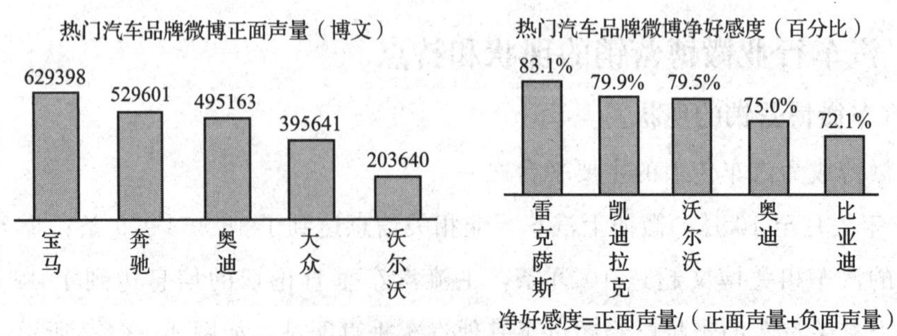

图 4—3—4　热门汽车品牌微博正面声量及净好感度

（2）微博粉丝特征明显

所有企业的微博粉丝中，55.7%为男性，44.3%为女性；关注企业微博的主要人群为18～39岁的中青年人群，主流消费人群超过了86.15%。图4—3—5所示为特征明显的微博粉丝。

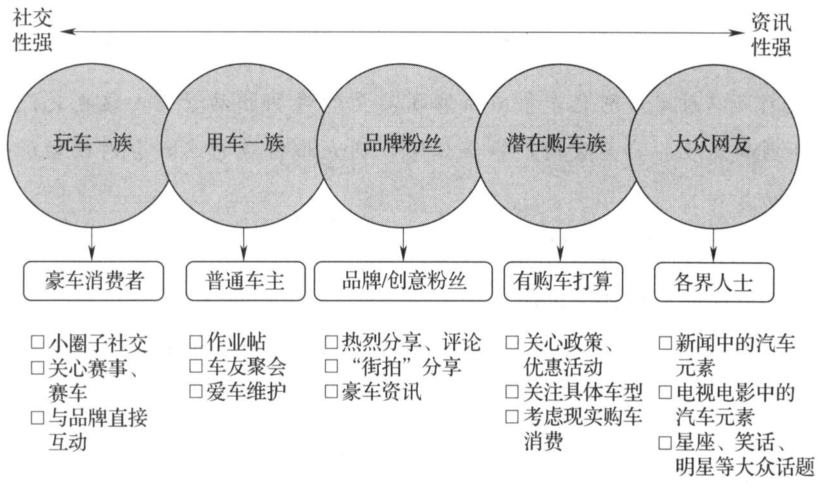

图4—3—5　特征明显的微博粉丝

（3）汽车微博营销方式不断创新发展

作为一个社交媒体平台，微博不仅包含了用户的讨论，还拥有完整的用户信息和社交行为数据。由此，微博可以通过大数据对消费者进行行为洞察、场景洞察和画像洞察，为汽车客户解决精准广告、人群创意、场景和整合等营销方案。

2015年较为知名的电视综艺节目中有汽车品牌参与冠名或赞助的就有20个左右，而“台网联动”也一直是微博与电视媒体合作的趋势之一。微博作为领先的社交媒体，其平台上有关电视综艺的讨论一直有着较高的热度。而许多综艺节目也成功地通过微博上的正面讨论、微博用户的主动提及、或是所谓的“自来水”，实现了收视率的稳步提高。

案例分析

2015年，别克昂科威独家冠名了湖南卫视《真正男子汉》节目。从第三、第四期开始，别克昂科威首先开始建立一个属于品牌和节目单独的微博话题#昂科威真正男子汉#，并且在每期节目前后传统的预告和总结之外，还通过非常有品牌特色的“昂科威从军记”的原创版块文章，以及有关节目细节及专题知识分享等多个层面和方法进行宣传，并邀请许多娱乐领域的意见领袖转发品牌微博，使得节目和品牌在节目播出前后均能获得消费者的关注和热议，如图4—3—6所示。

图 4—3—6　别克昂科威赞助《真正男子汉》节目的台网联动营销

由此案例可以看出，别克昂科威采取了典型的台网联动营销，这也是汽车微博营销方式不断创新发展的典型案例。事实证明，别克昂科威的这一台网联动营销方式获得了巨大成功。

2. 汽车微博营销的主要特点

(1) 可第一时间进行信息传播

作为汽车企业，以往最发愁的就是最新的车型、技术和体验不能及时传递给广大车迷和购买者。微博营销最大的一个特点就是信息的及时性，由于操作终端不再仅仅停留在电脑上，任何人在任何时候只要通过手机这样的移动终端就可以上传信息。作为汽车企业一旦有什么资讯都可以立刻通过微博传播给大众，使大众在第一时间了解汽车市场最新的动态、技术以及车型等信息。

(2) 分列式散播，传播速度快

微博虽微，但是其传播速度相当之快，基本上是分列式传播的。在微博上每个人有自己的关注对象同时也会被其他人关注，所以一条信息可以同时被关注你的所有粉丝看到，如果他们对其进行传播又会被他们自己的粉丝看到。如此下去就会层层扩散，这样最新的车型信息、技术信息又或者粉丝评论中的试驾体验等都会在短时间内被大多数人看到，同时又能吸引更多的关注者。微博进行信息传递的速度是成几何倍数增加的，这是以往的传播方式都无法比拟的。

(3) 精准度高，可实现精准营销

汽车企业在注册微博后可以对有潜在消费能力的用户进行关注，观察他们感兴趣的话题，同时企业在微博上保持活跃，也能引起他们对产品的关注，成为企业的粉丝。这两部分人，都是汽车企业的最直接目标客户，企业与他们在线沟通，就接触了市场第一线，无论是搜集市场反馈，还是品牌传播，面对的都是更加精准的消费群体。

(4) 互动性好，可实现信息立体传播

微博作为新兴的网络信息传播媒介，互动性是它的最大特点。利用微博，可以实现厂商、受众之间的信息快速交流，有助于增强广大受众的信息接受度。同时，广大粉丝对于感兴趣的话题，可以最快地将其传播给自己的好友，最终实现信息的立体化传播，在最短的时间内达成高效沟通。

(5) 营销成本低

车企有了微博，就不需要花费太多的资金在搜索引擎上，企业可以在自己的微博上发表主要信息，然后附上可查看全部信息的地址，这样感兴趣的人就会根据链接查看到原信息。这样既能为企业节省大量的资金，同时又能通过最小的成本投入获得最大的广告效果。

五、车企微博

1. 车企微博的兴起

随着社会化媒体形式的不断涌现，微博应用风潮掀起之后，国内主流汽车品牌都纷纷开通了自己的官方微博。

案例分析

长安福特被认为是第一个使用微博进行营销推广的车企。2009 年的广州车展，长安福特没有重量级的新车发布，也没有特别重大的信息发布，所以在广州车展的传播方面，长安福特需要一些创新的形式与消费者展开充分的互动。同时，他们也希望自己参加广州车展的核心信息能够得到广大消费者更多的关注并引发讨论。此时，正是新浪微博刚推出不久之时，产品逐渐成熟，商业化运营还在探索阶段，于是，名为“戴着围脖看车展”的新浪汽车大型微博互动活动开始了。活动自 11 月 18 日正式启动，截至 11 月 30 日，12 天的时间内，长安福特官方微博粉丝数迅速突破 7 000 人，官方微博共收到网友评论 4 088 条，博文被转载了 1 943 次，成为新浪网上企业官方微博中粉丝数第一、评论数第一、博文转载次数第一的官方微博。

这个案例也成为汽车企业微博营销的第一案例。此后的近一年时间里，新浪上注册的车企微博超过了 70 家，搜狐微博及腾讯微博也纷纷发力汽车行业的微博营销。

2. 车企微博的形式

车企微博的主体可分为以下四种形式：

- 单一车型建立官方微博：如威驰、普锐斯均以产品为主体进行传播。
- 整车企业建立官方微博：如奔驰是以企业微核心品牌为主导，配以各款产品的核心信息进行传播。
- 汽车品牌售后服务微博：如一汽丰田售后服务，以服务为主，旨在为消费者提供产品使用、车辆保养等相关技巧。
- 单一活动建立官方微博：如上文中提到的长安福特“戴着围脖看车展”活动，就是以事件或话题为主体进行传播。

而在内容上，主要分为六种类型，包括企业重要新闻发布、活动直播/报道、车主/网友有奖互动、平等有效的知识分享、代言人微博转发和车主招募。

3．车企微博营销的基本原则

（1）构建微矩阵

微矩阵就是有规划地建立企业的微博帐号群，实现交叉覆盖，使自己的企业还有产品甚至企业的领导分别开通微博，定位不同，最后形成合作。

在车企以企业及其品牌为主体建立官方微博的同时，企业领导、形象代言人、销售人员及售后服务人员也可同时开设自己的"私人"微博，通过个人的魅力来推广企业的文化、理念、产品和服务。

（2）实现微整合

微整合是指微博营销不能仅仅利用微博的传播，要使它作为一种贯穿的手段，实现全媒体的资源整合，比如将品牌活动的官方网站和企业微博的帐号打通，通过企业自己的营销渠道去宣传微博。同时，微博营销的单独效果较弱，只有与传统营销活动、策略互相响应，进行各种营销手段的整合，才能达到理想的效果。

4．车企微博营销的主要形式

（1）活动微直播

微直播是汽车微博营销中常用的手法之一，对于新车发布、推广有着其他媒体难以达到的效果。微直播也是微博中使用最多的一种形式，包括微博大屏幕和微直播的使用。在汽车营销中最典型的例子当属 MINI Countryman 的上市。

（2）事件微公关

事件微公关也是微博营销优于其他营销策略的一个重要方面。汽车企业可以利用微博的高时效性，及时对一些突发事件进行品牌形象的公关，或者是危机公关。例如，当用户对汽车产品的质量、服务产生怀疑和质疑时，可以利用微博在第一时间内做出反应，让用户感觉到企业的真诚，也许会变坏事为好事。

（3）销售微应用

通过微应用，车企可以实现汽车产品的报价、团购活动的开展、车辆的订购等，真正实现通过微博来完成汽车销售的全过程。例如，奇瑞 E5 的"转"回家活动，借助新上线的"微卖场"功能，网友可以直接在微博中团结起来，为这款奇瑞重量级的新车重新定价。网友每转发一次微博，商品价格就会自动下降 0.5 元，使用户参与活动的兴趣大大增强。通过"转"回家活动，奇瑞 E5 在微博的听众数一天之内上涨了 3 万多人，平均 1 秒就有 2 位粉丝加入。"微卖场"的活动微博为奇瑞 E5 带来了近十万次的曝光。

（4）情感微沟通

对于微博营销来讲，情感的沟通成分要远大于产品销售的成分。微博营销通过与广大粉丝、受众进行话题互动的方式来进行情感沟通，进而进行企业品牌、产品信息的传播。所以，车企利用微博最多的功能还是与目标群体间的情感交流与沟通。例如，一汽马自达的微博在开通的一年多时间里，话题始终围绕在企业员工与用户满意度上。通过与粉丝的对话，使一汽马自达了解到，虽然整车质量可以很大程度地提升用户满意度，但维修标准不清则会让用户失去对它持续喜爱的兴趣。因此，一汽马自达重新修订了商品车的维修标准，避免了一个让客户满意度下降的潜在问题。厂商在营销时给予用户知情权、话语权、参与权，在一定程度上也是满足用户的附加需求，从而拉近了彼此的距离。

5．车企微博的营销过程

汽车企业利用微博进行营销可划分为集粉期、培育期和凝聚期三个基本阶段。

（1）集粉期——聚集受众

将品牌、产品信息传播给一定数量的受众是营销的关键，微博营销的受众就是粉丝，因此，微博粉丝的多少就成为了微博营销成败的关键因素。车企官方微博在筹建初期，为了汇聚人气通常可举办一些集粉类的有奖活动。

案例分析

一汽丰田在微博建立初期就举办了集粉活动，发布微博称“＃一汽丰田－诚信服务开博 & 加粉丝·送好礼＃活动正式开始了，加入一汽丰田－诚信服务微博粉丝并转发本条信息，将有机会获得一汽丰田——诚信服务送给你的精美礼品”，在信息发布后的 10 天里，该信息被转载了 15 723 次，评论了 14 421 次，集粉 6 000 余名。奔驰中国在建博初期也是通过举办有奖问答送礼品（奔驰精美钥匙扣）活动来快速聚集粉丝，目前奔驰中国已经拥有固定粉丝 2 万余人。

在本案例中，两大汽车公司在建博初期都是通过“加博”“转发”“送礼”的形式进行快速“集粉”，其集粉行动反映了微博集粉在微博营销中的重要性。

集粉期的活动形式主要包括对活动发起者（官方微博）添加关注和简单的转发活动信息；在转发信息添加关注的同时，对发起者提出的问题进行回答，增加以用户为传播主体的核心信息二次传播。在转发活动信息的同时要求博友@一定数量的好友，以确保信息更为精准的传播。

（2）培育期——日常传播

初级阶段的人气汇聚完成后，车企进入到对微博的日常维护当中，这一阶段的关键是进行趣味性和实用性相结合的信息传播。

前一阶段的“集粉期”用户多因对品牌的崇拜和追随，或是礼品的诱惑而对官微添加关注，但微博的重要功能“分享”却未得到充分体现。用户所分享的内容是建立在“熟知与兴趣上的对于多元化信息进行互通有无的一个过程”。因此，官方微博在日常传播中最大的问题在于传播内容的亲切感和实用性。而“距离”是左右企业营销战略成败的关键点，直接影响核心信息的传播效果。为解决这一问题，一汽丰田售后服务的官方微博以受众兴趣为出发点，在日常传播中将经典语录、星座、旅游、养生、漫画等多种微博上最火爆的信息，结合“爱车养护尝试”等实用性强但较枯燥的专业知识一同传播，与受众建立长期有效的沟通渠道，培养忠诚的用户，促进了潜在消费者的增加。

培育期的日常信息传播要进行合理的规划设计，先要细分受众，了解不同类别受众的触媒习惯和时间特征。辨别受众喜好以便更加精准地获取受众的求知偏好，是企业信息有效传播的根本。将与企业有关的信息融合到受众较为重视的知识源中进行二次加工，并且需要在正确的时间针对不同人群传播相应信息。

（3）爆发期——事件引爆

车企在利用微博营销时，要想达到最佳的效果，就要在对微博日常维护的基础上，利用一些特意设计或是偶发的事件来引爆营销信息的传递。事件营销传递的是企业品牌最为细腻的一面，借助微博可以更好地构建全社会对于品牌的认知度和美誉度，从而培养忠实的客户群体。

在爆发期的事件营销应以公众事件为核心才能有效吸引受众眼球，以小博大，而公益事件营销是永恒的旗帜。微博可以作为事件营销的主阵地和引爆点，但系统性、立体化的传播则是事件有效爆破的根源，并能最终形成全媒互动。

6．车企微博的突破

“同质化严重”“可读性差”“营销活动干瘪无力”是阻碍微博营销发展的最大障碍，合理的应用技术开发与真正意义的互动营销活动的结合才是微博发展的王道。

（1）“技术性＋实用性”的插件应用

第三方技术平台的全面开放，一方面为微博找到了一条赢利之路，另一方面则可以让厂商更大范围地通过技术手段，利用微博实现新媒体多样化的互动营销。官方微博可以开创新的第三方应用技术，例如，创建一个车辆养护管家，用户输入基本信息后，就可以定期提示车辆保养等相关事项，还可以根据不同的天气情况提示一些养护技巧等。另外，合理应用微博中已经存在的插件，如“微盘、涂鸦等”进行营销活动的策划和实施，也可以更好地增加汽车微博的娱乐性。

这种以技术为核心，同时深入受众生活的实用性插件将更大程度地增加官方微博的黏性。

(2) 线上 & 线下、厂商 & 公众的联动

微博作为新媒体互动传播的主力通路，其互动性是显而易见的。这种互动性不应拘泥于厂商与媒体之间，消费者与受众之间。官方微博真正的意义应在于，在传播产品/服务/活动相关信息的时候，微博可将媒体、消费者、厂商、互联网报道和线下活动运营进行有效的串联，最终实现信息的立体化传播，在最短的时间内达成高效沟通。

思考与练习

1. 简述微博营销的现状、策略与方法。
2. 汽车微博营销有哪些特点？
3. 车企微博营销主要有哪些形式？其过程如何？

课题四　汽车微信营销

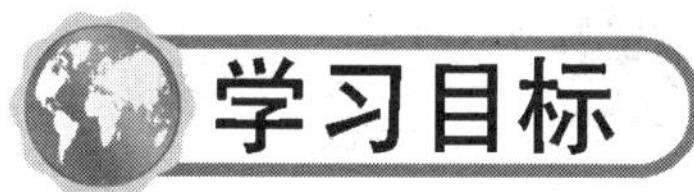

◆ 了解微信营销的概念展现形式及发展阶段。

◆ 了解汽车行业微信营销的意义及发展现状。

◆ 掌握汽车企业微信营销整体推广运营及其技巧与方法。

课题导入

2016 年 6 月 25 日，“爸爸去哪儿”的村长李锐带领沃尔沃汽车招募的四位网红，驾驶沃尔沃 XC90 在凌空高 300 米，长 430 米的张家界大峡谷玻璃桥上进行安全测试挑战体验，四位网红不断介绍沃尔沃 XC90 和他们在大桥上的乘车体验。近 200 万人通过 YY、映客、花椒、一直播、秘拍和沃尔沃双微共 6 大平台收看直播，沃尔沃在新媒体时代做了一次成功的创新营销。

在消息发布、用户征集、活动直播的过程中，沃尔沃汽车中国的官方微信、官方微博与电视台联动，对活动进行全面跟踪，活动相关文章平均影响力是当月汽车公众号平均文章影响力的 7 倍！

在微信时代，车企一般均有专属的微信公众平台，有些以介绍新车为主，有些以介绍品牌文化为主，还有些以各种活动为主，微信拉近了与消费者之间的距离。微信作为一种信息传播渠道，给汽车厂商带来了全新的传播方式，也成为了一种重要而流行的网络营销方式。

一、微信营销的概念与展现形式

微信是一个强关系营销平台，微信好友之间就是一种强关系。

微信通过公众平台、开放平台、硬件平台、表情平台、智能平台和广告平台等六大平台（图 4—4—1）搭建包括社交、娱乐、资讯、电商、金融、生活服务等一系列生态体系，打造 O2O 闭环，建立智慧城市并将平台开放，使得第三方能够在微信生态中发挥更大声的可能性，共同搭建微信生态。微信围绕用户需求进行综合性渗透，通过建立用户移动化生活的基础高频场景、垂直化场景等，最大限度地吸引用户，留住用户，增加用户黏性。微信已经成为社交即时通信中覆盖率以及活跃率最高的产品，同时微信还显现出对消费的拉动作用。

图 4—4—1　微信六大平台

1. 微信营销

微信营销是指基于微信进行的营销，包括销售、公共关系维护、品牌形象塑造和客户服务等一系列营销形式。近年来，伴随着微信用户量的规模积累，功能越来越丰富，微信营销已成为各企业重要的营销途径。

在微信自主运营的公众号以及朋友圈广告之外，微信第三方、自媒体以及微信个人都赋予了微信营销更多的可能性。

随着移动互联网的发展，PC 端的广告形式向移动端转移，这得益于微信的用户规模以及生态的多样性，微信成为目前移动社交营销的重要阵地。除了展示广告之外，微信生态也诞生了基于移动特性的广告形式，比如 H5、互动游戏等。此外，在微信支付的基础上，微信生态内形成了自己独特的电商营销方式和交易闭环，如图 4—4—2 所示。

微信具备强大的社交属性和移动属性，具有高到达率、高精准度和高接受率的特点，这增强了微信营销方式的便利性和可传播性。随着微信技术和功能的不断拓展，硬件设备的升级，微信营销越来越成为一种能够快速迭代的创新型营销模式。

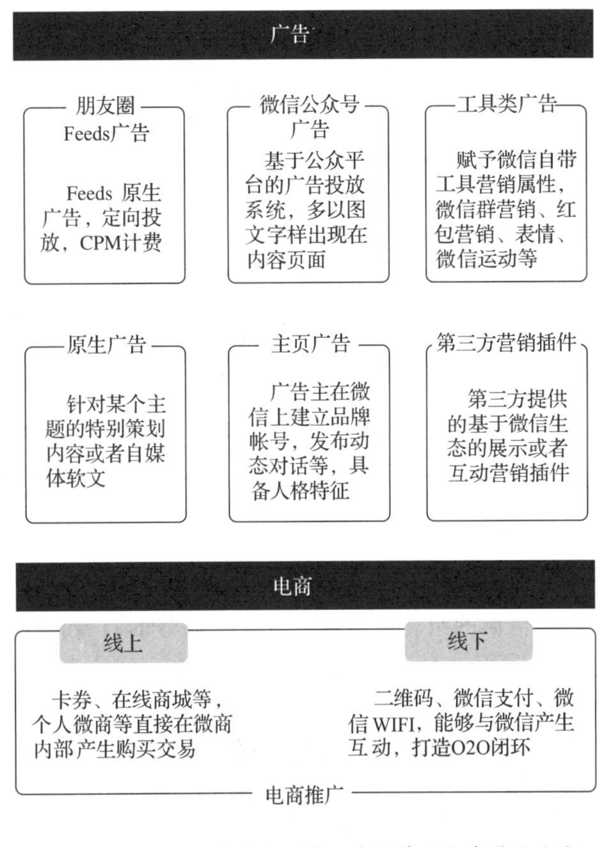

图 4—4—2 微信的广告形式及其独特的电商营销方式

2. 微信营销的展现形式

基于微信开放的环境，以及移动端技术的发展，微信营销呈现出多种形式。

（1）展示类

包括文字链、Banner、关注卡片、下载卡片、公众号原生内容、朋友圈图文、官网等。

PC 端展示广告向移动端延伸，通过人工购买或者程序化购买实现。其中，公众号原生内容由各公众号各自定价，尚未形成一定的行业标准。

（2）富媒体

包括游戏插件、SNS 分享裂变、重力感应（试驾体验）、优惠券下载、视频播放、摇一摇、吹一吹、刮一刮以及 H5 等。

（3）活动类

活动是常见的微信营销方式，包括线上发起参与活动、组织线下活动、扫一扫与线下二维码互动等。可以通过各类活动活跃线上，融合线下。

二、企业微信营销的发展

1．公众号成为企业和用户的重要连接

2016 年微信公众号数量已超过 1 200 万个，公众号以其平台的开放性成为企业和用户的重要连接，19％的用户关注了企业商家的公众号；53％的中小企业开始在微信公众平台上进行资金投入，以进行渠道维护；73.1％的企业开通了微信公众号基础功能，实现基础的展示功能；62％的企业使用活动插件实现与消费者的互动；38.9％的企业通过微信公众号实现商品的交易。公众号正在助力企业零售线上线下交互时代的到来。

2．以公众号为中心形成了企业微信营销综合渠道

企业公众号从一个企业发声渠道演变为企业品牌传播、消费者维护以及移动电商运营的综合渠道。在移动社交的场景下，公众号的结束不会止于分享，而是沉淀或者转化于品牌重度分销者，而消费者吸引、沉淀、购买、社交分享以及分销的营销流程也将呈波纹状扩散。

3．“公众号＋”放大了企业公众号的价值

公众号＋朋友圈/微信群的组合能够放大企业公众号的自身价值，如图 4—4—3 所示。

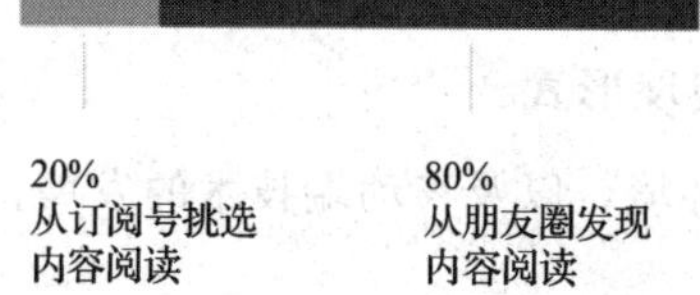

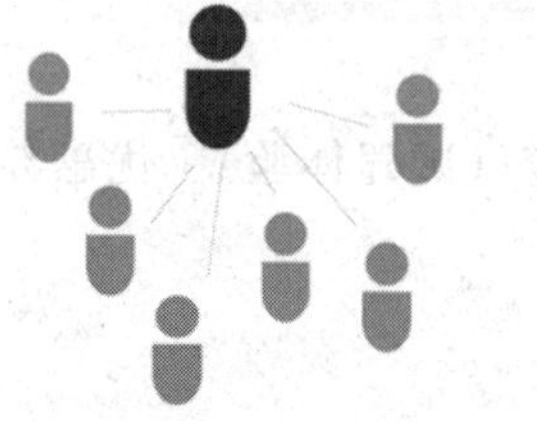

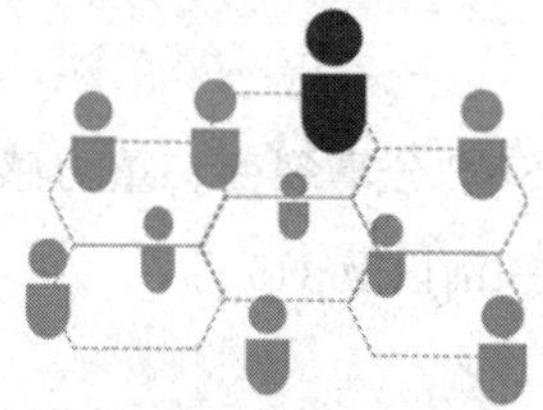

图 4—4—3 “公众号＋”放大了企业公众号的自身价值

4．客户精准营销是企业微信营销的主要目的

客户精准营销是企业运营微信的主要目的，其次是为了寻求更多的曝光和利用微信进行 O2O 转型，如图 4—4—4 所示。

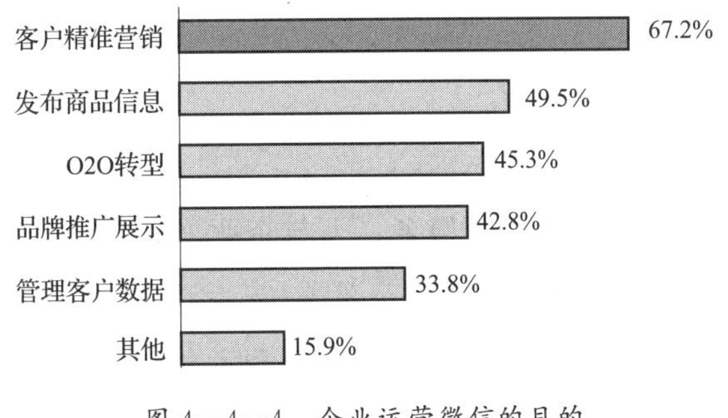

图 4—4—4　企业运营微信的目的

5．企业微信营销更倾向于实用性

营销作为消费的杠杆撬动着消费动作。有数据显示，大部分消费者对移动广告有一定的需求，但是这其中也存在大多数人对移动端品牌传播有一定的厌烦心理，这主要在于消费者认为传播对自身的无关性，担心隐私泄露甚至是浪费流量。

在未来很长的一段时间内，精准依旧是微信营销的优势以及趋势，但消费者越来越懂行，单纯的移动广告已经不能满足他们了。针对用户属性、兴趣、爱好更加精准的投放和推荐，并向消费者提供实用的信息是未来对微信营销的需求。

6．微信“营造”的营销空间将继续营销消费者

微信营销越来越是体验式的，如图 4—4—5 所示。微信正以生活的名义营造这一体验，而这种体验由线上的“面”空间越来越向线下的“立体”空间扩展，建立面对面的交流而不仅仅是社群，引导购物中心的购物体验，而不仅仅是购买链接。在立体的环境中，企业更容易和消费者产生联结。

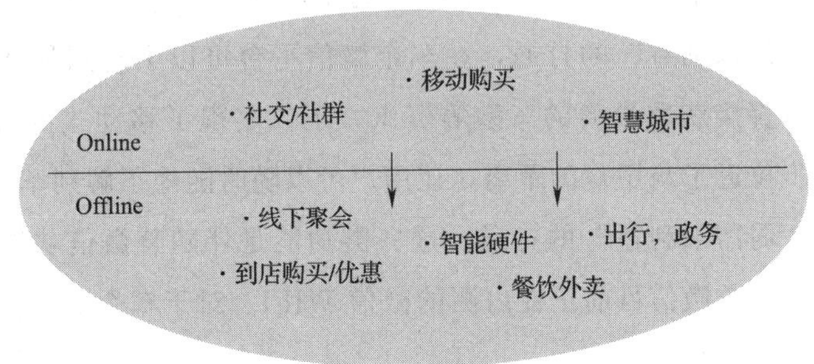

图 4—4—5　微信营销的线上、线下体验

微信为企业提供了一个能够为消费者提供内容、提供购买平台、获取电子优惠券以及专业服务的平台。在企业为微信营销花费精力的同时，微信第三方营销市场获得

了成长的机遇。但随着消费者对微信营销失去新鲜感，逐渐厌倦和麻木，微信企业营销的迭代显得缓慢。微信营销应创造更为灵活以及有温度的营销方式，融入消费者文化中以及微信生活空间里，打造跟上消费者需求的体验，重新审视企业之于消费者的关系。

三、汽车微信营销的意义

1. 通路打通

通路打通主要实现人与车、人与服务、人与企业（品牌）三大环节的打通，这三个维度实现了车企、经销商、消费者之间全覆盖和三者之间“强关系”的建设。

“人与车”的关系，主要侧重于产品层面的消费者和潜在用户，是消费者与企业结缘的第一步。用户只需轻轻一触，即可获知车企及其车型的详细信息和车型亮点，在了解和感受到相关车型的信息和产品魅力之后，如果想要试驾该车型，可以直接在该车型的页面中申请试驾，也可以直接点击“便捷服务”里的“预约试驾”，填好申请单并提交，很快就会有当地经销商来安排试驾。

“人与服务”的关系，这时候人主要指的是既有用户，是“强关系”建设的第二步。关注车企微信平台，用户可以非常方便地在手机上进行售后保养维修、试乘试驾预约，甚至还能通过该客户端进行下单。无论对于车企还是消费者，亦或是4S店来说，都是一种高效便捷的互动沟通模式。

有了“人与车”“人与服务”的双向打通，就使得“人与企业（品牌）”之间的关系变得顺理成章。主机厂和消费者之间并非传统的“生产和消费”的关系，而应该真正成为朋友，“强关系”一旦达成，那么对于企业的品牌建设大有裨益。

2. 利益打通

与传统的电视、平面“地毯式轰炸”“全面拉网”形式不同的是，微信营销是一种类似于“外科手术式打击”的精准突破——“利益打通”。

一方面是“强需求利益”的打通，在车企微信平台可以了解到最新的促销信息和活动信息，用户可直接获取最新的车型等资讯，不仅实现了移动式的官网 minisite 功能，同时也进一步拉近了与用户的距离，让用户可以随时随地了解到车企的最新消息。

另一方面是“弱需求利益”的打通，这一类功能是伴随着微信功能的延展而出现的，如购车红包，以及微信目前正在内测的微信 WIFI。对于车企而言，这类“弱需求利益”显然利于打造知名度。

3. 传播的立体化

一方面可以实现官网、经销商官网以及 minisite 等多个触点在微信平台的整合；另一方面也可以实现文字、视频、语音等传播全形式的纳入，进而将主机厂的整体传播立体化、全维化。这也对传统的公关广宣的方式提出了要求和挑战，在某种程度上也深刻影响着主机厂的传播思维、形式和调性的变化。

4. 强关系化建设

与传统的主机厂造车、经销商卖车、消费者买车三者独立且相互割裂的弱关系不同的是，微信营销时代点对点的强互动形式，注定了其能够通过互动的形式将普通关系发展成强关系，可以把消费者变成朋友，更可以把朋友变成粉丝，这对于车企的品牌建设，产品的口碑打造，无疑都是有益的。

四、车企微信平台整体推广运营

1. 平台内容运营规划

平台内容策略需要有一个中长期的规划，需要与平台定位结合考虑，品牌传播的内容、产品介绍的内容、行业知识内容等怎么搭配，以及针对不同用户的内容策略等。例如，针对微信关注用户推出特别优惠政策或送特别礼品，并在价格方面给予特别促销套餐，增加微信帐号在潜在和意向客户层面的关注度。

2. 平台活动运营规划

平台活动运营规划需要结合汽车企业或者4S店做专门的汽车微信活动策划。

3. 二维码的广泛应用

可以在展厅物料和其他所有宣传渠道都加上微信二维码，增加关注用户，引流吸粉，提升信息传送效率和范围。

成熟汽车厂家的车型现在基本都在使用二维码，未来还需要针对二维码背后的内容进行优化，可以增加品牌传播内容和相关产品介绍。厂家也可以推出扫一扫车型，看到喜欢的车扫一扫，立刻弹出该车的各种基本技术参数和专业测评链接，还有距离该客户位置最近的4S店的地址、电话以及促销信息等。这既有助于加深客户体验，又有利于促进经销商快速集客，找到目标客户。

4. 确定微信更新时间

参考汽车用户的生活特点、消费行为和微信使用习惯，确定微信公众平台的更新维护时间，可以相对固定。

5. 整合推广策略以及互动设置

微信内容做好了，还需要做微信内部互动设置以及微信外平台的整合营销推广，比如到汽车相关的门户、社区、群体发布微信平台的内容分享等，以吸引更多的潜在用户。另外，微信与微博同步，应更加注重内容原创、精致、有阅读趣味和长知识。车企应从微网站、微应用、微活动、微会员卡和微客服这五大模块完美解决营销中所面临的各种难题。

五、全面微信时代的汽车微信营销

1. 朋友圈广告

2015 年 1 月 26 日，微信朋友圈首次广告推送，一时间引起了全民热议。作为典型的“点对点”社交媒体，微信朋友圈的私密性决定了其拒绝“无脑”商业化，因此微信广告是一把双刃剑，它的投放直接影响到微信使用的满意度。

一方面，微信正在通过各种技术手段，不断优化朋友圈广告的投放精准度和投放形式；另一方面，需要更多地从整个营销活动的全盘进行考虑。微信 feeds 广告只是移动端整合营销的一部分，应集中不同领域资源，内外围资源共同参与，制造话题性事件，提升品牌和产品的正向传播效果。

2. 官方微信帐号

官方微信帐号不仅仅是“吸粉”工具。仅仅把品牌、产品的官方微信帐号的粉丝看作对代理商考核的关键绩效指标（KPI）已经不适用于微信时代。

一辆汽车产品，在市场上的生命周期通常为 4～6 年，一款全新产品在上市前，往往有近一年的预热期。微信官方帐号在品牌和产品层面，应该有两条不同的内容和互动路径。

从设计理念到概念车发布，再到全新车型正式亮相、投产、上市，期间要经历近两年的时间。在此期间，官方微信帐号可以不断进行相应信息的多种形式的披露，制定相应的传播点设计。借助微信“直接触达潜在用户”这一特性，将官方信息用更有趣的方式，直接传递到那些潜在的用户人群，这才是车企微信官方帐号理应扮演的角色，而不是一个冷冰冰的信息发布工具，直接影响到用户和潜在客户对品牌的认同感。这也是微信时代带给品牌营销的最大差异和挑战。

3. 精准营销

微信营销，本质上是企业借助微信这一工具，进行包括品牌宣传与推广、活动策划与信息发布、产品推介、客户开发与维护、在线交易达成等一系列的营销活动。

品牌信息和产品信息介绍是目前企业应用最为频繁的部分。车企利用微信通过互动的形式与用户建立联系，可以推送信息、解答疑惑，甚至可以讲故事，可以利用一切交流形式让车企与消费者形成朋友关系，再利用“朋友”关系实现精准营销。

汽车是单个产品价值较高、产品质量与使用者的人身安全之间高度关联的商品。这些因素决定了大多数汽车消费者的购买决策是典型的理性消费行为。因此，不应忽视微信封闭朋友圈所带来的“信任价值”。

相比于其他商品，汽车的消费者可能会衡量以下因素：品牌、价格、外观、动力和燃油经济性等多达十数个指标。汽车消费者在购买前会积极搜索产品信息，咨询熟人的意见，在购买后会分享使用感受。这也就意味着，基于新车消费过程和车辆使用过程中产生的所有“口碑”，在微信朋友圈这个“信任”杠杆的作用下，口碑营销效果会成倍增长。

通过良好的微信公关传播来管理消费者和用户的口碑，往往可以起到四两拨千斤的作用，这便涉及了核心意见领袖（KOL）的价值。这个 KOL 可以是广义的公众人物、有号召力和影响力的车主，也可以是汽车行业的话语权拥有者，亦或是普通公众较为信任的专家，甚至是车企里的员工、工程师等。

4. 增值服务功能

通过微信的服务号，可以给客户带来更多的增值服务。微信在支付、O2O、游戏、互动等方面有巨大的想象空间，这已经让汽车厂商之间的营销战争从线下转移到线上，从产品本身转向品牌与个性。

微信在车企营销的售前服务方面拥有明显的优势，其中最为典型的就是用户可以直接通过点击相应的栏目跳转到指定车型的预约试驾页面，而且方便、准确、及时。同时，车企利用微信的售前服务模块接受试乘试驾信息，也便于收集潜在消费者的需求以及分析消费人群的属性特点。

同时，在售前阶段，如果结合微信的各种支付、红包和奖励功能，同样可以起到吸引潜在客户群、提升关注度的作用。很多“小恩小惠”往往是一个品牌、一款车在关键时刻打动消费者的“致命一击”。

售后服务的关键在于企业与用户之间的沟通。手机在线查询、预约维修保养以及针对服务号的语音客服都是目前的一些基础性功能，如何在用户体验、服务上深入挖掘，用更加简便、快捷的方式吸引用户使用，提升用户的满意度，也直接会影响保修期后的返厂率和保客营销的效果。

微信支付是汽车销售及后市场走向电商化的重要支撑，它使得与客户之间的交易能够玩出更多的花样。除了传统意义上的结算外，不管是运用众筹的理念还是基于淘宝的思维，更多的金融活动都能很方便地在微信支付中进行，而卡包功能的出现也让会员卡、积分等得以在虚拟中实现。

六、汽车微信营销的技巧与方法

1. 助力思维

助力营销是病毒式传播的一种，它通过朋友间的不断转发支持，实现快速传播和全民关注。助力思维通常的方式是，技术公司在制作活动微网页时，添加助力一栏。用户参加活动时，在活动页面上输入姓名、手机号码等信息后，点击报名参与，即进入具体活动页面。用户如果想赢取奖品，就要转发至朋友圈并邀请好友助力，获得的好友助力越多，获奖的几率也就越大。为发挥助力者的积极性，也可以让参加助力的好友抽奖。就这样，因为有奖品的吸引，就可以通过报名者与其众多好友的关注和转发，达到广泛传播的目的。

案例分析

2015 年，东风雪铁龙依托新世嘉车型开启“微信订车”活动，即消费者只要关注东风雪铁龙官方微信，并通过朋友圈邀请朋友赞助“一枚金币”（一元钱），集满 50 枚“金币”即可在购买新世嘉时换得一张价值千元的加油卡。在产品层面，东风雪铁龙于 8 月 15 日正式发布了“TSTT 核芯动力”，将“微所欲为”营销主阵地定在微信朋友圈，进一步加深了移动互联思维，触发了原生广告市场的普及化，在广告主和平台服务商的合作下建立全新的移动互联网广告生态圈。

本案例中，借助消费者的微信朋友圈病毒式传播，既达到了在移动互联网铺设广告的目的，也达到了新世嘉车型营销的目的，是典型的助力营销。

运用微信助力思维，不但可以在后台清晰地掌握到报名者的基本数据和信息，比如名字、性别和手机号码等，也在最大程度上发掘了他的朋友圈资源，让更多的人关注甚至参与此项活动。这种经济学上的乘数效应，使得活动消息得以成倍扩散，企业品牌得以迅速传播。

2．抢红包思维

在全民互联网的走势下，微信红包愈演愈烈，成为一项有趣的、黏性高的互联网社交互动活动。车企可以通过抢红包的方式吸引社会积极参与，引起强烈关注，找到潜在客户，并实施针对性营销。客户得到红包后即可在网店中消费，这样一来，既起到了品牌推广作用，又拉动了汽车销售。

案例分析

2016 年，长安福特在春节期间推出最强红包营销活动，在 2 月 2 日至 2 月 6 日连续多日投放朋友圈广告，为除夕夜微信红包大战做足声势，并在 2 月 7 日除夕夜当晚推出以“长保安康，福运特好”为主题的新春特别活动，联手微信发动春节红包攻势。2 月 7 日除夕夜当晚 20：00、21：00、22：00 整点开抢，豪气送出千万量级现金红包、8 辆长安福特旗舰座驾金牛座一年使用权、上千万张双人电影套票及 888 元购车代金券。

本案例中，长安福特顺应营销时代特点，砸出刷新业界纪录的近亿元红包及奖品，使该活动成为微信时代一次成功的汽车营销活动。

3．流量思维

在互联网时代，流量为王。对手机上网族而言，流量就像“人之于水，车之于油”。因此，抓住消费者的痛点也就抓住了营销的根本。流量思维的基本思想是转发送流量，用户只要转发公司或某个产品的微网页，就可以得到一定的流量。

例如，车企每天送出 1 万元流量，那么按每人 5 M/2 元计，每天将有 5 000 人受益，而为抢流量转发的可能会达到 1 万人甚至更多。以每个转发者平均拥有 100 个朋友计算，每天就有 100 万人在关注该活动。1 万元让 1 万人参与活动，同时获得 100 万人的眼球，短短几天就会引发大规模地病毒式扩散，这就是流量思维的力量。因此，用流量争取客户是运营商们常用的手法。

4．游戏思维

游戏思维就是通过游戏的转发传播，来认识某个品牌。在微信的战略发展方向中，游戏与社交是其重点。微信小游戏的普遍特点是设计新颖，而且呆萌，规则简单却不单调，可以在短短几分钟内吸引到大量的用户。

如果在这类游戏中植入汽车品牌广告，其传播效果将非常好。如某电商曾经推出了一款“蟹蟹登月”的游戏，参与者只要不断地猛戳屏幕，那只卡通蟹就会不断地沿着葡萄藤往上爬。如果有 120 人给参与者助力，卡通蟹就可以成功登月，这时就会跳出一张由“某某水产”提供的免费蟹券。一周时间内竟有 5 万多人参与游戏，传播效果惊人。游戏思维为车企微信营销提供了路径。

5．节日思维

节日思维就是利用节假日人们相互送祝福的机会，在微信文字或视频中植入品牌形象，恰到好处地进行传播推广。

案例分析

2015 年中秋，宝马用“趁皓月当空，让悦启程”开篇，图案上有一个发动机一键启停的按钮。第二张图片上有一个飞驰的车轮，“月圆满，悦团圆”，用车上两个圆形的元素表达中秋的主题，如图 4—4—6 所示。

奔驰则在官方微信上用一轮月亮从亏到盈的动画表达了中秋的主题，并用 iaa 空气智能概念车表达其革新永不圆满之意，如图 4—4—7 所示。

本案例中，宝马和奔驰借助官方微信开展中秋节日营销，既体现了两大汽车公司的温情与文化底蕴，又彰显了两大汽车公司的品牌形象和产品理念，让消费者弥久难忘。

图 4—4—6　宝马汽车官方微信中秋广告

图 4—4—7　奔驰汽车官方微信中秋广告

6．大奖思维

在当下的微信营销中，给奖甚至给大奖，是媒体和企业用得最多的招数，实力雄厚的企业，用房子或车子作为大奖；实力稍弱的企业，也常常用年轻人最喜爱的 iphone6、ipad 等通信工具，或者门票、电影票和旅游券等作为奖品，效果良好。

可以说，大奖思维瞄准的是消费者的痒点，只要有奖就会有人参与，有人转发；只要给大奖，就会有很多人参与并转发。而企业和活动品牌就会在用户的广泛参与下，得到有力的传播与推广。

7．众筹思维

众筹是用团购或预购的形式向用户募集项目资金的模式。相对于传统的融资方式，众筹更为开放，更为灵活。对圈子的精准把握是微信适于众筹最核心的竞争力。

微信众筹思维更多的是用于产品的售卖，像“低价的正宗大闸蟹”等都是利用了众筹思维。无论是从发起者还是从投资者的角度去考量，众筹都是一个风险投资效率较高的方式。对于发起者来说，筹资的方式更灵活，而对于投资的用户来说，可以在最短的时间内获得较好的收益。因此微信众筹思维也是一种较好的微信营销方式，其传播方式快、扩散范围广、产生效益大。

8．生活思维

生活思维就是把人们所关心的日常生活知识发布到微信平台上，通过这些信息的转发，起到良好的传播作用。现在，人们对生活质量的要求越来越高，对生活知识的需求也越来越大，有关生活类的知识在网络上的转发率相当高，比如购车、用车、汽车美容等。而这些信息不但适合转发，而且很多人还会收藏，这样一来就是对信息进行了二次传播。因此，在这些生活类信息中植入产品图片、文字或者做链接进行传播，也是很好的传播方式。

9．新闻思维

新闻思维借助突发性新闻或关注度较大的新闻夹带图片进行传播。在移动互联网时代，新闻的传播速度已经是以秒计算，地球上任何一个地方发生的重大新闻都能在瞬间传递到地球的每个角落。而它在微信圈的阅读量，往往是以十万甚至百万计。因此，如果在转发率如此高的新闻中植入广告，其传播影响力自然是不可估量的。

10．测试思维

测试思维就是通过一些小测试，比如智商测试、情商测试、心理测试等来对一些品牌进行传播。现今的微信朋友圈中，各类测试甚是风靡，这些测试情商、智商的题目能抓人眼球，很容易让人点进去测试。而这些测试的最后，往往都会跳出“分享到朋友圈，分享后测试答案会自动弹出”，这么一来，无疑进行了二次传播，而藏在这些题目开篇或结尾的网站或咨询机构，也在传播的同时宣传了自己。

思考与练习

1. 微信营销的展现形式有哪些？经历了哪几个发展阶段？
2. 简述企业微信营销的发展现状，并概括其发展意义。
3. 结合实例，分析汽车微信营销有哪些技巧与方法。

课题五　汽车 APP 营销

学习目标

◆ 了解汽车 APP 营销的概念、特点和发展前景。

◆ 掌握汽车 APP 营销的模式、策略与推广方法。

◆ 理解汽车 4S 店的 APP 营销内容。

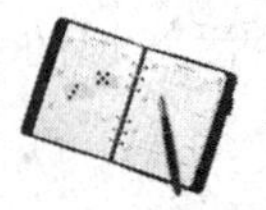

课题导入

2010 年，宝马为推广新的车型 MINI Countryman，同步推出了一款名为 Getaway Stockholom 的应用游戏。在斯德哥尔摩城市某处设置一台虚拟的 MINI 最新款的四门、四驱 Countryman，参与者先下载 APP，通过 APP 查看虚拟的 MINI 所在的位置去完成 Countryman 发布的核心主题“Getaway（逃离）”，只要是下载了 APP 的参与者都可以来抢夺这辆虚拟的 MINI。不过，只有最后一个抢到并保留这辆虚拟 MINI Countryman 的参与者才可以获得一辆真实的 Countryman 作为奖励。光是这款 Getaway APP 并无多少出彩之处，但是当它结合了 AR 和 LBS 技术之后就能带动一场全城互动的虚拟抢夺赛。

2013 年，丰田推出收款无线数字营销产品——《丰速之城》。此款产品通过游戏与玩家竞技互动的形式达到品牌宣传的目的。游戏采用仿真车辆制作引擎，玩家能在游戏中通过对普锐斯与 86 两种车型进行自由改装，另外，几近于真实的虚拟赛道比赛使玩家能充分感受到丰田汽车的特性。

2015 年 11 月，现代汽车发布了一款基于 AR 增强现实技术的手机应用 Virtual Guide，用于指导用户使用或简单修理汽车。现代汽车的这款 APP 就像是电子版的用户手册，用户想要了解汽车哪部分的情况，用 APP 对这部分进行拍摄，屏幕上就可以看到该部分的图文或视频介绍。进行简单修车时，不懂的人员还可以按照 APP 里的分步提示操作进行。

伴随智能移动互联终端的快速崛起，APP 在近几年的发展也呈现爆发式增长。APP 数字营销在汽车企业里已经大量使用，汽车营销已经快速走进了 APP 时代。

一、APP 营销的概念、特点和模式

1. APP 的概念

APP 是英文 Application 的简称，是指智能手机的第三方应用程序，统称“移动应用”，也称“手机客户端”。

随着时代与技术的进步，人们对于信息的需求越来越大，对于移动性的要求也越来越高。因此，手机 APP 的快速发展是必然的趋势，同时应运而生的还有很多 APP 商店，这就大大提高了 APP 的下载量，让 APP 的下载成为了一件非常简单的事情。

车企品牌定制 APP 价值实现的基础，得益于 APP 的随身性、移动性和互动价值。当用户下载这款 APP 后，也就意味着他们接受了这个程序所提供的内容和服务信息，并愿意从该款 APP 中获得想要的信息内容。也就是说，通过这款 APP，品牌

与用户的沟通由原来地一对多变为一对一，广告的曝光率、到达率更为精准，而APP提供的服务也增强了用户依赖的黏性，使得APP价值持续发挥。但前提在于APP的与时俱进，不断加入新的元素和个性化的时尚互动内容，才能让用户为你的营销持续“买单”。

2．APP营销

APP营销指的是应用程序营销，主要是通过特制手机、社区、SNS等平台上运行的应用程序来开展营销活动。手机APP开发制作成为新营销模式，各大企业纷纷开发自己的APP软件开展营销活动。

APP凭借天然的精准性、位置化、长尾性、互动性以及高用户黏性，成为了品牌“自营销”的工具，敲开了品牌入驻移动营销的大门。而汽车企业早已分批试水APP营销，汽车APP营销已经成为汽车品牌吸引、拉拢、巩固客户群体的重要手段。车企如此重视APP，究其原因在于APP营销方式能服务于汽车营销从上市发布、试驾、推广到增值服务的全流程，让以往的“移动信息孤岛”变得更富新鲜体验和互动乐趣。

APP既可作为品牌嫁接移动营销，覆盖智能手机群的窗口，实时地为目标消费群体推送品牌、产品及活动信息，也可作为品牌增值服务的新平台，提供诸如天气情况、爱车保养、周边餐饮等服务信息，搭建品牌与消费者一对一情感沟通的桥梁，是当下车企初涉APP营销的基础选择。

3．APP营销的特点

（1）成本低

APP营销的模式相对于电视、报纸、甚至是网络费用都要低得多，它的推广效应深入人心，无须大规模广告，无须大规模营销人员，就能获得很高的曝光率、转化率和成交率。

（2）精准营销

借助数据库技术、网络通信技术等手段，APP营销可以保障和客户的长期个性化沟通，使营销达到可度量、可调控等精准要求。手机应用程序本身就是一种实用性很强的工具，用户通过应用程序解决一些生活、学习和工作中的问题，通过这种分类又可以锁定目标群体。

（3）互动性强

APP营销能够让客户通过互动体验参与。APP可以将手机位置化“签到”与朋友圈、微博分享结合，融入营销活动中。线上的活动“一键分享”就可以扩散传播范围，让传播力度呈几何量增长。以用户为主导的双向甚至多向互动应成为当下APP营销模式的主旋律。

（4）用户黏性

与传统营销模式不同的是，APP 营销不再受时间、地点的限制，也不再只是信息单向流通。更大的不同是，从接触客户、吸引客户、黏住客户，到管理客户、发起促销，再到最终达成销售，整个营销过程都可以只在 APP 这一个小小的端口内发生。APP 营销的黏性在于一旦用户将应用下载到手机上，应用中的各类任务和趣味性的竞猜会吸引用户，形成用户黏性。

4．APP 营销的模式

（1）广告营销模式

在众多的功能性应用和游戏应用中，植入广告是最基本的模式。广告主通过植入动态广告栏链接进行广告植入，当用户点击广告栏的时候就会进入指定的界面或链接，可以了解广告主详情或者是参与活动。这种模式操作简单，适用范围广，只要将广告投放到那些热门的、与自己产品受众相关的 APP 应用上就能达到良好的传播效果。

APP 广告营销模式旨在提高品牌知名度和吸引更多用户注册，其操作流程见表 4—5—1。

表 4—5—1　　APP 广告营销模式操作流程

过程	操作方式
获取受众	采用“铺面”＋“打点”的形式，通过内容定向“铺面”和机型定向“打点”来进行受众定位
吸引受众	手机上的“震撼”和高冲击动态广告栏，可以吸引受众眼球，引起受众好奇心理
转化受众	“即点击，即注册”，用户点击广告栏，进入 WAP 网站了解详情，注册参与活动，广告主实时获取手机用户数据

（2）用户营销模式

APP 用户营销模式的主要应用类型是网站移植类和品牌应用类，企业把符合自己定位的应用发布到应用商店内，供智能手机用户下载，用户利用这种应用可以很直观地了解企业的信息。用户是应用的使用者，手机应用成为用户的一种工具，能够为用户的生活提供便利性。这种营销模式具有很强的实验价值，让用户了解产品，增强产品信心，提升品牌美誉度。客户在获取知识的同时，不断强化对品牌的印象，商家也可以通过该 APP 发布信息给精准的潜在客户。

相比于植入广告模式，用户营销模式具有软性广告效应，客户可以在满足自己需要的同时获取品牌信息和商品资讯。

从费用的角度来说，植入广告模式采用按次收费的模式，而用户参与模式则主要由客户自己投资制 APP 实现，相比之下，首次投资较大，但无后续费用。而营销效果取决于 APP 内容的策划，而非投资额的大小。

（3）移植营销模式

商家开发自己的产品 APP，然后将其投放到各大应用商店以及网站上，供用户免费下载。该模式是基于互联网上购物网站模式，即将购物网站移植到手机上面去，用户可以随时随地浏览网站获取所需商品信息、促销信息，进行下单，这种模式相对于手机购物网站的优势是快速便捷，内容丰富，而且这类应用一般具有很多的优惠措施。

（4）内容营销模式

通过优质的内容，吸引精准的客户和潜在客户，从而实现营销的目的。如“汽车报价大全收集 APP”（图 4—5—1）通过提供实实在在的购车选择和组合方式吸引客户，并向其推荐合适的品牌和车型，这不失为一种商家和消费者双赢的营销模式。

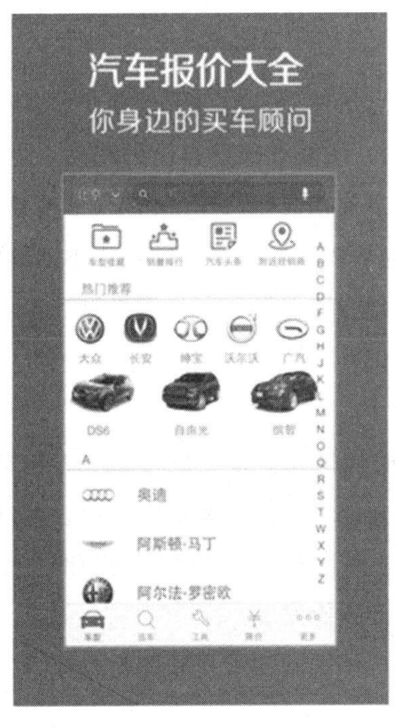

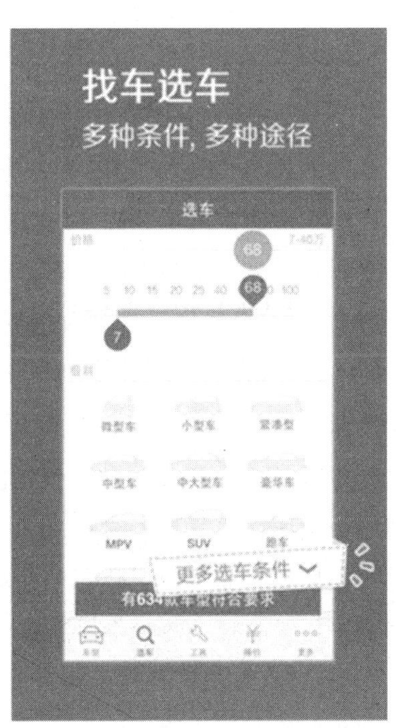

图 4—5—1　汽车报价大全收集 APP

二、汽车 APP 营销的发展前景

1. 汽车营销迎来 APP 时代

手机 APP 正改变人们生活的方方面面，人们可以随时随地在线。据有关数据统计，90％的用户 24 小时机不离身，用户在各种场景下使用手机上网的比例都超过 50％，其中八成的手机网民在家中使用手机上网，六成的手机网民在乘坐的交通工具上使用手机上网，移动终端的重要性日益上升，手机 APP 渠道的营销价值日益凸显，APP 营销的优势也就更加突出了。

汽车 APP 时代的到来，让汽车营销多了一种全新的选择，而这种选择可以让企业、经销商、公关、媒介与消费者的距离更近，互动性更强，这是传统营销所不能比拟的。未来汽车 APP 营销只要通过不断创新与完善，其功能性与互动性绝对能与传统营销平起平坐，甚至可能超越传统汽车营销的效果。目前，国内众多汽车企业正在使用与大力推广 APP 营销，这种市场表现印证了 APP 的价值。

2．APP 让营销多元化

汽车 APP 营销完全解决了很多传统营销解决不了的难题。购买前，消费者查询各种指标进行比较；购买中，消费者查找经销 4S 店；购买后，查询售后服务，提供全方位的、细腻的一条龙服务，充分消除了消费者的很多疑虑。并且，由于设计的功能界面简单实用，满足了消费者在移动过程中的使用喜好和习惯，符合时间碎片化时代用户的心理需求，而且没有花里胡哨、中看不中用的功能，没有大量硬广告，更没有把 APP 当成一个简单卖车的窗口。

由于汽车 APP 营销充分个性化的传播特点迅速使其成为营销新宠，各汽车制造商们也正在用各种方式努力地将 APP 融入车辆，他们既研发自己的程序，也与 APP 供应商合作，让汽车快速走进了 APP 时代。就目前来看，汽车 APP 软件多集中在导航、行车数据、实时路况、音乐和娱乐服务、车辆故障诊断等方面。根据不同的整合技术，汽车 APP 可归纳成三个类别：汽车内建型、随身装置型和网络云端型。由于生产成本和市场需求的不同，这三种类型的汽车 APP 也有不同的发展机会。

3．APP 营销是汽车营销新时代的标志

首先，APP 是汽车品牌发力移动营销的时代选择，是“移动 O2O”的载体。目前移动互联网增长速度很快，真正的 O2O 模式还靠“移动”来实现，用户可以通过手机客户端随时随地发现产品价值、优惠信息等，而便携式移动终端的功能、用户身份和用户可追踪字符位置的唯一性，将促进移动 O2O 的发展。

其次，汽车 APP 营销符合当下年轻消费群体的阅读习惯和购物习惯，但需要解决购买后的黏性和口碑良性传播的挑战。

最后，APP 还在呈几何式增长，APP 的市场空间将不可估量。企业应把“以用户为主导”的双向甚至多向互动作为 APP 营销模式的主旋律，更要发挥整合效应，顺应 APP 营销的多元化发展趋势，整合其他营销手段和多方技术，带给消费者突破性的体验，延伸移动营销的价值。

三、汽车 APP 营销的策略

1. 创新是汽车 APP 营销的关键

实用、信息查询类的 APP，与世界上大多数产品一样，面临同一个问题：产品同质化。同时，个性化的另一个层面是受众能够获得个性化需求的满足，比如不少汽车厂商推出的定制车身颜色、内饰、轮毂等方向的 APP 产品。因此，同一个 APP 产品应给予不同的受众以不同的感受与满足感。

传递个性化有价值的品牌信息是 APP 营销成功的关键，APP 设计在贴合自身品牌定位的同时，应注意努力弱化商业元素，巧妙植入品牌信息，同时满足用户的好奇心，吸引用户持续关注，以此达到强化企业品牌地位的目的。

2. 功能设计符合目标消费者的需求

APP 营销与传统媒体营销的一大区别在于变“被动接收”为“主动吸引”，其传播对象不再称为“诉求对象”，而是“用户”。然而要使用户主动选择 APP 下载并持续使用，设计开发中要始终从用户需求出发，注重用户体验，使 APP 创意与品牌诉求相契合，将用户体验与品牌形象相结合，以保持并增强品牌用户的黏性。

APP 软件的功能不仅仅作用在汽车的各个营销环节，在远程控制领域也有自己独到的优势，不少汽车公司通过手机 APP 与具备车载互联的系统紧密结合。车主通过安装在手机上的程序，可以远程、实时监测爱车的多种状态信息，包括剩余油量、电量、续航里程、胎压、车内外温度、车辆位置、车速等信息，还能够直接执行车辆定位、远程启动、远程熄火、远程自检等命令。如果是插电式混合动力车、电动车，还能够随时在手机上显示出充电状态，或者通过手机远程设置，随时给停在车库的汽车充电。

宝马、奥迪等车企已相继推出了针对车主道路救援信息的 APP 程序，一旦车辆出现状况或是需要某些售后服务，都能够随时通过 APP 查询到最近的服务中心、拨打救援电话等。而车辆状态信息也能够自动通过手机程序远程提交到服务中心，方便救援队伍及时找到车辆位置以及了解车辆的故障数据等。

时间碎片化的特点要求 APP 的功能要更突出、操作要更简单容易、界面要更简洁实用。APP 软件的功能还可以涵盖路线寻找、驾驶、违章、交通事故、车险等问题，真正做到满足消费者的需求。

3. 注重互动性与趣味性

APP 营销的一大特点就是消费者的互动性与参与性要明显优于其他网络营销模式，不管在家里还是在任何地方都可以轻松参与互动，这是移动互联终端的优势，也是传统互联营销所不能比拟的。在当今社会，消费者除了完成购买产品外，还非常热衷于参与互动，这也是 APP 营销的乐趣与独特的亮点。

以品牌传播为主要诉求的APP产品，生动有趣，可以认为是一种必需。例如前文提到的MINI设计的Getaway Stockholom APP，这个APP非常好地把品牌、新产品营销活动和LBS结合，并通过AR技术展示虚拟车辆，通过“抢”的方式聚集受众，获得了空前的成功。在这款游戏中，参与“抢夺”的用户来自90个国家，不仅使MINI品牌得到了广泛宣传，新产品Countryman得到了推广，而且在瑞典，到游戏结束后的首季度，MINI的销量上涨了108%，培育了更多的MINI文化传播者。

4．APP设计游戏化

网络广告公司CyberZ发布的一项关于日本手机游戏市场分类的调查报告显示，约有六成的智能手机用户只玩APP游戏，约25%的用户既玩APP游戏又玩手机页游。这足以窥见APP游戏在智能手机用户休闲生活中的地位。

因此，将APP游戏化是一项非常必要且有效的营销策略。而如何把握游戏化的程度，以及如何在游戏中推广自身品牌都十分具有挑战性。游戏化体验必须对用户体验增加真实价值，否则无法立足。游戏化的精髓在于企业首先需要明确目标，然后借鉴游戏中放大人性的机制来实现目标，即在游戏体验中，使人们的心情随着故事情节跌宕起伏，让人们在强烈的情感刺激下加深对品牌的理解和记忆程度。

案例分析

2013年，大众曾经开发一款《大众汽车停车大挑战》v2.3 APP停车游戏（图4—5—2），旨在推广大众的停车辅助功能。在游戏中分数高的用户参与线下真实版抢车位活动，谁最后获得胜利，就能把大众汽车开走。整个线下活动通过电视、网络等来进行直播。

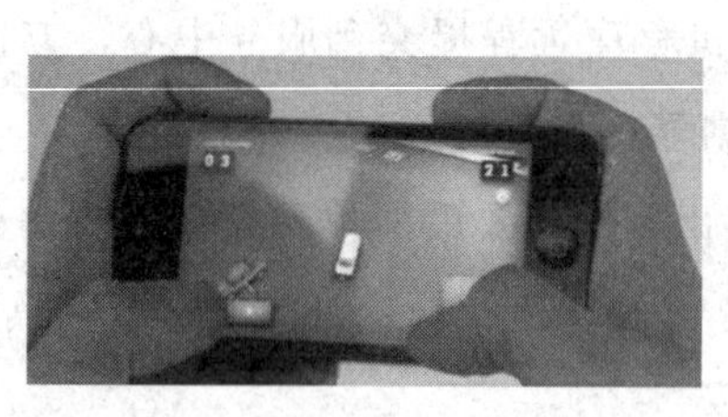

图4—5—2 《大众汽车停车大挑战》v2.3 APP停车游戏

本案例中，大众的这款APP游戏营销活动获得车友的热烈响应，成为APP营销活动中的经典案例。大众汽车公司借助这款APP停车游戏，创新了汽车营销手段，既宣传了其汽车停车辅助功能，又提升了品牌影响，促进了汽车营销。

5. 交互打开人机、人人的互动通道

每一个设计者都应注重 APP 中人性化的交互设计，站在用户角度去理解用户需求、操作与感受，在了解用户认知心理的基础上开展界面设计，减少用户的认知成本，使界面更贴近用户，从而提升用户体验。一个优秀的交互界面能帮助用户快速定位、查找和获得信息；反之，一款 APP 交互界面形式再精美，但用户无法迅速找到信息资源，浪费大量时间在对界面含义和功能的认识中，那么这种交互界面将是失败的，无法留住客户。

需要注意的是，一款 APP 的交互性不仅仅体现在界面设计上，应包含在用户使用该 APP 的整个体验过程中，如此才能真正提高用户体验的高效性、愉悦性和认知性。

6. 推广渠道多元化

每款 APP 开发出来还需有好的推广渠道才能发挥最大价值与效果。推广渠道不能盲目选择，首先需锁定明确的目标用户群体，通过正确的渠道找到潜在的使用者，才能将潜在用户转化为实际用户，将推广投入转化为收益。目前 APP 应用推广的渠道可以分为第三方应用商店、手机终端和 mid 内置、传统互联网网盟渠道、跨平台交叉推广、广告推广和线下推广六种。不同渠道具备不同的特点与优势，单一渠道推广通常无法达到迅速提高知名度、下载量的目的，如用户手机网站、应用商店平台推广对提升下载量很重要，因为大量用户都是通过登录这些平台下载应用。同时，在 APP 里加入分享到微博、Facebook 或 e－mail 等功能也很重要，鼓励用户经常使用并转发分享，这是维持 APP 热度的重要手段。

7. 持续改进，不断完善

没有任何一款 APP 是完美而不会过时的，只有不断创新，持续修正和升级应用的功能与服务，创造不可复制的用户体验，才能在同质化时代脱颖而出，真正搭建起用户与品牌间稳定关系的桥梁。如上文提到的《大众汽车停车大挑战》v2.3 APP 停车游戏，就在不断进行修正，持续升级。短暂的销售成功和社会影响力不是 APP 营销的结束，持续创新以维系品牌与消费者的情感关联才是车企实施 APP 营销的意义所在。

四、汽车 APP 渠道推广方法

1. 硬推广

(1) 手机厂商合作捆绑

相对而言，手机厂商合作捆绑的推广方式价格较低，规模较大，是硬推广方式的首选。每个捆绑的一般价格在 0.5～2 元之间，一次预装可实现几十万甚至上百万安装量。

(2) APP 安装平台推广

目前的主流安装平台包括：

下载市场：安卓、机锋、安智、应用汇、91、木蚂蚁、N多、优亿、安机、飞流等。

应用商店：Google 商店、小米商店、三星商店、魅族商店、联想开发者社区、oppo应用商店等。

大平台：沃商店、天翼空间、华为智汇云、腾讯应用中心等。

客户端：豌豆荚手机精灵、91 手机助手、360 手机助手、PP 手机助手、同步推等。

（3）刷榜推广

这种推广是非正规手段，但是在国内非常受欢迎，绝大部分手机用户都会使用 APP Store 去下载 APP，如果 APP 排在前几名的位置，可以快速获得用户的关注，同时获得较高的真实下载量。

由于这种推广成本比较高，所以一般会配合新闻炒作一起推广。

2. 软推广

（1）新闻软文推广

将新闻软文发布到主流的新闻门户网站上，通过网站报道，获取更多的网站转载，实现推广。

（2）论坛推广

目前，各类手机论坛非常多，人气比较火的也不少，论坛已经成为了一种有效的推广方式。在论坛推广中，APP 以帖子的形式被介绍，尽量不以广告的形式出现，而要以网友分享的方式，做成一个精华帖，长期出现在论坛首页前面，以获得最理想的效果。

汽车 APP 可以以官方帖、用户帖两种方式发帖推广，同时可联系论坛管理员做一些活动推广。发完帖后，应当定期维护好自己的帖子，及时回答用户提出的问题，搜集用户反馈的信息，以便在下一个版本中更新改进。

（3）微博推广

通常，手机用户在微博上发现了喜欢的 APP 应用，顺手就下载了，所以微博推广还是可以获得不错的点击率的。微博中要提供汽车 APP 下载链接，并配合多组图片和视频，方便客户在下载之前就可以快速了解 APP。

3. 后端推广

（1）数据库推广

在国内，汽车用户及潜在客户数据库很容易收集，有了这些数据库之后，就可以很好地进行推广，包括短信、邮件、QQ 等。以短信为主分享时应注意内容要简单直接，但是，最好在这几十个字中融入 5 点关键内容，如诱人词汇、APP 名称、独特优点、下载链接、暗示转发信息等。

（2）口碑传播

要让汽车 APP 形成口碑推广，首先 APP 的功能必须让用户喜欢并有独特卖点，这样用户在向朋友推广的时候，才能保持良好的感观。同时，还可以设计一套奖励机制来鼓励用户去推广。

4. 合作推广

目前合作推广、换量互推的模式比较普遍。这种合作推广形式是在应用里能推荐其他的应用或站点，以实现换量互推。其实，换量不一定要找单独的应用，有很多软件是专门推荐应用或者有软件推荐栏的。

合作推广还可以通过平台合作推广，可以付费为自己推广，也可以换量推广，如腾讯应用中心就有这种模式。

5. 付费推广

付费推广包括内置付费推广、按量付费、广告联盟付费推广等模式。

五、汽车4S店APP营销

汽车4S店APP开发是汽车行业在移动端的营销方式之一，是O2O线上与线下连接的通道，通过开发应用程序以应对不断发展的移动互联网，从而获得更多的商机。

APP应用改变了汽车4S店的销售理念，在提升汽车4S店的销售转化中发挥着越来越重要的作用，也推动着汽车行业品牌服务质量的变革。

APP应用将会为汽车4S店来迎来一场销售革命，通过手机看车、手机试驾预约、手机问卷、手机订购、手机预约保养、API接口服务的功能开发，使4S店能在碎片化时间里对汽车消费者进行便捷式营销，它能服务于汽车营销从上市发布、试驾、推广到增值服务全流程，让以往的“移动信息孤岛”变得更富新鲜体验和互动乐趣。

1. 汽车4S店APP营销价值

APP平台是目前全新的精准营销方式，主要为汽车客户/4S店提供全面的营销战略服务，帮助企业达成品牌形象传播、产品营销推广、客户关系维护和销售转化，从而提升产品销量，其价值表现见表4—5—2。

表4—5—2　　汽车4S店APP的营销价值

项目	说　明
品牌传播	➢ 实现对4S店的形象展示与宣传，从而有效提升店面的形象价值 ➢ 对4S店的经营/服务理念进行宣传展示，有效增强现有客户及潜在客户对4S店的黏度 ➢ APP是产品移动展厅，可对比查询产品信息及图片；最大化营造漏斗效应，达成品牌自上而下的推广需求

续表

项目	说　明
精准营销	➢ 帮助4S店筛选、锁定目标客户群，实施有针对性和选择性的宣传诉求重点 ➢ 售前可通过APP平台将产品/活动信息推送给目标客户群 ➢ 24小时绑定潜在客户群
4S店的销售助手	➢ 突破传统形式，通过图片和表格文字全面展示产品的卖点 ➢ 使用手机/平板电脑向客户介绍产品性能，分享图片和可提供的选择 ➢ 销售人员带着ipad即可展开营销，使销售更简便、更高效 ➢ 能增强消费者的用户体验，提高线索量
完善的售前售后服务	➢ 建立完善的移动售前售后服务，方便车主，同时提高4S店的作业效率 ➢ 车主可通过手机查询个人档案及在线提交售后保养预约 ➢ 车主使用手机即可在线续保，便捷快速 ➢ 车主可通过APP平台速拨经销商网点电话，减少上网查询等烦琐程序 ➢ 能第一时间把4S店的最新活动资讯/店面促销信息推送给车主，更快捷、精准地完成信息推广

2．汽车4S店APP功能架构

汽车4S店APP功能架构如图4—5—3所示。

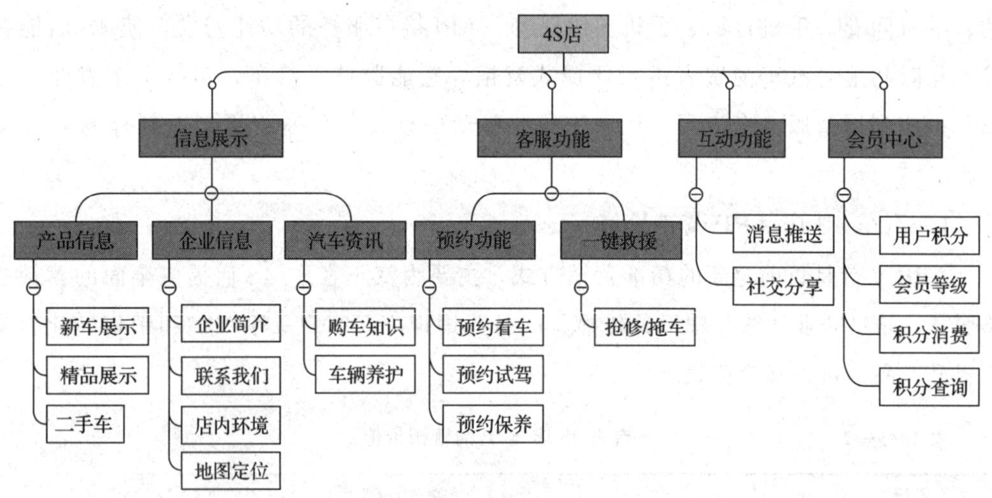

图4—5—3　汽车4S店APP功能架构

3．汽车4S店APP产品方案

（1）首页展示

首页是形象展示页，为企业提供完善的展示平台，主要包括车型展示、店面展示、售后展示、服务团队展示、荣誉展示等，如图4—5—4所示。

扫描下载应用

图 4—5—4 首页展示与下载

（2）产品展示

APP 提供车型展示、精品展示等功能，产品图片和产品参数一应俱全，如图 4—5—5 所示。

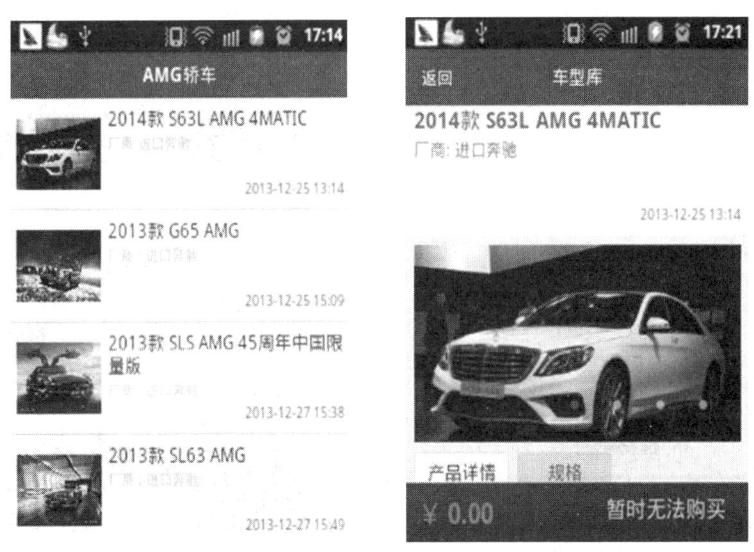

图 4—5—5 APP 产品展示

（3）分享传播

用户可以通过微信、微博等方式将心动的产品、新闻分享给好友，如图 4—5—6 所示。

图 4—5—6　APP 分享传播

（4）预约功能

APP 为用户提供多种预约及救援服务，如预约看车、预约试驾、预约保养、一键救援，用户可以通过电话预约、表单预约等方式实现预约，如图 4—5—7 所示。

（5）导航功能

APP 为用户提供地图导航及一键拨号等功能，如图 4—5—8 所示。

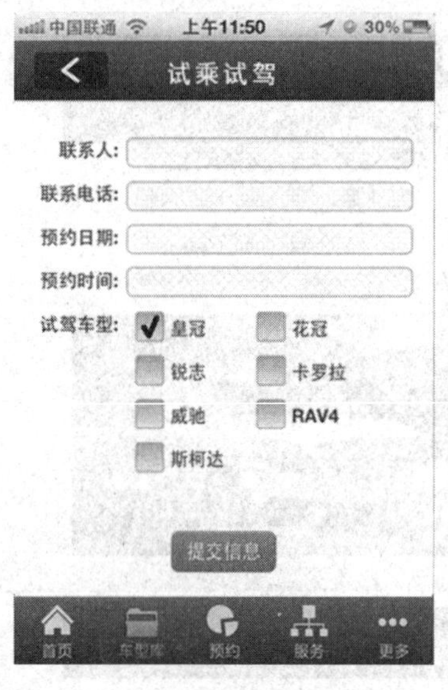

图 4—5—7　APP 预约功能

图 4—5—8　APP 导航功能

（6）消息推送

信息推送具有诸多优势，如信息提示明显（桌面显示）、信息推送免费等；相对电话、短信而言，不会对用户构成骚扰，能够有效与用户进行互动。消息推送涵盖各种信息，如新车信息、促销信息、养护提醒和车友活动等，如图 4—5—9 所示。

(7) 动态信息

动态信息表现形式丰富，如文字、图片、图文混排等；动态信息承载内容丰富，包括企业新闻、购车知识、爱车技巧和精美壁纸等，如图 4—5—10 所示。

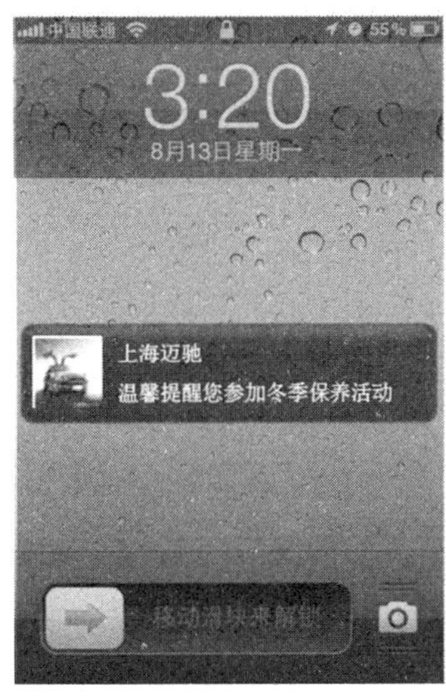

图 4—5—9　APP 消息推送

图 4—5—10　APP 动态信息

(8) 其他

APP 还有更多页面用来承载更多信息，如企业信息、联系方式、最爱收藏、用户帮助、升级服务以及意见反馈等，如图 4—5—11 所示。

图 4—5—11　APP 承载更多信息功能

思考与练习

1. 简述汽车 APP 营销的特点及其发展前景。
2. APP 营销主要有哪些模式？
3. 汽车 APP 营销主要采取哪些策略？结合实例分析其推广方法。

模块五 二手车交易

课题一 二手车市场

◆ 掌握禁止交易的旧机动车类型。

◆ 了解二手车的特点、适合人群及处理渠道。

◆ 理解我国二手车市场发展的现状、前景及影响因素。

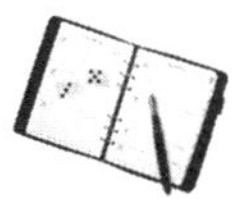

课题导入

据二手车行业市场调查分析报告显示，我国汽车保有量约为1.72亿辆，保守估计每年新车增速在10%以上，按照发达国家二手车与新车流通量比例一般在1.5∶1以上，5年至6年是最常见的换车年限规律。按照这个比例计算，未来我国二手车将近2 600万辆将进入流通市场。

从近几年数据来看，我国二手车与新车年销量之比约为1∶4，而在美国等成熟的汽车市场中，两者比例大约在3∶1。将两者对比，假设中国千人汽车保有量达到美国的一半，新旧车销量能达到1∶1。二手车平均价格以6万元计，结合两国人口数量对比，则中国二手车市场有近2万亿的市场空间。

中国汽车市场正在告别高增长时代，买方市场格局初显，汽车市场新车和二手车结合将更趋紧密。二手车未来有望取代新车的市场地位，成为汽车消费市场的主体，这是汽车产业发展的必然趋势。

一、二手车的概念

1. 二手车

二手车，英文译为“used car”，意为“使用过的车”，国内也称为“旧机动车”，日本叫“中古车”。在美国，经营者为了更好地卖出二手车，改变消费者对二手车质量差的看法，给二手车定义为“曾经被拥有过的车”，而不再使用“second hand car”。

我国《二手车流通管理办法》中对二手车定义为：指从办理完注册登记手续到达到国家强制报废标准之前进行交易并转移所有权的汽车（包括三轮汽车和低速载货汽车，即原农用运输车）、挂车和摩托车。

2．禁止交易的旧机动车类型

《旧机动车交易管理办法》中规定，旧机动车是指办理了机动车注册登记手续，距报废标准规定年限一年以上的汽车或摩托车及特种车辆。下列 9 种二手汽车则在禁止交易之列：

- 第一类：已办理了报废手续的各类机动车。
- 第二类：虽未办理报废手续，但已达到报废标准或在 1 年时间内将报废的各类机动车。
- 第三类：未经安全检测和质量检测的各类机动车。
- 第四类：证件手续不齐全的各类旧机动车。
- 第五类：各种盗窃车、走私车。
- 第六类：各种非法拼装车、组装车。
- 第七类：国产、进口和进口件非法组装的各类新机动车。
- 第八类：右方向盘的旧机动车。
- 第九类：国家法律、法规禁止进入经营领域的其他各类机动车。

二、二手车的处理渠道

1．二手车交易市场

二手车交易市场是指依法设立、为买卖双方提供二手车集中交易和相关服务的场所，它具有中介服务商和商品经营者的双重属性。

二手车交易市场的功能有：二手车鉴定评估、收购、销售、寄售、代购代销、租赁、置换、拍卖、检测维修、配件供应、美容装饰和售后服务，以及为客户提供过户、转籍、上牌、保险等服务。二手车交易市场应严格按国家有关法律、法规审查二手车交易的合法性，坚决杜绝盗抢车、走私车、非法拼装车和证照与规费凭证不全的车辆上市交易。

二手车交易市场涵盖的车型，上至几百万的超级豪华车，下至几千元的停产车，应有尽有。到二手车市场进行交易，可以省略中间环节，并得到更多的利益。但是前提条件是自己要真正了解行情，能给自己的车准确定位，做到心中有数。

2．二手车网站

互联网时代，全国性和地方性的二手车网站很多，为二手车车主寻找买主提供免费的交易平台，如搜狐、58车、汽车之家、易车等，各大网站都有专门的二手车频道，一般对个人注册是免费的，发布卖车信息也较为简单，按流程说明填信息、拍照片即可，剩下的就是等着个人用户上门了。在这些专业的二手车网站上，往往都会有免费评估的版块，车主可以大致判断自己旧车的定价。不过，这些评估结果与市场行情可能有所偏差，所以只能做参考。

这种方式的好处是直接卖给个人，没有所谓的中介费用，价格多少都取决于自己。不利之处是会给很多车贩子可乘之机，他们会冒充个人看车、砍价，对于那些对二手车价格行情把握不准的私家车主来说，很可能会遭遇车贩子的恶意压价，最后消耗了人力、物力，成交价却比预期要低。如果是卖给个人，交易手续过户也是一个比较麻烦的问题。

3．寄卖（中介）公司

二手车寄卖（中介）公司，也称为二手车经纪公司，提供中介服务，收取中介费。二手车寄卖公司收费标准普遍不高，通常在成交价的3%左右。一台5万元的二手车实际中介收费只有1 500元。寄卖公司会帮忙检测二手车车况、代办过户上牌手续，以及增加车辆延保服务等，使个人购车更放心。因为二手车最终直接出售给个人，对于车价来说是有保障的，因此是以上售车方式里价格最有保证的一种，但在销售时间上相比拍卖的实效性则有所不及。

4．4S店以旧换新

汽车4S店以旧换新业务是指旧车折合成一定的价格，再补齐差价以购置新车的业务。为了促进新车的销售，大多数4S店都开辟了旧车置换服务，并由品牌厂家给予部分换购补贴。若是换购的新车品牌刚好在补贴范围内，能获得额外的优惠，还是比较划算的。

这种方式最安全和省心。缺点是大部分4S店是依靠专业二手车服务商来完成评估和交易的，加上4S店还要获取一定的收益，所以价格上最吃亏。这种方式适合于购置新车并且追求完美服务的车主。

5．直接卖给个人

一般来说，直接把车卖给亲朋好友或熟人，好商量价格，并且对车主和车况知根知底；但价格高低不好掌握，若交易后车况出现问题，还容易引起双方的误解。

6．竞价与拍卖

旧车拍卖的操作方式多是以B2C的批量拍卖形式为主。近两年，随着国外成熟销售模式的引进以及网络的普及，以C2C为基础的线上线下拍卖模式开始盛行，这种方

式的最大特点就是价格透明，操作安全，车主不用耗费时间去掌握陌生的旧车行情，只要签好委托拍卖合同就可以坐等其成了，但是C2C模式产生溜拍的可能性还是很大的，成交率不高。

因此，在拍卖的基础上又衍生出另一种形式——竞价。这种方式是由旧车市场组织场内经销商进行投标，出价最高的公司可与车主交易，车主自由决定是否进行买卖，没有底价限制和高额的委托费用，整个过程都是在市场管理部门的组织和监督下进行的，交易更有保障，而且随来随拍，操作更便捷。

2015年可谓是二手车行业的“拍卖年”。从1月份开始，中直机关公务车淘汰拍卖正式启动，公务车拍卖一度引发二手车拍卖市场火爆。3月份之后，全国各地公务车拍卖陆续展开，各地综合类拍卖公司大范围涉足其中，在全国拍卖行业内掀起一股机动车拍卖热潮。根据中国拍卖协会车委会的数据显示，2015年，全国12家机动车样本企业前三个季度拍卖共成交11.6亿元，拍卖成交车辆19 142辆；前三个季度残值拍卖成交5.7亿元，拍卖成交车辆12 509辆。

三、二手车的特点

1. 经济实惠

二手车的“性价比”最高，它的价格肯定比新车便宜得多。而且，购买3年以内的汽车，车主会花上大量的时间和金钱保养爱车，让它看起来很新。

买新车除了要付购车款外，还要根据车辆排量和价格等因素缴纳至少原车价10%以上的各种税费。二手车就没有这样的顾虑，少了税费和新车折旧的费用，价格会便宜很多。以一款在售的奥迪2015款40 TFSI舒适型Q5来说，新车当时全办下来要48万元，现在二手车只要约36万元，可节省约12万元。以一款排量为2.0 L、6座以下、裸车价为20万元的车型为例，不考虑分期付款所带来的手续费及利息等，其新车与二手车税费见表5—1—1。

表5—1—1　20万元的新车与二手车税费对比

<table>
<tr><th>购买新车必须费用</th><th>金额（元）</th><th>购买二手车必须费用</th><th>金额（元）</th></tr>
<tr><td>购置税</td><td>17 094</td><td>购置税</td><td>0</td></tr>
<tr><td>车船使用税</td><td>480</td><td>车船使用税</td><td>480</td></tr>
<tr><td>交强险</td><td>950</td><td>交强险</td><td>950</td></tr>
<tr><td rowspan="2">上牌费</td><td rowspan="3">约500～1 000</td><td>上牌费</td><td rowspan="3">共计约700</td></tr>
<tr><td>验车费</td></tr>
<tr><td>验车费</td><td>过户费</td></tr>
<tr><td>合计约</td><td>19 024～19 524</td><td>合计约</td><td>2 130</td></tr>
</table>

2. 保值率高

任何一辆汽车，只要去车管所登记落户了，其折价率就开始计算了，不管你有没有使用，每一年这辆汽车的价值都在不断下降。正常来说，一辆新车一年后会贬值20%，两年后会贬值35%，而在第三年的时候就会贬值到50%。越高价格的汽车，其折价率越高。但在二手车市场中，这样的情况就可以避免了，已经购置并使用几年之后再卖二手车，即使会赔钱，也不会赔太多。

3. 刮碰不心疼

新车被刮蹭、磕碰往往让人心疼，碰一下就得喷漆、维护，累计起来也是不小的一笔费用。购买二手车就不一样了，没有磨合期，保养也不费劲。重要的是，经常小擦小碰也不会让自己太心疼，即便是遍体鳞伤也不用怕，只要一次翻新就可以全部解决。

4. 容易实现汽车梦

因为二手车的价格便宜，只要花2～3万元就可以实现有车族的梦想，这也是很多年轻工薪族喜欢购买二手车的原因。对于价格较高的豪车来说，在二手车市场购入，可以以更少的钱实现豪车梦。而且二手车的保值率高，换车时钱亏得少，换车不心疼。

5. 零件好配

新上市的车型一旦出现故障，汽车零配件通常很难买到；购买二手车，就不再用为购买汽车零配件难而担心。因为一般的二手车都是两年以后的车型，针对该车的配件、美容、保养等汽车服务行业已经非常健全和成熟，车主一般都不用再为买不到汽车配件而四处奔波。

6. 选择余地大

经济不宽裕的市民如果想买台新车，仅有的钱未必能买来合自己心意的新车。但如果转为购买二手车，不多的钱也可以选择不少好的车型。也就是说，相同的钱，购买二手车要比购买新车的选购空间大不少。

7. 价格不透明，车况很难判断

与新车的明码标价相比，二手车没有固定的价格可供参考。汽车的磨损程度、购买时间和配置等都是影响二手车价格的因素。再加上每辆车的使用情况不同，实在让人难以给出一个准确的价格，对不了解行情、不会砍价的买家来说可能要吃亏，所以，在二手车交易市场有句话叫“内行买便宜，外行靠运气”。挑选二手车一定要慎重，最好选择规范的二手车中介或者运营商。

四、二手车适合群体

1. 新手或者老司机

老司机和新手看似是两个不同的购车群体，对于二手车的需求却出奇的一致。新

手要拿二手车练车技，生怕买了新车刮蹭了心疼；而老司机由于精通驾驶技术和维修技术，对于汽车比较了解，愿意花更少的钱得到更好性能的车。

2. 经济紧张的群体

这类人购买二手车无疑是最好的选择，花的钱不多，或者花较少的钱能买到相对上档次的或心仪的车型。对于大多数人来说，购买二手车是为了方便、实惠，所以，购买二手车时，在考虑安全的同时最注重的就是价格了。根据中国汽车流通协会数据显示，2016 年二手车交易价格在 5 万元以内的占比最大，为 33.23%，均价为 3.06 万元；5～10 万元占比 30.17%，均价为 7.06 万元；10～20 万元占比 20.50%，均价为 14.10 万元；20～30 万元占比 6.67%，均价为 24.99 万元。整体交易量与交易价格呈线性关系。显然，消费者在追求价格的同时，也考虑到了车辆的整体价值。

3. 二手车从业者

二手车从业者顾名思义就是从事二手车相关工作的人，因为他们占据了天时地利人和，可以得到最好的一手车源，因此可以买到性能和价格都不错的二手车。

4. 汽车玩家群体

汽车玩家往往选择的都是二手车，因为二手车售价比较便宜，可以省出来更多的费用用于改装，他们可以用这部分费用去增强车辆的性能。汽车玩家往往换车的频率比较高，使用时间不长，所以即便后期出售，也不会亏太多。

5. 汽车收藏者群体

有的汽车已经停产，对于这类二手车，其收藏意义要大于其驾驶意义，甚至还会有升值空间。很多汽车发烧友会收藏不同意义的二手车。

五、我国二手车市场

1. 我国二手车市场发展的四个阶段

（1）二手车市场萌芽阶段（个人交换）

我国的二手车市场，从 20 世纪 80 年代发展至今，已经有 30 多年的历史，但真正的萌芽阶段是在 20 世纪 90 年代才初步形成，起初都是由私人自发式经营的路边摊形式，基本上没有正规的二手车经销商。这种以车贩子倒车为主的经营方式造成了二手车交易秩序混乱、诚信度较差等具有时代特色的特点，从而造成了消费者很难放心地购买二手车的情况。

（2）二手车市场发展阶段（政府扶持）

1998 年，国家发布了《旧机动车交易管理办法》。该办法中明确提出要设立以企业经营活动为依托，建立具有旧机动车评估定价及旧机动车收购、销售、寄售、代购、代销、租赁、拍卖、检测维修、配件供应、美容及信息服务等功能，并为客户提供过户、上牌、保险等服务为一体的二手车市场——旧机动车交易中心。由此，我国的二手车市场才正式进入历史的舞台，踏上了发展之路。

2005年，由商务部、公安部等主管部门联合发布了《二手车流通管理办法》。该办法的颁布代表我国二手车行业进入了全新时代，使得之前由物资系统进行特殊行业管理的状态转变为市场化的态势。虽说还是以私人经营为主，但是交易形式已经由私下交易之后进行过户转变为在二手车市场内进行交易为主。大约90%以上的二手车市场都有国企背景，这些市场基本上都靠收取交易服务费和场地租金等传统的经营模式来牟利。而随着政策对于民营资本的放宽，越来越多的民营二手车市场涌现出来。

(3) 二手车市场困境阶段（市场转型）

众所周知，传统的线下二手车交易市场长期以来一直具有几大优势：一是品牌优势，一般而言，国内二手车交易市场在当地都相当于一个标志性的地标，几乎家喻户晓；二是二手车商户集中，一般规模的国内二手车交易市场都有一两百个商户，大型的有四五百个以上；三是车价优势，国内二手车交易市场大多有政府的扶持和帮助，市场租金等成本较低，定价方面更加有利于二手车交易；四是服务功能强，一般大型的二手车交易市场都有交管局服务窗口给予验车上牌，有税务部门便于过户，在交易市场内即可完成一站式购车服务。

但继进入全新、快速而稳定的发展阶段后，近几年二手车市场似乎也走到了十字路口：路边摊的历史原因造成二手车市场不被信任，国企背景、限迁、限购政策等原因造成二手车市场经营和服务滞后，以及互联网电商冲击二手车市场的最后阵地。于是，大多数二手车经销商出现了亏损。

(4) 二手车市场整合阶段（互联网）

越来越多的市场参与者的加入重新激活了处于困境中的二手车市场，而且相比以往各经营者单打独斗的局面，现今二手车市场更多的是基于资源整合的强强联手。其中最值得关注的便是经销商集团与二手车电商的频频握手。

在电商浪潮的不断影响与冲击下，国内二手车交易市场开始纷纷寻找新的机遇与突破口。纵观国内众多知名的二手车市场，大多都在紧锣密鼓地开展线上合作和创新，在充分利用二手车交易中传统优势的同时，选择和国内诚信的二手车电商交易平台抱团、结盟和整合。

从目前看，二手车电商即将走过探索期，有望在2017年迎来市场启动期，届时市场优胜劣汰将加剧，可能会有部分优秀二手车电商企业实现上市。而高速发展期或将在2020年实现，届时消费者将养成网上交易二手车的习惯，二手车商则大多通过在线交易平台开展业务。

2. 我国二手车交易市场的现状

2016 年全国二手车交易过户量约为 1 068 万台，实际测算每台流通二手车交易过程中重复过户平均是 1.48 次，相对于 2015 年有所减少，二手车流转速度明显加快。如果按照 VIN（车辆识别码）独立对应车型计算，2016 年全年二手车交易量相比 2015 年增长了 2.24%，但仍然低于新车市场销量的增速。2016 年中国二手车交易总量增速减缓的最大影响是政府相关政策，而实际交易过程本身发展处于高速增长期。在此情况下，资本市场对二手车电商的投资热度也开始明显下降，此前任性的“烧钱模式”逐渐终结。在业内人士看来，二手车行业正在走向“调整期”。

按照中国汽车流通协会的解释，没有完全破除的“限迁”是影响二手车交易活跃度的一大原因。2016 年 3 月，国务院办公厅印发《关于促进二手车便利交易的若干意见》中要求除京津冀、长三角和珠三角的 9 个城市外，各地不得制定实施限制二手车迁入的政策。

(1) 区域二手车交易量

2016 年全国各省市二手车交易量排名数据中，整体呈现沿海省市普遍活跃度高且持续增长，内陆省市交易活跃度降低甚至出现负增长，重点流通的中间区域省市孤岛效应明显，限购限迁造成了明显的二手车交易的“孤岛”现象。

北京、上海依旧是二手车交易零售和批发的稳定城市。上海地区 2016 年二手车交易量达到 24.77 万辆，同比 2015 年增长 5.2%，在传统二手车交易重点城市中属于少数增长城市，主要得益于上海本地二手车交易环境相对良好，交易形态多样化，上海已经成为全国高端二手车的相对集中品牌影响力区域。北京地区交易量由 2015 年的 26.89 万辆下降到 2016 年的 24.58 万辆，降幅达 9.1%，十年来首次出现年度交易量负增长。北京地区是最明显的政策影响区域，老旧车难以流通强制报废，新车竞争激烈、降价迅猛、争抢客户，此外再加上知名二手车电商的总部几乎都在北京，所以传统二手车经营模式正在面临前所未有的挑战和机遇，北京将率先出现行业洗牌期。

由于区域环保限制在省市内流通较多，跨区域交易限制仍没有完全放开，全年的增长将来自于二三线城市甚至更低的县级市。二手车交易的分散化趋势明显，打破限迁的流通瓶颈如果彻底解决，全国城市汽车商品的流动均衡将恢复。

(2) 2016 年全国二手车交易车型

图 5—1—1 所示为 2016 年二手车交易车型占比。2016 年全国二手车交易车型主要以紧凑型车、中型车、小型车为主，占比约为 64.19%；紧凑型车依旧是主流交易类型，可见国人更在意家庭实用性。与新车市场反应一致的是，SUV 车型占比增加，尤其是紧凑型 SUV 比例明显提高，MPV 二手车市场需求保持稳定增长。

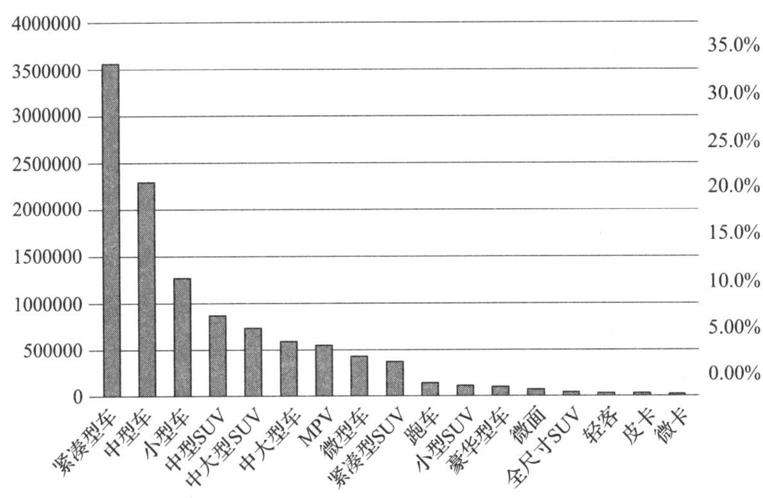

图 5—1—1　2016 年二手车交易车型占比

(3) 2016 年全国二手车交易国别车系

图 5—1—2 所示为 2016 年二手车国别分布。2016 年二手车国别分布主要以德系、日系、国产为主，占比约为 71%。2016 年二手车国别中合资车以 67%的占比占领了二手车市场 2/3 的江山。二手车市场的国别车系正进一步分散，用户的选择多样性和新车的快速贬值促进了二手车交易量的增长，二手车性价比进一步提升。

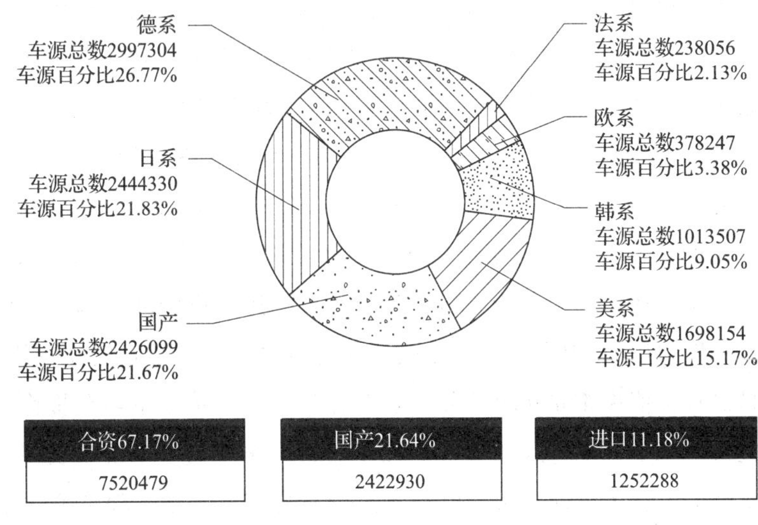

图 5—1—2　2016 年二手车国别分布

(4) 2016 年全国二手车交易汽车品牌

图 5—1—3 所示为 2016 年全国汽车品牌二手车交易占比情况。2016 年中国二手车交易品牌车型分类中，整体变化依旧是高端化趋势，主流品牌为主，但是具体品牌车型有一定的差别。

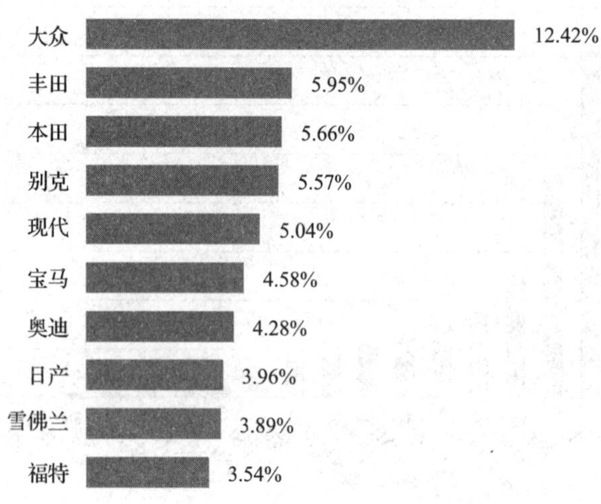

图 5—1—3　2016 年全国二手车交易汽车品牌占比情况

大众品牌成交量第一，达到 89.48 万辆；丰田品牌位居第二，全年交易量达到 42.86 万辆，老款车型的花冠、皇冠等交易占比明显减少，卡罗拉、凯美瑞、汉兰达成为丰田的主力三强；本田系列表现稳定，连续多年排名第三，全年二手车交易量为 40.77 万辆，其后续二手车交易存量可能出现隐患，未来会有下滑的趋势；别克品牌全年成交量 40.11 万辆，交易量增长明显，大量的别克品牌二手车提前进入到二手车交易中，侧面证明了用户对于品牌忠诚度的下降和品牌转化的隐患；现代品牌二手车全年交易量达到 36.3 万辆，整体交易车型主要是中低端车型和老旧车型收尾，厂家新车库存销售也影响了现代品牌二手车的存量消耗；宝马品牌二手车交易量首次超越奥迪，2016 年共交易 32.97 万辆，预计 2017 年宝马的二手车表现还将继续提升，不过新车的市场败退不可避免地被奔驰挤压；奥迪品牌全年二手车交易量达到 30.86 万台，二手车市场全国表现明显提升，市场存量和交易活跃度都比较明显地反映了新车的变化，成交率上升，用价格换市场的代价明显，奥迪的公务用车市场减少刺激了该品牌二手车的“自我救赎”；日产品牌全年二手车交易量达到 28.54 万辆，整体平均能力较强，所有车型交易量和保值率都是中规中矩，稳定性较好，二手车市场存量稳定；雪佛兰系列全年成交量 28.02 万辆，迈锐宝等近几年的新增车型二手车市场表现不俗，未来新车存量逐步释放，有望继续增长，但是新车价格稳定性一般，保值率表现一般；福特品牌 2016 年全年成交量 25.5 万辆，福特系列二手车主要是福克斯表现抢眼，一枝独秀，其他车型如嘉年华、蒙迪欧等表现一般，保值率堪忧，全部车型影响力不足。

2016 年二手车品牌排名数据中，宝马、奥迪的增长也从侧面印证了二手车的高端化趋势，前十名品牌交易总量达到市场总量的 54.87%。但是相比 2015 年有所下降，市场的品牌集中度下降，二手车交易品牌进一步分散，这也说明新车市场的分化影响了二手车品牌的变化。预计未来几年自主品牌的良好表现将延续到二手车交易环节中。2017年预计德系、日系品牌二手车销量依旧保持稳定，美系可能小幅增长，韩系有发展隐患，法系基本排除主流表现，自主品牌仍有一定机会，BBA三强同时上榜指日可待。

（5）2016年二手车车龄

图5—1—4所示为2016年二手车车龄占比情况。

由于各种政策的影响，全国二手车交易的平均车龄趋于“年轻化”，即车龄年轻的二手车比例高，十年老车淘汰快。这种情况自2011年开始就明显出现，到2016年这一趋势更加明显。2011－2016年这类1～6年车龄的二手车占比最大，交易占比达到63.98%；6～8年车龄的二手车交易占比为23.46%，8年以上车龄的二手车交易占比仅剩12.56%。

按照目前国内环保限迁的数据进行排列分析，国五排放标准占比19.26%，国四排放标准占比68.18%，国三排放标准占比9.16%，国二排放标准及以下占比3.42%。

预计2017年随着全国各地城市针对二手车进入的“地方政策”和车辆自然延续，3年车龄的二手车进入到交易主要高峰期（2013年下半年大部分一线城市开始实现新车上牌国五排放标准），国五排放标准车辆占比将继续提高，国四排放标准中2008－2010年的早期国四车型将逐步减少，2008年之前的国三排放标准车辆按照现有政策和特点预计全年交易占比进一步下滑，总体占比将跌入10%以内，甚至2006年之前国二及以下排放标准车型将强制进入到报废，未来将消失。

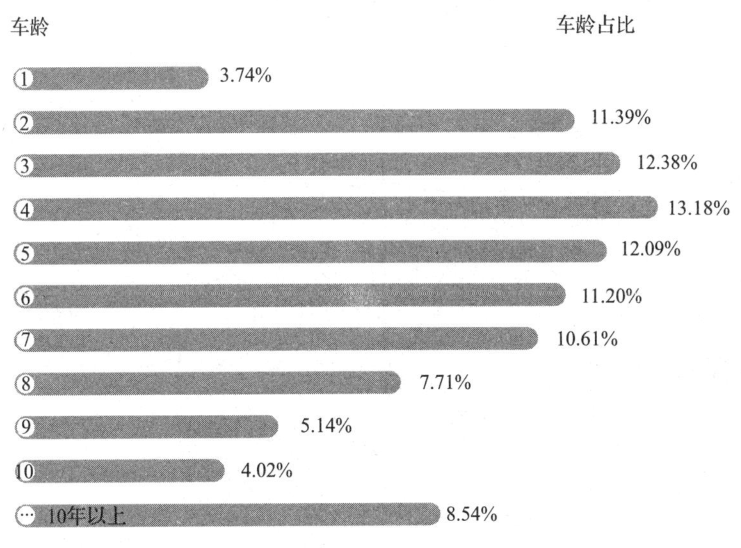

图5—1—4　2016年二手车车龄占比情况

（6）2016年二手车价格

2016年二手车交易价格总的特点是成交均价波动大，二手车逐渐高端化。5万元以下二手车，同比 2015 年平均成交价格上涨 1.67%，中低端二手车由于新车的挤压和环保老旧车提前淘汰，市场存量正在明显减少，合资产品占比逐渐下降，价格持续小幅上涨；在 5～10 万元这一价格空间，国产自主品牌新车和合资品牌二手车存在博弈，目前竞争态势比较激烈；10～20 万元二手车，同比 2015 年平均成交价格下降 11.1%，降幅明显，主要是新车 20～30 万元车型提前进入二手车升级交易，此外受到 20～30 万元新车降价的波及影响比较明显；20～30 万元二手车交易量增长明显，主要是由于市场大量 30～50 万元二手车甚至是 50～100 万元二手车提前进入交易环节所致；30～50 万元二手车，由于售价为 50～100 万元的新车明显的价格波动和换款变化导致了大量 30～50 万元二手车提前进入到交易环节，丰富了产品选择，供大于求造成总量提升、价格下降趋势；50～100 万元二手车，由于市场库存量增加，但是周转率下降，单车利润率下降，这类二手车目前处境比较矛盾；100～200 万元二手车量价双下降的主要原因是市场活跃度不足，竞争激烈导致，独立品牌二手车经营者大量开始出现，这类车辆抢夺激烈，同时政策导致价格波动性和金融风险等，因此 100～200 万元二手车成为了 2016 年诸多从业者的“滑铁卢”；200 万元以上的超豪华二手车 2016 年竞争十分激烈，其实市场需求并没有明显增长，但是新增从业者对于这类车辆的“门面”要求造成资源非理性抢夺，导致这类二手车实际成本后利润倒挂现象严重，属于特殊的发展期问题。

全国二手车高端化趋势明显，北上广深等一线城市二手车入门级别已经贴近 BBA 品牌，未来全国逐步升级，自主品牌新车和合资品牌二手车将在 2017 年出现博弈。图 5—1—5 所示为 2016 年二手车价格空间数据。

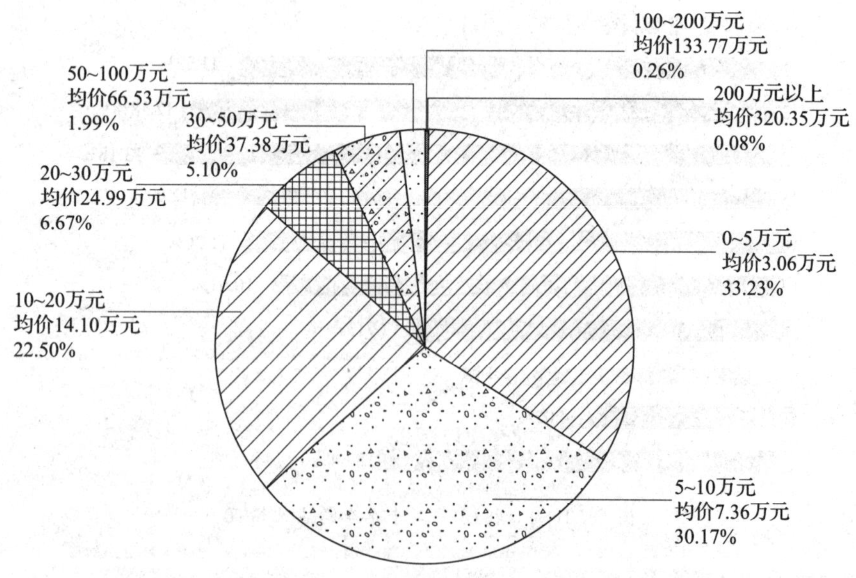

图 5—1—5　2016 年二手车价格空间数据

3．我国二手车市场渠道类型

目前，我国二手车市场主要分为整车厂经销商（4S店）、独立二手车经销商（大、小车商和二手车品牌连锁店）以及私人之间交易这三类渠道，这三类渠道在二手车市场中的份额分别为3%、82%和15%。

独立二手车经销商是目前国内二手车的主要渠道，占据82%的市场份额。其行业分散、数量众多、规模参差不齐，有年营业额超过2 000万元的大经销商，也有年营业额在100万以下的小经销商。其中经销商的规模越小，越偏向低端车型。盈利水平也不平均，毛利率从3%到10%以上不等。其中小车商，也即所谓的黄牛占绝大多数，雇佣工人数在3人以下的经销商大约占了66%。

传统二手车交易渠道有三个缺点：车况不透明、价格不透明和车型需求匹配困难。为了解决这些问题，随着互联网的发展，二手车电商自2003年进入视野，2014年进入爆发期。目前国内二手车有形市场约占65%的市场份额，而二手车电商平台仅占5%～10%的市场份额，主流模式还是B2B和C2B，且更多的是转型退隐幕后，改为B端（商家）提供数据类服务等，而交车、售后等线下服务则由实体经销商完成。虽然自2015年以来，资本涌进二手车市场，融资额度不断创新高，但如何通过商业模式创新，在尽量不拉高经营成本的前提下，同传统经销商、汽车厂商展开“斗争”，是未来二手车电商思考的难题。

无论是传统的实体二手车市场还是新兴的二手车电商平台，都在激烈的竞争中寻求着变革。它们各有所长，也各有不足，要想从迅速发展的市场获得更多红利，只有互相补充、借鉴，才能推动行业的持久、健康发展。

4．二手车市场存在的问题

（1）对二手车了解不透彻

对于大多数消费者来说，对二手车的印象还停留在路边的“收车”字样。而且，现在车市的车源绝大部分是5～7年车龄的车型，而消费者对商品的需求是有一定要求的，不仅考虑车辆的性价比，同样注重车辆的品牌和外观。因此，3年以下车龄的二手车需求量很大，但供给紧缺。

（2）对交易价格存在疑虑

二手车定价机制很特殊，一车一况，难以形成统一的标准。无论是车主卖车，还是消费者买车，都对二手车价格存在疑虑，希望自己在交易过程中不会上当受骗，这需要竞价机制的引入。如今市场化的定价机制正在形成，未来车况信息透明化将为价格透明化打下基础。

（3）担心买到问题车

消费者不敢买二手车的重要原因之一是害怕买到有问题的车，或者担心没有质保，维修成本高。目前，虽然一些企业看到了市场空白，推出了延保产品，但国家没有相应的支持政策，行业没有可以参考的准则，消费者对产品的认知度也不高。调查显示，只要二手车的车况能够经过第三方公司的认证，又有质保和延保服务，那么就可以打消消费者 80%的顾虑。

（4）限迁政策成为阻碍

根据中国汽车流通协会统计数据，目前全国共有 333 个地级市出台了二手车的“限迁”政策，且大部分城市的二手车准入门槛为国四排放标准车型。此外，在山东、江苏、吉林等地区，还对车辆的使用年限做了限制，要求注册 5 年以上的车辆不予回收，这意味着车龄在 5 年以上的二手车将不能流入该区域。如此严厉的“限迁”政策对消费者、二手车流通业以及汽车厂家都造成了严重的影响。

5. 影响二手车市发展的因素

（1）汽车市场营销方式混乱落后

目前，无论是汽车企业还是各级经销商，真正按照市场营销观念从事经营活动的仍占少数。时下最具影响力的营销手段是“车展”和“价格战”。越来越热的车展现象并不能代表汽车市场营销的进步，相反只反映了汽车市场营销的苍白和缺失——各大汽车企业好像只能通过车展这样的方式来表现自己，却不管这种方式对于销售究竟会起多大作用，还停留在价格战阶段的汽车销售根本算不上是真正意义上的营销。

（2）汽车经销商普遍存在着汽车市场营销信誉危机

有关部门调查显示，汽车消费投诉的大幅上升固然与消费者购车热有关，但它更反映出目前汽车消费整体环境。对汽车经销行业来说，经销商在销售中普遍缺乏行业道德操守约束及行业自律，同时也缺乏一个统一的组织来确定经销商的从业标准。因此，汽车经销这个行业存在信誉危机。

（3）二手车从业人员素养有待提升

二手车市场的旺盛需求，导致专业二手车评估师极为缺乏，二手车市场很多评估人员并无认证二手车评估资质，评估的服务流程和专业化程度也不尽相同，从而导致同一台二手车经不同的评估师评估后给出的评估价格相差很大，使消费者在不同的二手车市场获得的信息和感受也不一样，很容易造成消费者的不信任感。二手车行业的发展最终离不开一线从业人员综合素养的提升。目前，二手车评估师的培训炙手可热，想获取国家二手车评估师的资质证书，相关的培训、报名费用不低于 5 000 元，但依然有很多人报名，市场的发展催生了巨大的培训需求。

六、《关于促进二手车便利交易的若干意见》

1. 对二手车市场的推动

李克强总理在 2016 年政府工作报告中提出要活跃二手车市场，2016 年 3 月，国务院印发了《关于促进二手车便利交易的若干意见》（以下简称《意见》），从税收政策、金融支持力度等八个方面为便利二手车市场交易做了具体的部署。该《意见》为便利二手车交易，繁荣二手车市场，为新车消费创造更大的市场空间，同时带动汽配、维修、保险等相关服务业发展起到政策指导与市场推动作用。

（1）松绑二手车限迁政策

为营造二手车自由流通的市场环境，各地人民政府要严格执行《国务院关于禁止在市场经济活动中实行地区封锁的规定》（国务院令第303号），不得制定实施限制二手车迁入政策。符合国家在用机动车排放和安全标准，在环保定期检验有效期和年检有效期内的二手车均可办理迁入手续。部分防治污染重点区域，依然施行限迁，即可以迁出但限制迁入，包括京津冀（北京、天津、河北）、长三角（上海、江苏、浙江）、珠三角（广州、深圳、珠海、佛山、江门、肇庆、惠州、东莞、中山）地区。上述地点以外的已经实施限制二手车迁入政策的地方，要在2016年5月底前予以取消。

目前已经取消限迁的省份有贵州、四川、安徽、江西、内蒙古、新疆和湖南，已经取消限迁的城市有伊犁、葫芦岛、兰州、酒泉、大连、汉中、晋城和抚顺等。

（2）完善二手车交易登记管理

进一步完善二手车交易登记管理，整合二手车交易、纳税、保险和登记等流程，开展一站式服务，对具备条件的二手车交易市场推行进场服务。

简化二手车交易登记程序，不得违规增加限制办理条件。优化服务流程，推行二手车异地交易登记，方便交易方在车辆所在地直接办理交易登记手续。

（3）建立二手车流通信息工作机制

加快完善二手车流通信息平台，建立二手车流通信息工作机制，积极整合现有资源，加强互联互通和信息共享，加快建立覆盖生产、销售、登记、检验、保养、维修、保险和报废等汽车全生命周期的信息体系。

非保密、非隐私性信息应向社会开放，便于公众查询，符合国家有关要求的信息服务可以市场化运作，已经具备条件的行业信息要进一步加大开放力度。

（4）加强二手车市场主体信用体系建设

加强二手车市场主体信用体系建设，依法采集二手车交易市场、经销企业、拍卖企业、鉴定评估机构、维修服务企业以及其他市场主体的信用信息，建立二手车市场主体信用记录，纳入全国信用信息共享平台，并按照有关规定及时在企业信用信息公示系统以及“信用中国”网站予以公开，方便社会查询和应用。

（5）优化二手车交易税政策

应按照“统一税制、公平税负、促进公平竞争”原则，结合全面推开营改增试点，进一步优化二手车交易税收政策，同时加强对二手车交易的税收征管。

（6）加大二手车金融服务支持力度

应加大二手车交易信贷支持力度，降低信贷门槛，简化信贷手续。支持二手车贷款业务，适当降低二手车贷款首付比例。加快开发符合二手车交易特点的专属保险产品，不断提高二手车交易保险服务水平。

（7）创新二手车流通模式

积极推动二手车流通模式创新，推动二手车经销企业品牌化、连锁化经营，提升整备、质保等增值服务能力和水平。积极引导二手车交易企业线上线下融合发展，鼓励发展电子商务、拍卖等交易方式。推动新车销售企业开展二手车经销业务，积极发展二手车置换服务。

（8）完善二手车流通制度体系

抓紧修订《二手车流通管理办法》，规范二手车交易行为，强化市场主体责任；加强消费者权益保护，确保消费放心、交易便捷、服务完备；明确监管职责，加强市场监管，规范交易秩序，促进二手车市场健康、有序地发展。

2．二手车便利交易细则落地不易

2016 年 4 月，商务部就国务院 3 月印发的《关于促进二手车便利交易的若干意见》做出了进一步贯彻落实的通知。通知从八个方面对《意见》进行了细致的拆分，并提出了二手车贷款首付比例可在 30％基础上自主决定、建立二手车信息联网核查机制等多项措施。但业内认为，交易税收政策的优化、限迁政策的松绑以及信用体系的建立，在实施过程中依然存在诸多问题，二手车市场的全面规范仍需要时间。

（1）细则出台

针对二手车市场存在已久的限迁、税收和信用体系建立三大问题，通知在《意见》的基础上出台了进一步的解决办法。商务部表示，符合国家在用机动车排放和安全标准，在环保定期检验有效期和年检有效期内的二手车均可办理迁入手续。对异地办理二手车交易的小微型非营运载客汽车，现机动车所有人凭《二手车销售统一发票》及相关资料，可以向交易地公安交通管理部门申请办理转移登记，向转出地公安交通管理部门申请转出车辆档案，并不需要将车辆驶回登记地。

针对税收问题，通知指出，通过二手车交易市场、二手车经销企业、拍卖企业或经纪机构进行二手车交易的，应在以上市场、企业所在地或销售方所在地开具《二手车销售统一发票》。现行政策允许开具且购买方索取增值税专用发票的，销售二手车的一般纳税人可开具增值税专用发票，小规模纳税人可由主管税务机关代开增值税专用发票。税务机关要加强对二手车交易的税收征管。

同时，在加强二手车流通信息管理上，商务部提出，各地商务部门要督促、指导二手车交易市场经营者和二手车经营主体，认真核对机动车交易双方当事人或代理人的身份证明，准确采集原机动车所有人和现机动车所有人的身份证号码、手机号码和住址等信息，及时录入全国统一的信息管理系统。

(2) 细则落地困难

尽管通知给出了二手车市场存在问题的解决办法，但在业内人士看来，政策在落实的过程当中还存在着不少难点。

以限迁政策为例，尽管通知指出“不得制定实施限制二手车迁入政策”，但也同时明示“国家鼓励淘汰和要求淘汰的相关车辆及国家明确的大气污染防治重点区域有特殊要求的除外”。业内人士指出，不解限的京津冀、长三角和珠三角地区的二手车交易量占据全国二手车交易量的50%以上，在不解限的情况下，二手车交易量要想在3～5年内取得明显突破还存在一定的困难。

同时，对于制约二手车市场发展的税收问题，通知强调将按照“统一税制、公平税负、促进公平竞争”原则进行“进一步优化”，对于税费问题没有做出明确指示。目前，二手车交易的过户费为0.5%，交易税为1.48%，增值税为2%。在现行税收政策下，二手车销售的平均利润仅为6%左右，经销企业收购和销售二手车的税收负担较重。

(3) 信用体系是关键

除了税收和限迁等难题外，制约二手车市场发展的原因主要来自于二手车信用体系未能及时构建。《意见》提出的“依法采集二手车交易市场、经销企业、拍卖企业、鉴定评估机构、维修服务企业以及其他市场主体的信用信息，建立二手车市场主体信用记录，纳入全国信用信息共享平台”才是促进二手车消费的根本。

但是，这一信用体系的建立并非易事，需要从上层体系里的商务部、国家发改委、环保部、交通运输部、税务总局、工商总局、保监会，一直到各家主机厂、维修厂，甚至到车商环节的通力配合。此外，在设置信息共享平台的同时，建立起相对应的处罚机制，才是维护二手车市场稳定的有效手段。

思考与练习

1. 我国禁止交易的旧机动车类型有哪些？
2. 简述二手车的特点及适合人群。
3. 对本地二手车市场进行调研，分析二手车市场发展的前景及影响因素。

课题二　二手车鉴定评估

学习目标

◆ 了解二手车鉴定评估的概念、内容、范围、特点及业务类型。

◆ 掌握二手车鉴定评估的工作程序、技术状况鉴定与综合评定。

◆ 掌握二手车估价形式及价格评估方法。

课题导入

小王决定买辆车，但是由于是新手，对自己的驾驶技术不自信，所以决定先买辆二手车练练手。当在某论坛看到一辆二手红色思域的贴图时，小王感到眼前一亮，在了解了相关技术参数并咨询朋友后，小五觉得这辆车还是基本符合自己要求的。然后又在二手车网站查了查价格，也很合适。但在网上看到论坛里说二手车车况比较复杂，这就难住了他，自己哪懂啊。朋友们提醒他说可以做二手车鉴定，于是小王跟着二手车经销商来到二手车鉴定评估中心，经过工作人员100多项的专业检测，得出了一份详细的检测报告。有了这份鉴定报告，小王心里就踏实多了，放心地把车开回了家，以后也是有车一族了。

一、二手车鉴定评估

1．二手车鉴定评估的概念

二手车鉴定是指由专业的鉴定评估人员，按照特定的经济行为和法定的评估标准及程序，运用科学的方法，对二手车进行手续和证照的检查、技术状况的鉴定以及价值的估算。二手车鉴定评估的要点有三个：手续及证照检查、技术鉴定和价值评估。

二手车鉴定评估是市场经济的产物，是适应生产资料市场流转的需要，根据鉴定评估人员所掌握的市场资料，并在对市场进行预测的基础上，对二手车的现时价格做出预测估算。

2．二手车鉴定评估的内容

二手车鉴定评估的内容主要有以下几点：

（1）车辆交易

车辆交易即二手车的买卖，是二手车业务中最常见的一种经济行为。在二手车的交易过程中，买卖双方对交易价格的期望值是不同的。而二手车鉴定评估人员对交易的二手车进行的鉴定估价作为第三方估价，可以作为双方议价的基础，从而起到协助确定二手车交易成交额的作用，进而协助二手车交易的达成。评估师必须站在公正、独立的立场上对交易车辆进行评估，提供一个评估值，作为买卖双方成交的参考价格。

（2）车辆置换

汽车4S店包括以旧换新的置换业务，为使车辆置换顺利进行，必须对待置换的二手车进行鉴定评估并提供评估值。

（3）企业资产变更

在公司合作、合资、联营、分设、合并、兼并等经济活动中，牵涉资产所有权的转移，车辆作为固定资产的一部分，自然也存在产权变更的问题。在产权变更时，必须对其价值进行评估。

（4）车辆拍卖

法院罚没车辆、企业清算车辆、海关获得的抵税和放弃车辆、个人或单位的抵债车辆、公车改革的公务用车均须经过拍卖市场公开拍卖变现，拍卖前必须对车辆进行评估，为拍卖师提供拍卖的底价。

（5）抵押贷款

银行为了确保放贷安全，要求贷款人以一定的资产作为抵押，如果以在用汽车为抵押物，给予贷款人与汽车价格相适应的贷款。这个抵押物到底值多少钱，也只有经过评估才能确定。因此，需要专业评估人员对汽车的价格进行评估。汽车价格评估值的高低，对贷款人而言可决定其可申请贷款的额度；对放贷者而言，评估的准确性在一定程度上影响着贷款回收的安全性。

（6）保险

出险车主因车辆损坏从保险公司所获得的赔付额最大不得超出出险前的车辆价值，故有时必须对出险前车辆的价值进行评估。

（7）司法鉴定

当事人遇到涉及车辆的诉讼时，委托鉴定评估师对车辆进行评估，有助于把握事实真相。同时，法院判决时，可以依据评估结果进行宣判，这种评估也可由法院委托评估机构进行。此外评估机构也接受法院等司法部门或个人的委托，鉴定和识别走私车、盗抢车和非法拼装车等非法车辆。

（8）修复价格评估

汽车修理厂应根据评估提供的查勘定损清单资料，确定更换部件的名称、数量、金额和修理部件的范围、工时定额费用及附加费，从而控制事故车辆总的修理费用，防止修理范围任意扩大。

3．二手车鉴定评估的范围

随着汽车与经济和社会活动联系的紧密和功能的扩展，车辆鉴定评估行为也逐步渗透到社会的各个领域，成为资产评估的重要组成部分。通过二手车的评估目的，可见二手车评估的范围包括：

（1）在流通领域，二手车在不同消费能力群体中互相转手，需要鉴定评估。

（2）有关企业开展收购、代购、代销、租赁、置换以及回收（拆解）等二手车经营业务需要鉴定评估。

（3）在金融系统、银行、信托商店及保险公司开展抵押贷款、典当、保险理赔业务时，需要对相关车辆进行鉴定评估。

（4）有关单位通过拍卖形式处理罚没车辆、抵押车辆、企业清算车辆时，需要对车辆进行鉴定评估以获取拍卖底价。

（5）司法部门在处理相关案件时，也需要以涉案车辆的鉴定评估结果作为裁定依据。

（6）企业或个人在公司注册、合资、合作、联营及合并、兼并、重组过程中也会涉及二手车鉴定评估业务。

除此以外，二手车鉴定评估的一个重要任务就是要鉴定、识别走私、盗抢、报废、拼装等非法车辆通过二手车市场重新流入社会。

4．二手车鉴定评估的业务类型

按鉴定评估服务对象的不同，把鉴定评估业务类型分为交易类业务和咨询服务类业务。交易类业务是服务于交易市场内部的二手车交易，主要目的是判定二手车的来历、确定收购价格以及为交易双方提供交易的参考价格等。

咨询服务类业务是服务于交易市场外部的非交易业务，如资产评估（涉及车辆部分）、抵押贷款估价和法院咨询等。

交易类业务和咨询服务类业务一般都是有偿服务，其评估的程序和作业内容并没有太大的差别，但依评估特定目的的不同，其评估作业的侧重点也有所不同。例如，交易类评估的侧重点是二手车的来历、能否进入二手车市流通及二手车的估价，而咨询服务类业务牵涉识伪判定、交易程序解答、市场价格询问、国家相关法规咨询等方面的内容多些，当然也有一些要求提供正式的车辆评估价格。

5．二手车鉴定评估的特点

由于汽车是高科技产品，二手车流通又属于特殊的商品流通，与其他资产评估相比，二手车鉴定估价具有以下特点：

（1）知识面广

汽车鉴定估价理论和方法以资产评估学为基础，涉及经济管理、市场营销、金融、价格、财会及机械原理和汽车构造等多方面知识，技术含量高，因此汽车技术鉴定的依赖性较强。

（2）政策性强

从事二手车鉴定评估人员，既要熟知《拍卖法》《国有资产评估管理办法》《汽车报废标准》《二手车交易管理办法》等政策法规，又要掌握车辆管理有关规定及各地相关的配套措施。

（3）实践和技能水平要求高

要求从业人员不仅会驾驶汽车，而且还能使用检测仪器和设备，并能通过目测、耳听、手摸等手段判断二手车外观、总体的基本状况，能够通过路试判断发动机、传动系、转向系、制动系、电路和油路等的工作情况，甚至对汽车主要部件功能和部件更换方法也要有一定的了解。

评估过程是以人的智力活动为中心开展的，评估质量的高低取决于评估人员掌握的信息、知识结构和经验，体现评估人员的主体性地位。

（4）动态特征明显

目前汽车产品更新换代快，结构升级、技术创新层出不穷，加之市场经济条件下市场行情的多变难测，使得二手车鉴定评估工作具有极强的动态性和时效性。要求从业人员在具体工作中不仅要掌握有关的账面原值、净值和历史依据，更要结合评估基准日这一时点的现实价格和行情，做出准确的评估结果。

另外，由于被评估对象的类似性和重复性，要求评估机构在评估过程中加强自律性，克服随意性，而且由于汽车产品在不同的环节的价值属性比较复杂，决定了二手车评估的多样性。

6．二手车鉴定评估的依据

二手车鉴定估价实质上属于资产评估的范畴，因此其理论依据必然是资产评估。另外，二手车价格评估中的价格依据有历史依据和现实依据。前者主要是二手车的账面原值和净值等资料，具有一定的客观性，但不能作为估价的直接依据；后者在评估价值时都以评估基准日为准，即以现时价格、现时车辆功能状态等为准。

7．二手车鉴定评估的原则

为了保证鉴定评估结果的真实、准确，做到公平合理，被社会承认，二手车的鉴定评估必须遵循一定的原则。

（1）公平性原则

评估人员必须不偏不倚，处于中立的立场对车辆进行评估，这是鉴定评估人员应遵守的一项最基本的道德规范。目前在不规范的二手车市场中，时有鉴定评估人员和二手车经销经纪人员互相勾结，损害消费者利益，或存在私卖公高估而公卖私低估的现象，这是严重违反职业道德的行为。

（2）独立性原则

独立性原则要求二手车评估师依据国家的有关法律和规章制度及可靠的资料数据，对被评估的车辆独立地做出评定。坚持独立性原则是保证评定结果具有客观性的基础。要坚持独立性原则，首先评估机构必须具有独立性，评估机构不应从属于和交易结果有利益关系的二手车市场，目前已不允许二手车市场建立自己的评估机构。

（3）客观性原则

客观性原则是指评估结果应有充分的事实依据。评估工作应尊重客观实际，反映被评估车辆的真实情况，所收集的与被评估车辆相关的统计数据要准确。二手车评估要求车辆技术状况的鉴定结果必须真实可靠，只有这样才能达到对被评估车辆现值的客观评估。

（4）科学性原则

科学性原则是指在二手车的评估过程中，必须依据评估的目的，选用合理的评估标准和评估方法，使评估结果准确合理。如拍卖、抵押等二手车评估适用清算价格标准计算，而一般的车辆交易评估则宜选用重置成本标准或现行市价标准。

（5）专业性原则

专业性原则要求鉴定估价人员接受国家专门的职业培训，获得国家颁发的统一职业资格证书，如旧机动车鉴定估价师资格证、旧机动车高级鉴定估价师资格证等，才能上岗。

（6）可行性原则

可行性原则也称有效性原则，要求评估人员的素质是合格的，有国家注册的评估师证，有可资利用的汽车检测设备，能获得评估所需的数据资料，而且这些数据资料是真实可靠的，评估的程序和方法是合法的、科学的。

二、二手车鉴定评估工作程序

二手车鉴定评估工作程序是指二手车鉴定评估机构在承接具体的车辆评估业务时，从接受立项、受理委托到完成评估任务，出具鉴定评估报告全过程的具体步骤和工作环节。

鉴定评估的前期准备工作是指进行二手车鉴定评估前需要做的一系列工作，主要包括业务洽谈、实地考察、签订二手车鉴定评估委托书和拟定鉴定评估作业方案等。

1．业务洽谈

业务洽谈是承接评估业务的第一步。与客户洽谈的主要工作内容有：车主的基本情况、车辆情况、委托评估的意向和时间要求等。通过业务洽谈，对下列基本情况了解清楚以后，就可以做出是否接受委托的决定。如果接受委托，就要签订二手车鉴定评估委托书。

（1）车主的基本情况

车主指二手车所有人，即车辆所有权的单位或个人。接受委托前应了解委托者是否是车主，是车主的即有车辆处置权，否则，不具备车辆处置权；同时还应了解车主的单位（或个人）名称、隶属关系和所在地等。

（2）车辆情况

查验机动车登记证书、行驶证、有效机动车安全技术检验合格标志、车辆购置税完税证明、车船使用税缴付凭证以及车辆保险单等法定证明、凭证是否齐全，并按照表5—2—1所列项目检查是否全部判定为“Y”。

表5—2—1　　可交易车辆判别表

序号	检查项目	判别
1	是否达到国家强制报废标准	Y否　N是
2	是否为抵押期间或海关监管期间	Y否　N是
3	是否为人民法院、检察院、行政执法等部门依法查封、扣押期间的车辆	Y否　N是
4	是否为通过盗窃、抢劫、诈骗等违法犯罪手段获得的车辆	Y否　N是
5	发动机号与机动车登记证书上的登记号码是否一致，且无凿改痕迹	Y是　N否
6	车辆识别代号或车架号码与机动车登记证书上的登记号码是否一致，且无凿改痕迹	Y是　N否
7	是否走私、非法拼装、组装车辆	Y否　N是
8	是否法律、法规禁止经营的车辆	Y否　N是

如发现上述法定证明、凭证不全或表中检查项目中任何一项判别为“N”的车辆，应告知委托方，无须继续进行技术鉴定和价值评估（司法机关委托等特殊要求的除外）；若发现与表中第1项、第4项～第8项任意一项判断为“N”的车辆，应及时报告公安机关等执法部门。

（3）登记基本信息

1）登记车辆使用性质信息，明确营运与非营运车辆。

2）登记车辆基本情况信息，包括车辆类别、名称、型号、生产厂家、初次登记日期和表征行驶里程，手续是否齐全，是否年检等。如果表征行驶里程与实际车况明显不符，应在《二手车鉴定评估报告》或《二手车技术状况表》中有关技术缺陷描述时予以注明。

2．实地考察

对于评估数量较多的业务，在签订二手车鉴定评估委托书之前，应安排到实地考察评估对象的情况。实地考察的目的是了解鉴定估价的工作量、工作难易程度和车辆现时状态（在用、已停放很久不用、在修或停驶待修）。

3．签订二手车鉴定评估委托书

二手车鉴定评估委托书是受托方与委托方对各自权利、责任和义务的协定，是一项经济合同性质的契约。

二手车鉴定评估委托书必须符合国家法律、法规和资产评估业的管理规定。涉及国有资产占有单位要求申请立项的二手车鉴定评估业务，应由委托方提供国有资产管理部门关于评估立项申请的批复文件，经核实后方能接受委托，签署委托书。“二手车鉴定评估委托书”应写明的内容和样式如下。

二手车鉴定评估委托书

委托书编号：＿＿＿＿＿＿＿＿＿＿＿＿＿＿＿＿

二手车鉴定评估机构：＿＿＿＿＿＿＿＿＿＿＿＿

因□交易　□转籍　□拍卖　□置换　□抵押　□担保　□咨询　□司法裁决需要，特委托你单位对车辆（车牌号码＿＿＿＿车辆类型＿＿＿＿发动机号＿＿＿＿＿车架号＿＿＿＿＿）进行技术状况鉴定，并出具评估报告书。

附：委托评估车辆基本信息

车主姓名		身份证号码		联系电话	
地址				邮政编码	
经办人		身份证号码		联系电话	
地址				邮政编码	
车辆情况	车辆型号			使用用途	
	载重量/座位/排量			燃料种类	
	初次登记日期	年　月　日		车辆颜色	
	已使用年限	年　个月	累计行驶里程（万公里）		
	大修次数	发动机（次）		整车（次）	
	维修情况				
	事故情况				

续表

<table>
<tr><td rowspan="2">价值反映</td><td>购置日期</td><td></td><td>原始价格</td><td></td></tr>
<tr><td>车主报价（元）</td><td colspan="3"></td></tr>
<tr><td colspan="5">备注：</td></tr>
</table>

说明：

1. 若被评估车辆使用用途曾为营运车辆，需在备注栏中予以说明。

2. 委托方必须对车辆信息的真实性负责，不得隐瞒任何情节；凡由此引起的法律责任及赔偿责任由委托方负责。

3. 本委托书一式两份，委托方、受托方各持一份。

委托方（签字　盖章）：　　　　　　　　　　　　　　经办人（签字　盖章）：

　　　　　　　　　　　　　　　　　　　　　　　　（二手车鉴定评估机构盖章）

年　月　日　　　　　　　　　　　　　　　　　　　　年　月　日

4. 鉴定评估作业

鉴定评估作业是二手车鉴定评估机构根据二手车鉴定评估委托书的要求而开展的。其主要内容包括：评估目的、评估对象和范围、评估基准日、安排具有鉴定评估资格的评估人员及协助评估人员工作的其他人员、现场工作计划、评估程序、评估具体工作和时间安排、拟采用的评估方法及其具体步骤等。表 5—2—2 所示为“二手车鉴定评估作业样表”。

表 5—2—2　　　　二手车鉴定评估作业样表

<table>
<tr><td>车主</td><td></td><td colspan="3">所有权性质</td><td>□公　□私</td><td>联系电话</td><td colspan="2"></td></tr>
<tr><td>地址</td><td colspan="5"></td><td>经办人</td><td colspan="2"></td></tr>
<tr><td rowspan="6">原始情况</td><td>厂牌型号</td><td colspan="3"></td><td>号牌号码</td><td></td><td>车辆类型</td><td></td></tr>
<tr><td colspan="3">车辆识别代号（VIN）</td><td colspan="2"></td><td>车身颜色</td><td colspan="2"></td></tr>
<tr><td>发动机号</td><td colspan="3"></td><td>车架号</td><td colspan="3"></td></tr>
<tr><td>载重量/座位/排量</td><td colspan="4"></td><td>燃料种类</td><td colspan="2"></td></tr>
<tr><td>注册登记日期</td><td colspan="3">年　月</td><td>车辆出厂日期</td><td colspan="3">年　月</td></tr>
<tr><td>已使用年限</td><td>年　月</td><td colspan="2">累计行驶里程</td><td>万 km</td><td>使用用途</td><td colspan="2"></td></tr>
</table>

续表

<table>
<tr><td rowspan="2">检查核对交易证件</td><td>证件</td><td colspan="5">☐原始发票 ☐机动车登记证书 ☐机动车行驶证
☐法人代码证或身份证 ☐其他</td></tr>
<tr><td>税费</td><td colspan="5">☐购置附加税 ☐车船使用税 ☐其他</td></tr>
<tr><td>结构特点</td><td colspan="6"></td></tr>
<tr><td>现时技术状况</td><td colspan="6"></td></tr>
<tr><td colspan="2">维护保养情况</td><td colspan="2"></td><td>现时状态</td><td colspan="2"></td></tr>
<tr><td rowspan="2">价值反映</td><td>账面原值（元）</td><td colspan="2"></td><td>车主报价（元）</td><td colspan="2"></td></tr>
<tr><td>重置成本（元）</td><td></td><td>成新率（%）</td><td></td><td>评估价格（元）</td><td></td></tr>
<tr><td colspan="7">鉴定评估目的：</td></tr>
<tr><td colspan="7">鉴定评估说明：</td></tr>
</table>

注册二手车鉴定估价师（签名）：　　　　　　　　　　　　复核人（签名）：

年　　月　　日　　　　　　　　　　　　　　　　　　　　年　　月　　日

填表说明：

1. 现时技术状况：必须如实填写对车辆进行技术鉴定的结果，客观真实地反映二手车主要部分（含车身、底盘、发动机、电气、内饰等）以及整车的现时技术状况。

2. 鉴定评估说明：应详细说明重置成本的计算方法、成新率的计算方法以及评估价格的计算方法。

5. 拟定二手车鉴定评估报告书

鉴定评估工作完成后，应形成“二手车鉴定评估报告书”，其基本样式如下。

二手车鉴定评估报告书

一、绪言

______________（鉴定评估机构）接受______________的委托，根据国家有关资产评估的规定，本着客观、独立、公正、科学的原则，按照公认的资产评估方法，对________（车牌号）进行鉴定评估。本机构鉴定人员按照必要的程序，对委托鉴定评估车辆进行了实地查勘与市场调查，并对其______年_____月_____日所表现的市场价值作了公允反映。现将车辆评估情况及鉴定评估结果报告如下。

二、委托方简介和委托费用

（一）委托方____________________，委托方联系人____________________，联系电话：____________________。

（二）根据机动车行驶证所示，委托车辆车主____________________。

（三）委托评估服务费用（评估价的2.5%）：人民币：________________（元）。

三、评估目的

根据委托方的要求，本项目的评估目的为（在□处填“√”）：

□交易　□转籍　□拍卖　□置换　□抵押　□担保　□咨询　□司法裁决

四、评估对象

评估车辆的厂牌型号：____________；号牌号码：____________；发动机号：____________；车辆识别代号/车辆号：____________；登记日期：____________；年审检验合格至：______年____月____日；购置附加税（费）证（齐全）；车船使用税（已交）。

五、鉴定评估基准日

鉴定评估基准日：________年________月________日。

六、评估原则

严格遵循“客观性、独立性、公正性、科学性”原则。

七、评估依据

（二手车鉴定评估机构盖章）

________年________月________日

1. 利用两种或两种以上的评估方法对车辆进行鉴定评估，并以它们的评估结果的加权值为最终评估结果的方法。

2. 特别事项是指在已确定评估结果的前提下，评估人员认为需要说明在评估过程中已发现可能影响评估结论，但非评估人员执业水平和能力所评定估算的有关事项以及其他问题。

备注：本报告书和作业表一式两份，委托方、受托方各持一份。

三、二手车技术状况的鉴定

二手车技术状况的鉴定是二手车鉴定评估工作的基础与关键。其鉴定方法主要有静态检查、动态检查和仪器检查三种。

静态检查和动态检查是依据评估人员的技能和经验对被评估车辆进行直观和定性判断。仪器检查是对评估车辆的各项技术性能及各总成部件技术状况进行定量、客观的评价。

在二手车的鉴定评估中，目前一般不对被鉴定评估的汽车进行机动车安全技术检测，仅由评估人员进行前述静态和动态检查，然后，再按一定的评估方法和程序，评估出二手车的现时价值。

1．静态检查

二手车静态检查是指在静态情况下，根据评估人员的经验和技能，辅之以简单的量具，对二手车的技术状况进行静态直观检查。静态检查的目的是快速、全面地了解二手车的大概技术状况。通过全面检查，发现一些较大的缺陷，如严重碰撞、车身、车架锈蚀或有结构性损坏，发动机或传动系严重磨损，车厢内部设施不良，从而导致损坏维修费用较大，为价值评估提供依据。

二手车静态检查主要包括识伪检查和外观检查两部分。

识伪检查主要包括鉴别走私车辆、拼装车辆、海关监管车辆和盗抢车辆。

外观检查主要包括鉴别事故车辆及车辆内、外部检查。

机动车发生事故无疑会极大地损害车辆的技术性能，但由于车辆在交易以前往往会进行整修、修复，因此能否正确判别车辆是否发生过事故对于准确判断车辆技术状况、合理评定车辆交易价格具有重要意义。车辆内、外部检查包括发动机技术状况的静态检查、底盘技术状况的静态检查、车身技术状况的静态检查和电气设备技术状况的静态检查。汽车的外观检查项目很多，目前还没有统一的规范格式。

2．动态检查

动态检查是指车辆路试检查。路试的主要目的是在一定条件下，通过机动车各种工况，如发动机启动、怠速、起步、加速、匀速、滑行、强制减速、紧急制动、从低速挡到高速挡及从高速挡到低速挡的行驶，检查汽车的操纵性能、制动性能、滑行性能、加速性能、噪声和废气排放情况，以鉴定二手车的技术状况。主要包括发动机运转情况检查、动态路试检查和路试后的检查三大项目。

3．仪器检查

仪器检查是指对车辆各项技术性能及各总成、部件的技术状况进行定量、客观的评价时，借助一些专用仪器、设备进行的检查。

二手车的技术状况好坏是由汽车的各种性能参数决定的，这些性能参数反映了汽车在特定性能方面的情况。良好的技术状况是保障二手车行驶安全的根本，同时也是正确评估二手车价格的基本依据。

仪器检查主要包括汽车动力性检测、汽车燃油经济性检测、汽车制动性检测、汽车车轮侧滑检测、四轮定位检测、汽车车速表检测、汽车前照灯检测以及汽车排气污染物检测等内容。

四、二手车技术状况综合评定

1．二手车技术状况综合评定的内容

评定二手车的技术状况主要从整车装备及外观检查、动力性、燃料经济性、制动性、专项操作性、前照灯发光强度和光束照射位置、排放污染限值、车速表示值误差等方面进行。二手车技术等级评定以台架试验检测为主，必要时需要辅以道路试验检测。

2．二手车技术状况评定等级

A 级车——是指被鉴定车辆的技术状况良好。

B 级车——是指被鉴定车辆的技术状况一般。

C 级车——是指被鉴定车辆的技术状况差。

D 级车——是指存在事故、泡水痕迹的车辆。

E 级车——是指有盗抢、改装嫌疑，无法进行交易的车辆。

3．车辆等级确定

A 级车、B 级车和 C 级车是根据二手车技术状况评定的，即将二手车技术状况的检查内容分成车身外观、发动机舱、乘员舱、发动机启动、路试和底盘六大部分，权重分别为 15％、25％、10％、15％、15％和 20％。二手车技术状况评定等级表见表 5—2—3。

表 5—2—3　　二手车技术状况评定等级表

技术状况等级		分值区间
A 级车	A+	85≤鉴定总分<100
	A	75≤鉴定总分<85
	A−	65≤鉴定总分<75
B 级车	B+	55≤鉴定总分<65
	B	45≤鉴定总分<55
	B−	35≤鉴定总分<45
C 级车	C+	25≤鉴定总分<35
	C	15≤鉴定总分<25
	C−	0<鉴定总分<15

五、二手车的计价形式

一般来说，二手车有以下几种计价形式：

1．二手车的原值

二手车的原始价值也叫原价或原值，是指车主在购置以及其他方式取得某类新车当时所发生的全部货币支出，包括买价、运杂费、汽车购置附加费、消费税以及新车登记注册等所发生的费用。为了简化计算，二手车的原值除了购置车辆的价格以外，只考虑车辆购置附加费和消费税，而将其他费用略去不计。

2．二手车的净值

二手车在使用过程中逐渐磨损，其原始价值随之减少并转入企业成本。企业提取的机械折旧额为折旧基金，用于车辆磨损的补偿。提取折旧后剩余的机械净值反映车辆的现有价值。对于个人消费者而言，二手车的净值同样是指汽车原始价值扣除因汽车使用而损耗的价值后的价值。

3．二手车的残值

二手车报废清理时回收的那些材料、废料的价值称残值，它体现二手车丧失使用价值以后的残体价值。

4．二手车的重置完全价值

它是指估算在某段时间内重新生产或购置同样的机动车所需要的全部支出，包括购置价及其他费用，当企业取得无法确定原价的车辆（如接受捐赠车辆）以及经济发生重大变化时，要求企业对车辆按重置完全价值计价。

5．二手车评估价值

它是遵循一定的计价标准和评估方法，重新确定的二手车现值。

六、二手车的价格评估方法

二手车的价格评估运用资产评估的理论和方法，是建立在一定的假设条件之上的。二手车价格评估的假设前提有继续使用假设、公开市场假设和破产清算（偿）假设三种，上述三种不同假设形成了三种不同的评估结果。在继续使用假设前提下要求评估二手车的继续使用价格，在公开市场假设前提下要求评估二手车的市场价格，在破产清算假设前提下要求评估二手车的清算价格。因此，二手车鉴定估价人员在业务活动中要充分分析、判断认定被评估二手车最可能的效用，以便得出二手车的公平价格。

我国资产评估中有四种价格计量标准，即重置成本标准、现行市价标准、收益现值标准和清算价格标准。二手车评估属于资产评估，因此，二手车估价也遵守这四种价格计量标准。

1．二手车成新率的计算方法

成新率是反映二手车新旧程度的指标。二手车成新率是表示二手车的功能或使用价值占全新机动车的功能或使用价值的比率，也可以理解为二手车的现时状态与机动车全新状态的比率。它与有形损耗一起反映了同一车辆的两个方面。车辆的有形损耗也称为车辆的实体性贬值，它是由使用磨损和自然损耗形成的。成新率和有形损耗率的关系是：

成新率＝1－有形损耗率

2．重置成本法

重置成本法是指以现时市场条件下重新购置一辆全新状态的被评估车辆所需的全部成本，减去该被评估车辆的各种陈旧贬值后的差额作为被评估车辆现时价格的一种评估方法。

（1）重置成本法的基本原理

重置成本法的数学运算公式为：

$$\text{二手车评估值}=\begin{matrix}\text{二手车}\\\text{重置成本}\end{matrix}-\begin{matrix}\text{二手车实体}\\\text{有形损耗}\end{matrix}-\begin{matrix}\text{二手车功能性}\\\text{贬值}\end{matrix}-\begin{matrix}\text{二手车经济性}\\\text{贬值}\end{matrix}$$

本方法包括四个基本要素，即二手车重置成本、二手车实体有形损耗、二手车功能性贬值和二手车经济性贬值。

1）二手车的重置成本

二手车重置成本是在现行市场条件下重新购买一辆全新车辆所支付的全部货币总额。简单地说，二手车重置成本就是当前再取得该车的成本。

2）二手车实体有形损耗

二手车实体有形损耗也称实体性贬值，是指二手车在存放和使用过程中，由于物理和化学原因（如机件磨损、锈蚀和老化等）而导致的车辆实体发生的价值损耗，即由于自然力的作用而发生的损耗。计量二手车实体有形损耗时主要根据已使用年限进行分摊。

3）二手车功能性贬值

二手车功能性贬值是由于技术进步引起的二手车功能相对落后而导致的贬值，这是一种无形的损耗。功能性贬值可分为一次性功能贬值和营运性功能贬值。

4）二手车经济性贬值

二手车经济性贬值是指由于外部经济环境变化所造成的车辆贬值，这也是一种无形的损耗。外部经济环境包括宏观经济政策、市场需求、通货膨胀和环境保护等。

（2）重置成本法的应用前提和适用范围

重置成本法作为一种二手车评估的方法，是从能够重新取得被评估二手车的角度来反映二手车的交换价值的，即通过被评估的二手车的重置成本反映二手车的交换价值。只有当被评估的二手车处于继续使用状态下，再取得被评估二手车的全部费用，才能构成其交换价值的内容。二手车继续使用包含使用有效性的经济意义，只有当二手车能够继续使用并且在持续使用中为潜在投资者带来经济利益，二手车的重置成本才能被潜在的投资者和市场承认及接受。从这个意义上讲，重置成本法主要适用于继续使用前提下的二手车评估。

（3）重置成本法的优缺点

1）重置成本法的优点

①比较充分地考虑了车辆各方面的损耗，反映了车辆市场价格的变化，评估结果更趋于公平合理，在不易估算车辆未来收益或难以在市场上找到可类比对象的情况下可广泛应用。

②可采用综合分析法确定成新率，将车况和配置以及车辆使用情况用适当的调整系数表征出来，比较清晰地解析了车辆残值的构成，使整个评估过程显得有理有据，有助于增强交易双方对评估结果的信任，可广泛应用于价值较高的中高档车辆评估。

2）重置成本法的缺点

①评估工作量较大，确定成新率时主观因素的影响较大。

②对极少数的进口车辆，不易查询到现时市场报价，一些已停产或是国内自然淘汰的车型，由于不可能查询到相同车型新车的市场报价，因此难以准确地确定出它们的重置成本或重置成本全价。

3. 收益现值法

收益现值法是通过估算被评估二手车在剩余寿命期内的预期收益，并折现为评估基准日的现值，借此来确定二手车价值的一种评估方法。也就是说，现值在这里被视为二手车的评估值，而且现值的确定依赖于未来的预期收益。

（1）收益现值法的应用前提和适用范围

1）被评估二手车必须是经营性车辆，且具有继续经营和获利的能力。

2）继续经营的预期收益可以预测，而且必须能够用货币金额来表示。

3）二手车购买者获得预期收益所承担的风险也可以预测，并可以用货币衡量。

4）被评估二手车的预期获利年限可以预测。

（2）收益现值法的优缺点

1）收益现值法的优点

①与投资决策相结合，容易被交易双方接受。

②能真实并较准确地反映车辆本金化的价格。

2）收益现值法的缺点

①预期收益额、折现率以及风险报酬率的预测难度大。

②主观判断和未来不可预见因素的影响较大。

4．现行市价法

现行市价法又称市场法或市场价格比较法，是指通过比较被评估车辆与最近售出类似车辆的异同，并将类似车辆的市场价格进行调整，从而确定被评估车辆价值的一种评估方法。

（1）现行市价法的适用范围

现行市价法是从卖者的角度来考虑被评估二手车的变现值，二手车评估价值的大小直接受市场的制约，因此，它特别适用于产权转让的畅销车型的评估，如二手车收购（尤其是成批收购）和典当等业务。因为畅销车型的销售数据充分可靠，市场交易活跃，评估人员熟悉其市场交易情况，所以此类车型宜采用现行市价法评估二手车的价格。

（2）现行市价法的优缺点

1）现行市价法的优点

①能够客观反映二手车市场目前的情况。

②评估结果易于被各方面理解和接受。

2）现行市价法的缺点

①需要以公开及活跃的二手车市场数据作为基础，然而在我国很多地方二手车市场建立时间短，发育不完全、不完善，寻找参照车辆时有一定的困难。

②可比因素多而复杂，即使是同一个厂家生产的同一型号的产品，甚至是同一个等级，但可能由于由不同的车主使用，其使用强度、使用条件和维护水平会带来车辆技术状况的不同，从而造成二手车评估价值的差异。

5．清算价格法

清算价格法是以清算价格为依据来估算二手车价格的一种方法。所谓清算价格是指企业在停业或破产后，在一定的期限内拍卖资产（如车辆）时可得到的变现价格。清算价格法的理论基础是清算价格标准。

（1）清算价格法的应用前提和适用范围

1）清算价格法的应用前提

①以具有法律效力的破产处理文件或抵押合同及其他有效文件为依据。

②车辆在市场上可以快速出售变现。

③所卖收入足以补偿因出售车辆而产生的附加支出费用总额。

2）清算价格法的适用范围

清算价格法适用于企业破产、资产抵押和停业清理时要出售的车辆。

（2）影响清算价格的主要因素

在二手车评估中，影响清算价格的主要因素包括破产形式、债权人处置车辆的方式、车辆清理费用、拍卖时限、公平市价和参照车辆价格等。

6．折旧法

折旧是固定资产的一个基本概念，它是指企业的固定资产在预计的使用年限内由于磨损和损耗而逐渐转移的价值，这部分转移的价值以折旧费的形式计入成本费用，并从企业营业收入中得到补偿。其数学表达式为：

被评估二手车的评估值＝重置成本全价－累计折旧额－维修费用

七、影响二手车价格的因素

1．直接因素

（1）车辆品牌

品牌知名度和认可度是影响二手车价格的直接因素之一，直接影响到当地车辆的保有量，保有量越高保值率越高，二手车价格也就相对越高。

（2）行驶里程

行驶里程对价格的影响是显而易见的，年平均行驶里程超过 20 000 公里会对价格产生影响。

（3）使用年限

使用年限的长短对车辆价格起作用。在相同的使用年限内行驶里程少对价格有一定影响，但影响不大。

（4）车辆颜色

适合车型的、大众化的流行色是二手车保值的一个因素，因此在对车辆评估时，要充分考虑生僻颜色对价格的影响。

（5）保养历史

长期缺乏必要的维护，不仅会使汽车的使用寿命缩短，还会成为影响交通安全的一大隐患。所以正规、清晰的保养历史就成为影响车辆评估价格的因素之一，而且原车车价越高其影响越明显。

（6）综合车况

车况是汽车的安全性能、动力性能、操作性能、尾气排放和车容车貌等多项指标的统称。车况的好坏直接影响到车辆的二次销售，直接影响评估价格。

（7）其他

此外，车辆的过户次数、权属资料的齐全度及车辆保险出险情况等都是直接影响车辆价格的因素，所以在评估时都要进行考虑。

2. 间接因素

(1) 地域影响

地域不同，相同的品牌、车型认可度有差异，二手车保值率也有差异，二手车价格也就不同。经济发达地区的豪华车保值率相对于经济不发达地区的保值率要高，价格也就高；反之就低。

(2) 新车价格的影响

新车价格是对二手车价格影响较大的因素，在二手车评估过程中，新车价格是评估时的重要参照物，是价格评估的基数，而当时的购买价格仅能作为一个参考。

(3) 改装对车价的影响

对于二手车商家来说，他们最愿意收购原封不动的车辆，二手车行认为一些线路改装给他们增加了不必要的麻烦，并存在一定的隐患。因此，对车辆进行评估时要考虑车辆是否加装或改装过。

(4) 新车型的影响

新车型的推出将对现有车型价格产生影响，同时新车型的推出也加快了老车型的退出，无形中降低了老车型的保值率，对二手车价格会造成一定影响。

(5) 政策的影响

国家及地方政府推出的老旧二手车外迁补贴、购车节能补贴、尾气排放政策以及限购政策等，不同区域、新旧车政策的不同都会对二手车产生不同的价格影响。

(6) 国产化对价格的影响

近年来，很多国外品牌都实行国产化，特别是如宝马、奔驰、沃尔沃等高端品牌汽车国产化后，汽车价格比原来的进口价格低了很多，对原装进口车辆的保有量及价格影响非常大，因此在对此类车辆（特别是原装进口车辆）评估时要充分了解国产车型的价格。

思考与练习

1. 简述二手车鉴定评估的业务类型与特点。
2. 二手车主要从哪几个方面来进行技术状况鉴定？如何综合评定其等级？
3. 二手车主要有哪些计价形式？其价格是如何进行评估的？

课题三　二手车交易过户

学习目标

◆ 了解二手车交易的类型与基本流程。

◆ 掌握二手车的过户手续办理方法。

◆ 了解二手车过户的注意事项和易出现的问题。

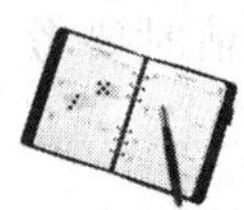

课题导入

郭先生是一名律师，花了两万多元购买了一辆二手车。经纪公司一再声称该车没有发生过事故，于是郭先生当场交了钱，没过户就把车开走了。在路上，郭先生总觉得车的发动机无力，把发动机机舱盖打开仔细观察时，发现发动机缸体更换过，发动机上的号码明显是后来打上去的。

他找到经纪公司要求退货，经纪公司不答应。该车经过大修，在旧机动车登记证上竟然没有备案。出现这种情况，按照规定，旧车市场不让过户。张先生这时才明白为何当初经纪公司推三阻四不给他当场过户。张先生准备用法律武器为自己讨回公道。

一、二手车交易类型

二手车可以在任何身份的人群中交易。根据二手车买卖双方身份不同，二手车交易主要有以下四种类型：

1．个人对个人交易

这种交易类型是指二手车所有权人为个人，二手车买受人也是个人。

2．个人对单位交易

这种交易类型是指二手车所有权人为个人，二手车买受人是单位。

3．单位对个人交易

这种交易类型是指二手车所有权人为单位，二手车买受人是个人。

4．单位对单位交易

这种交易类型是指二手车所有权人为单位，二手车买受人也是单位。

二、二手车交易流程

二手车交易一般流程如图 5—3—1 所示。

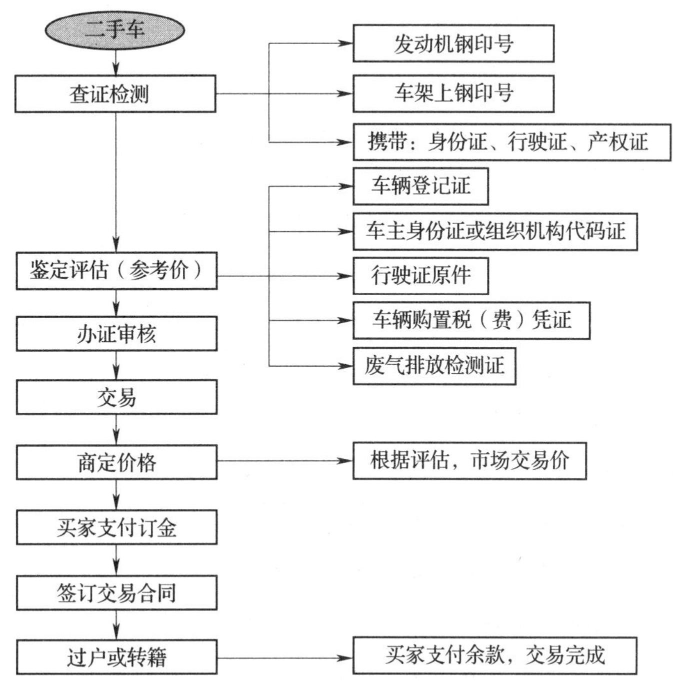

图 5—3—1　二手车交易一般流程

1．准备证件材料

在买卖双方自愿交易，并对价格、车况了解、谈妥的情况下，双方在交易前需做好一定的准备工作，提供必要的证件及材料，经过查验就可以去验车开票了。

（1）卖方（原车主）需准备

- 原车主身份证原件及复印件/代理人身份证原件及复印件。
- 机动车登记证书原件及复印件。
- 机动车行驶证原件及复印件。
- 原始购车发票（红联）或上次过户发票（红联）原件及复印件。
- 购置税完税证明。
- 卖方是单位时则需要组织机构代码证书原件及复印件（带公章）。

（2）买方需准备

- 买方身份证原件及复印件/代理人身份证原件及复印件。
- 机动车注册、转移、注销登记表/转入申请表（一般市场、车管所都有）。
- 如果所在城市有限购，还需准备中签结果原件及复印件。
- 如果是外地户口上当地牌照还需准备暂住证。
- 买方是单位时则需要组织机构代码证书原件及复印件（带公章）。

2．查验

（1）查验机动车所有人身份证明

车主的身份证明有以下几种情况：

- 如果车主为自然人，则身份证件为个人身份证。
- 如果车主为单位，则身份证件为单位组织机构代码证书。
- 如果车主为外籍公民，则身份证件为其护照及工作（居留）证。

（2）验车

根据《二手车交易规范》规定，二手车交易市场经营者和二手车经营主体应按车辆号牌、机动车登记证书、机动车行驶证以及机动车安全技术检验合格标志真实、合法、有效等项目确认车辆的合法性。

根据证件及手续的查验，以下几种情况的车辆不能办理过户：

- 车主提交的证明、凭证无效的车辆。
- 车主提交的证明、凭证与机动车不符的车辆。
- 机动车与该车的档案记载的内容不一致的车辆。
- 未经批准擅自改装、改型及变更载货重量、乘员人数的车辆。
- 违章、肇事处理结案的或公安机关对车辆有质疑的车辆。
- 达到报废年限的车辆（如车况较好，经特殊检验合格后可以过户，但不准转籍）。
- 未参加定期检验或检验不合格的车辆。
- 新车入户不足三个月的车辆（进口汽车初次登记后不满两年，但法院判决的除外）。
- 人民法院通知冻结或抵押未满的车辆。
- 属控购车辆无《申报牌照证明章》的车辆。
- 进口汽车属海关监管期内，未解除监管的车辆。
- 机动车未经国家机动车产品主管部门许可生产、销售或者未经国家进口机动车主管部门许可进口的车辆。
- 机动车达到国家规定的强制报废标准的车辆。

同时，车辆所有权或处置权证明应符合下列条件：

- 机动车登记证书、行驶证与卖方身份证明名称一致。
- 委托出售的车辆，卖方应提供车主授权委托书和身份证明。
- 二手车经销企业销售的车辆，应具有车辆收购合同等能够证明经销企业拥有该车所有权或处置权的相关材料，以及原车主身份证明的复印件。

拿到上述材料并经过验车（二手车鉴定评估及买方亲自验车）、验证后，交易双方便可进行交易。

三、过户手续的办理

全国大部分的二手车交易市场中都是有过户大厅的，可以直接在大厅过户。如个别没有过户大厅的地区，可前往当地车管所进行过户。

1. 过户

根据《二手车流通管理办法》规定，二手车交易双方应该签订交易合同，要在合同当中对二手车的状况、来源的合法性、费用负担以及出现问题的解决方法等条款进行约定，以便分清各自的责任和权利。

如果车主不同意评估价格，可以和二手车销售企业协商达到最终交易的价格，同时，需要原车主对车辆的一些其他事宜，如使用年限、行驶公里数、安全隐患、有无违章记录等做出一个书面承诺。这些都是以签订交易合同的形式来确定的。

进入过户大厅后，出示相关材料，领取《旧机动车买卖合同》并进行填写。该合同一式三份，卖方一份，买方一份，工商部门一份。经工商部门备案后才能办理车辆的过户和转籍手续。

买卖双方交易完成之后，交易市场会开具全国统一的二手车交易发票（该发票在二手车过户的时候须提供）。此发票是给买方的，卖方为避免以后有纠纷也可以复印一份自行保留。

（1）二手车户主过户的四种情况

个人车辆过户给个人：需要携带卖方个人身份证、买方个人身份证、机动车登记证书和机动车行驶证。如果是外地个人购车，则需要提供身份证及有效期为一年的暂住证。

个人车辆过户给单位：需要携带卖方个人身份证、买方单位组织机构代码证、机动车登记证书和机动车行驶证。

单位车辆过户给单位：需要携带卖方单位组织机构代码证、买方单位组织机构代码证、机动车登记证书和机动车行驶证。

单位车辆过户给个人：需要携带卖方单位组织机构代码证、买方个人身份证、机动车登记证书和机动车行驶证。

（2）二手车车辆过户的两种情况

本地过户：办理时需要详细填写机动车转移登记申请表和机动车所有人信息登记表。一般规定，如果是个人购买二手车，需要本人到场；如不能到场，需要有代理人持相应的证件到场；此外还需要携带机动车登记证书、机动车行驶证、机动车的数码照片、过户发票的第一、第二联和机动车验车单。带着这些单据证明，就可以到窗口办理本地过户手续了。

外地过户：相比本地过户要麻烦些，需携带并填写机动车转移登记申请表、机动车转籍代理委托书，买方的身份证件需要复印两份（个人是居民身份证，单位是组织机构代码证），卖方则需提供与其住址相符合的所有人的身份复印件、机动车登记证书、机动车行驶证及复印件和过户发票第一、第二联及交费凭证。

2．上牌

前往车管所或车管所驻二手车交易市场处办理上牌手续。

将车开到过户验车处，工作人员会对车辆进行验车、拓号、拆牌、照相，并填写《检查记录表》，之后领取车辆照片，贴在检查记录表上，将车停到停车场，然后去过户大厅办理手续。

查验违章通过后，持相关的证件和《机动车注册、转移、注销登记表/转入申请表》与过户发票到相关的窗口办理，交付原来的车辆手续和车辆号牌。之后的流程就是选号，拿到新的车牌、新的行驶本和税务登记证书后就可以提车了。

3．保险过户（税费变更）

完成二手车过户程序后，即可去相关的保险公司办理保险过户（税费变更）。二手车保险过户是不需要费用的，材料也比较简单。买卖双方带好各自的身份证、行驶证、机动车登记证、车牌过户发票和原保险单等材料，自行去原保险公司办理过户手续即可。另外，车辆不需要开到公司也可以退保，新车主就可以到任何一家保险公司办理新的车险，退保时需要携带车主身份证。

当遇到二手车异地交易的时候可能麻烦些，因为在将二手车过户到买方后，买方并不是一定要过户原车主的保险，他可以选择直接将原保险退掉，但需要保留交强险（交强险在落户地上牌后也可以退掉重上）。

4．二手车过户费用

（1）交易税

缴纳二手车交易税时，私户按（裸车现价）1%收取，公户按（裸车现价）3%收取，私人过户无须缴纳交易税。

（2）拓号费

将车开到过户验车处，车辆进行检查、拓号、拆牌和照相，需缴纳一定的拓号费。

（3）提档费

提档费具有地域性，有的地方高，有的地方低。

（4）过户费

二手车公平价格过户费主要按排量、年份进行收取，根据轿车、越野车、客车、货车等车辆类型，以及不同排量范围、载重量范围等类别的不同，采取不同的收费标准。

以上便是二手车在过户中涉及的重要事项，买卖双方在交易过程中应当做到全程规范，以免交易过后出现纠纷情况。

四、夫妻之间车辆的变更

法律规定，夫妻之间车辆变更手续是不需要任何费用的。夫妻之间车辆过户须双方一起去车管所填写《机动车变更登记/备案申请表》，并提供双方身份证（本市居民提交居民身份证，在本市暂住的居民除身份证外还应提交公安机关核发的居住、暂住证明原件和复印件）、机动车登记证书、机动车行驶证、《居民户口簿》或者结婚证，将车开至即将成为车主一方的身份证明记载的住所地址所属车管所办理变更业务。

夫妻之间车辆变更手续办理后，车辆号牌不发生变化。

五、二手车交易过户的注意事项

1．二手车交易过程中的注意事项

（1）要核实二手车身份

在购买二手车的时候，要仔细查验车主身份证、车辆原始发票、车辆购置附加费（税）证明、机动车行驶证、发动机号、车架号、年检证明及保险单等，这样才能判断车辆的真实身份。

（2）查看里程表是否有修改

为了卖得更高的价钱，二手车销售者往往会把公里数调低。汽车里程表只是判断车况的一个标准，而真实的车况通过检查发动机等部分都能了解到，里程表显示的里程数并不是汽车价格的决定因素。

（3）不要忽略汽车重新上漆

观察车身漆膜有无脱落，面漆有无新印记，在排气管、镶条和车窗四周有无多余的喷漆，如有，则证明该车翻新过，可能车身有划痕、损坏，可以作为判断其新旧程度的标志之一。

（4）重点观察焊接点

确保车门、车头、车尾与车身之间的接缝平滑。如果主要的接缝处缝隙大小不一、线条弯曲、装饰条脱落或缺失，证明该车是事故车，经过了整修或大修。

（5）不能忽略车厢内部

观察座椅、地毯及其他车厢部分有没有不正常的铁锈或锈蚀。锈蚀严重的有可能车子是泡过水的，有些二手车为了掩盖车厢内的问题，会故意加上一些亮眼的装饰迷惑人。还要检查汽车的配置是否完整，工作是否正常。

（6）要细查发动机状况

检查发动机工作是否正常，各油管、水管、线路是否老化，有无漏油、漏水痕迹。买家一定要当场试驾，仔细体会发动机的潜在问题。

（7）了解汽车投保情况，避免保险陷阱

不少二手车卖家都会标明该车拥有全年的保险，并把这一点作为卖点，但通常都不会主动告知该车发生过的理赔记录。因此，消费者除了看车辆是否上保险，还应当细看理赔记录。因为发生过理赔的车辆的再次投保价格会高于没有发生过理赔记录的车辆，尤其是二手车。

（8）及时办理过户手续

消费者购买了二手车之后若没有及时办理过户手续，一旦出现交通事故，一般保险公司会拒绝理赔。在二手车买卖过程中，办理车险过户是非常重要的一个环节，因为车辆所有权的转移并不意味着车辆保险合同也跟着转移。

2．二手车过户中易出现的问题

由于二手车交易过户涉及的部门多、手续杂、时间长，一部分人怕麻烦、图方便会找一些无合法资格的“二道贩子”代办，造成了很多问题。

（1）假证。车辆根本没过户，是通过非法渠道制作的假证件，这种车肯定有问题，甚至是赃车、报废车，按正常手续根本无法过户。

（2）只过一半。即只过《机动车行驶证》，不过“车辆购置税完税证明”等其他相关证件，给日后车辆行驶或再交易留下后遗症。

（3）拖而不办。一是手续上有问题暂时无法办理；二是手续根本没问题但就是不办，最后引发经济纠纷。

（4）买卖双方反悔。买卖双方因车辆的价格、过户费用、质量或市场行情变化等因素而反悔，但又不愿承担合同的违约责任，不仅不配合，甚至还有意刁难，制造纠纷。

为避免此类事情发生，买卖双方务必到合法的二手车交易中心（市场）进行交易及办理过户手续。

车辆过户中最重要的环节是验车和查验档案。由于过户的资料较多，首先是证件和车辆的合法性，而确定其合法的权力机关是公安局车管部门。只有经过验车和查验档案合格后经干警签章，该车才可以顺利过户，否则后面的环节将无法进行。

思考与练习

1．二手车交易有哪些类型？

2．在二手车交易过程中，如何办理相关过户手续？

3．某客户在人人网购买了一辆二手车，开了不到一年，他想把该车挂到瓜子网上卖，结果却被告知该车里程表被调过了，不能挂在瓜子网上出售。根据这种现象，分析二手车交易中应注意的问题。

课题四　二手车置换

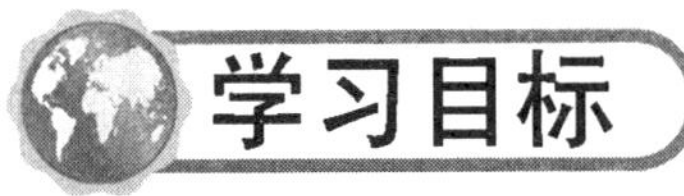

◆ 了解二手车置换的概念及特点。

◆ 掌握二手车置换流程及注意事项。

◆ 了解二手车置换补贴政策。

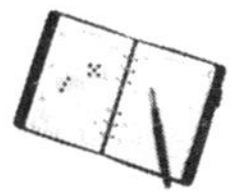

课题导入

小林现有一辆骐达轿车（7 年车龄），属于经济型微型车，他一直有置换一辆高端、大气汽车的想法，至少也是一辆 B 级车。由于担心二手车不好出手，小林一直犹豫不决。一次偶然的机会，小林在一汽—大众 4S 店试驾了迈腾车型，觉得从外形、内饰到驾乘空间都比较理想。销售人员看到小林是开车来的，主动向小林介绍了一汽—大众的二手车置换业务，只要补足新车售价与旧车评估价之间的差价，即可用手里的旧车置换新车，并且全程都有专业人员跟进，车主完全不用操心旧车出售事宜。通过销售人员的详细介绍，以及对比了其他 4S 店二手车置换业务之后，小林最终置换了新款大众迈腾汽车，实现了自己的汽车梦。

一、二手车置换的概念

二手车置换是指消费者用二手车的评估价值加上另行支付的车款，从品牌经销商处购买“新车”的业务。

二手车置换业务不仅可以以旧换新，还可以以旧换旧，即同品牌内的旧车可以置换新车，不同品牌旧车可以置换其他品牌新车；同品牌内的旧车可以置换新车，不同品牌之间的二手车以旧换旧。此外，二手车置换业务还包括寄售业务。

一般而言，二手车置换业务只是存在于 4S 店中，而随着 4S 店二手车业务的不断发展，越来越多品牌的加入，二手车置换业务的诚信度和专业水平都在提高。

二、二手车置换的特点

1. 二手车置换的优势

（1）4S 店可以提供专业的二手车评估。经过专业的全面检测，有效地鉴定二手车残值，能够让消费者得到一个相对合理的二手车收购价格。

（2）车主可以更专注地挑选新车，而不必为出售旧车而烦恼，免去了在购进新车之前处理自己现有旧车的麻烦。

（3）旧车的车款可以直接冲抵新车车款，减轻了消费者的资金周转压力。

（4）厂家及4S店会为进行置换的消费者提供更多的代办服务。当车主选购好新车后，4S店直接帮助车主完成旧车的过户手续，旧车的残值将直接抵扣车款，而车主只需要补足差价即可。所有手续都由4S店代为办理，并且免代办费，大概一周左右就可以完成新车的置换。

（5）交易风险低。由于品牌化经营的特点，4S店对收购的二手车质检非常严格，而且二手车交易涉及车辆过户、税费、保险等，在不同部门办理的过户手续都可以代办，因此消费者在4S店置换二手车不必担心上当受骗。

（6）具有多重促销手段，使车主受益。随着汽车国产化技术的成熟，以及限购政策的制约，汽车厂商逐渐扩大二手车置换业务，并配合国家出台的政策补贴，纷纷在降价的同时，又推出了“原价”置换、置换送高额补贴、再送礼品等优惠活动，使车主受益。

2．二手车置换的不足

（1）车辆的最终出售价格，可能会略低于市场平均值。二手车置换虽然方便，但由于其评估鉴定比较仔细，并且受到车辆品牌的影响较大，因此在二手车的价格方面，若采用置换的方式，往往没有单独出售二手车的价格高，这也是很多车主并不是特别接受这种方式的主要原因。

（2）经销商收购二手车，对于车辆的手续及车况等要求比较严格。由于4S店对于二手车的检测评估非常严格，因此，很多车辆无法进入4S店的二手车销售渠道，只能通过4S店再次流入二手车市场等渠道，这在一定程度上压低了二手车置换的价格。如中国地区的宝马二手车置换业务，要求车辆本身不超过5年，行驶里程不超过120 000公里，并且需对车辆进行超过100项的检测。只有达到上述全部要求后，车辆才能够被列为二手车置换对象，当然车主也会得到一个非常不错的收购价格。而未达到标准的车辆，会被销售到二手车市场。

三、二手车置换的流程

1．二手车置换的材料

车主需准备好身份证（单位车辆还应提供组织机构代码证书）、机动车登记证、机动车行驶证、原始购车发票或前次过户发票、购置附加税缴纳凭证以及保险单；委托他人办理置换手续的，须持有原车主身份证和具有法律效力的委托书以及原车说明书及车辆的所有钥匙（一般为两把）；置换时还需提供新车行驶证复印件、新车机动车销售统一发票复印件（不限哪一联，只要清楚即可）。如果材料缺失，则要补办。

2．二手车置换的流程

二手车置换流程相对比较简单，只需要把车辆开到4S店进行评估，指定换车方案，提供一些车辆的基本信息就可以了，其他手续都由4S店代办。但对于二手车置换的过户手续，车主一定要向4S店索取相关复印件。

置换时，需要与4S店签订二手车出售协议，其中需要标明车辆的最终价格，以及经销商所提供的优惠政策。

二手车置换实行“车走牌留”的措施，也就是说，车卖掉了，牌照还是在自己名下保存，并且半年内买车是不用摇号的。二手车置换的一般流程如图5—4—1所示。

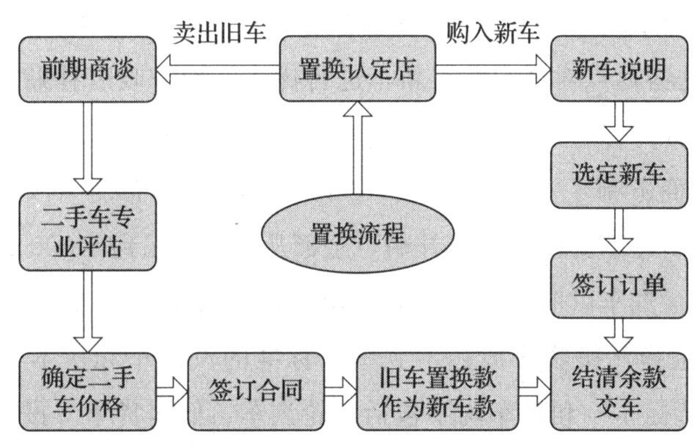

图5—4—1 二手车置换的一般流程

四、二手车置换的注意事项

1．充分了解旧车市场价格

在进行二手车置换前要充分了解旧车市场价格，了解与之相同的车型、品牌和新旧程度等的估值价格，最好提前到专业的二手车经纪公司评估一下。一般置换中心给出的价格会在这个区间之内。

2．了解新车优惠情况

在进行二手车置换选购新车时，要充分了解新车的市场价格和优惠信息。一般4S店对于同款型、同品牌的车给出的优惠价格是有区别的，所以在二手车置换前要多咨询几家4S店，比对所选车型的优惠价格，以免吃亏。

3．可贷款置换

如果旧车是贷款买的，但贷款还没有还清，一般经销商是可以垫付资金还清贷款的，垫付款项算在新车所交款项内。

4．二手车置换时要办理过户手续

在完成置换时，过户手续一定要办理好，要让经销商提供过户后的交易发票复印件、登记证书复印件和保险过户的复印件。

5．新车牌照

如果新车仍使用原二手车牌照，经销商应该可以代办退牌手续。若不使用原二手车牌照，则在完成二手车过户并且审核通过后，就可以用小客车指标办理新车上牌手续了。

五、二手车置换补贴

二手车置换补贴分为国家补贴、厂家补贴和4S店补贴等几种。不同的汽车品牌、车型，不同地区以及不同时间进行二手车置换，其补贴额度均有所差异。其中厂家补贴分品牌和型号，有的品牌厂家为了刺激消费，对于置换的车主有额外的补贴优惠。4S店补贴主要来源于汽车厂家对于4S店置换多给返点，其实和厂家补贴是一个意思，只不过是4S店用这些返点对客户购买新车进行优惠。地方政府补贴的主要目的是扶持产业发展和刺激消费。

国家财政部、商务部于2009年7月13日正式联合发布的《汽车以旧换新实施细则》规定，四类汽车可享受以旧换新补贴，金额从3 000元到6 000元不等。这里的汽车以旧换新是指按《汽车以旧换新办法》要求提前报废老旧汽车、“黄标车”，并换购新车。“黄标车”是指污染物排放达不到国Ⅰ标准的汽油车和达不到国Ⅲ标准的柴油车。老旧汽车、“黄标车”和新车均不包括三轮汽车、低速货车。报废老旧汽车并换购新车的补贴标准为：报废中、轻、微型载货车，每辆分别补贴6 000元、5 000元、4 000元；报废中型载客车，每辆补贴5 000元。

2010年1月4日，财政部、商务部《关于允许汽车以旧换新补贴与车辆购置税减征政策同时享受的通知》规定，从2010年1月1日起，允许符合条件的车主同时享受汽车以旧换新补贴和1.6 L及以下乘用车车辆购置税减征政策。

国家每一个时期会对老旧汽车报废更新补贴车辆的范围、补贴标准及期限进行规定。如2016年，国家规定老旧汽车报废更新补贴车辆范围及补贴标准为：报废重型载货车每辆补贴18 000元，报废中型载货车每辆补贴13 000元，报废轻型载货车每辆补贴9 000元，报废微型载货车每辆补贴6 000元，报废大型载客车每辆补贴18 000元，报废中型载客车每辆补贴11 000元，报废小型载客车（不含轿车）每辆补贴7 000元，报废微型载客车（不含轿车）每辆补贴5 000元。

国家旧车置换新车补贴政策中明确规定，在京国家机关、本市各级党政机关和各级财政供养的车辆以及摩托车和低速载货机动车的淘汰，不享受政府补贴。

思考与练习

1. 二手车置换有哪些优势与不足？
2. 二手车置换有哪些注意事项？
3. 二手车置换与二手车直接交易有哪些异同点？

模块六 汽车服务

课题一 汽车服务概述

学习目标

◆ 了解汽车服务的概念与特征。

◆ 理解客户满意理论在汽车服务营销与服务中的应用。

◆ 掌握汽车服务营销策略及服务营销策划。

课题导入

著名美国学者彼得·德鲁克曾经说过："营销的目的在于充分认识及了解客户，使产品或服务能适合客户的需要。"

美国《哈佛商业评论》杂志曾有一项报告指出："再次光顾的客户比初次登门的客户可能为公司带来25%～85%的利润，而吸引他们再来的因素，首先是服务质量的好坏，其次是产品质量，最后才是价格。"这一重要结论显示了企业竞争的根本已经由产品升级到相关的延伸服务，为了在吸引新客户的同时还持续拥有老客户，服务质量是营销竞争的核心。

在汽车营销的过程中，主线业务有两条：一条是以汽车为核心的实物营销，一条是以客户为核心的服务营销。服务贯穿于汽车营销的整个过程，既包括售前的客户开发与管理，也包括售中的推销与消费业务办理，同时还包括售后的跟踪服务。现代企业的竞争已经由单纯的产品竞争上升到综合服务体系的竞争。

一、汽车服务的概念

服务是服务营销学的基础，服务质量是服务营销的核心。

汽车服务的内容主要包括汽车技术咨询服务、汽车广告、汽车融资与保险、汽车租赁服务、汽车零配件供应、汽车售后服务、二手车交易及回收服务、代缴税费以及代办证件等。

从企业的产品设计、生产、广告宣传、销售到最终的售后服务，需要各部门、各环节协调配合。汽车服务营销是一个以服务为指导思想、以客户为导向的全员性、全过程的整体系统。在汽车营销过程中强化服务理念，目的在于提升客户对企业或产品的满意度和忠诚度，提升企业形象和品牌形象，与消费者建立知识联盟，提高企业的核心竞争优势，从而使企业和客户获得双赢。

二、汽车服务的特征

客户在购买之前，通常不能看到、听到、嗅到、尝到或感觉到服务。因此，服务宣传时一般不宜过多介绍服务的本体。

1. 汽车服务的无形性

汽车服务的无形性主要体现在以下四个方面：

一是服务无法储存。由于企业无法将服务进行库存，导致了在客户多的时候出现供不应求的情况，而在客户少的时候由于服务能力大于客户需求从而导致服务成本上升。

二是没有专利保护。由于服务的无形性，汽车服务无法申请专利保护。缺乏专利保护带来的主要问题是：新的或现存的符合客户需求的服务模式很快就会被竞争对手模仿，导致企业很难长时期保持差异化的服务优势。

三是服务过程中的展示和沟通存在困难。由于服务的无形性，如何向客户宣传服务产品的优点是一项很困难的工作，如汽车保险宣传。

四是服务缺乏定价的依据。一般有形产品定价采用的是成本加成定价法，这要求企业需要尽可能准确地计算产品生产成本和销售成本，在成本的基础上加上一个按照供需关系并能被市场认可的利润。然而，这样的定价方法在服务产品定价中行不通，因为服务没有相关产品的材料消耗和销售成本，服务生产的主要成本就是人力成本和少量的设备成本。

针对汽车服务无形性所带来的困扰，汽车企业可以利用汽车服务场所的装潢、公司获得的社会赞扬、汽车销售顾问的外在形象以及宣传公司服务项目和服务质量的保证材料、企业广告代言人的知名度等有形展示或有形线索来获得客户的评估与认可。由于接受汽车服务的消费者缺少客观的标准来帮助自己评价服务质量，而是经常利用朋友、家人和其他意见领袖等个人信息来源的意见作为主观评价的参考，因此，汽车公司还可以利用人员信息来源进行传播，建立良好的口碑和品牌形象。此外，为了消除或降低客户在购买服务时的可感知风险，许多汽车企业愿意花费大量的时间、精力和资金来建立一个既有知名度又有美誉度，并被现有客户称赞的有感染力的组织形象，

降低客户在进行服务购买决策时对个人信息来源的依赖。

2．汽车服务的不可分离性

不可分离性也称同步性或同一性。服务的供应者往往是以其劳动直接为购买者提供使用价值，生产过程与消费过程属于同一过程，两个过程不可分离，如汽车维修过程对车主而言是消费过程，但对维修技师而言则是生产过程。

对于汽车服务型企业来讲，大多数情况下，服务提供者必须在现场交付服务产品，由于服务的无形性，服务提供者已经在一定程度上成为客户评价服务体验和公司信誉的有形线索。

而另一个方面，不可分离性又要求服务生产过程中的客户参与，但客户的参与程度又会因服务内容和形式的差异而有所不同，主要有三种：一是客户必须在场才能获得服务，二是需要客户在服务开始和结束时在场，三是仅仅要求客户精神参与即可。由于服务生产和消费同时进行，许多客户会共享一种服务体验，这种“分享体验”可能是消极的，也可能是积极的。

3．汽车服务的异质性

接受服务的是人，提供服务的也是人，双方由于环境、心情、期望等多方面的差异，几乎没有两次完全一样的服务。服务的异质性反映了服务生产过程中存在不一致性的固有特征。它的存在就使得实现完全的高服务质量成为奢望。

不仅不同服务企业之间的服务有所差别，即便是同一企业内部不同员工提供的服务也不甚相同，甚至同一服务提供者在不同时间提供的服务也不尽相同。

由于严格意义上按照量化标准实现服务的标准化和质量控制基本不可能，因此，解决异质性问题的可能方案：一是利用服务异质性的特质来为客户提供定制化的服务；二是开发提供标准服务的服务交付系统，让每个客户都能接收到相同类型和相同水平的服务。当然，消除这种多样性最有效的方法之一就是用机器代替人进行服务。

4．汽车服务的易逝性

服务不能像有形产品一样被存储，在一个时间段没有被利用的服务能力不能保存到另外一个时间段使用，也不能进行盘货清点。面对服务失败，服务经营者只能与被服务者商洽损失的赔偿，或者在某些特定情况下实施服务补救措施，如对未能修好的汽车进行再次维修。服务的易逝性也使得服务的使用价值若不及时加以利用，机会会“过期作废”或者贬值。

5．汽车服务的度量复杂性

汽车服务由于以上特征，使得度量服务作业的成果不能采取单一指标，服务价格必须使用复合指标，如“元/辆次”“元/工时”等。由于不同服务者的实际技能不一样，实施同一服务作业花费的实际时间也不一样，因此对服务作业收费时，一般也不能以实际作业时间收费，而必须以定额作业时间收费。其中，定额作业时间是汽车厂商或其服务商根据各种服务作业统一确定的作业时间。

三、客户满意理论在汽车营销与服务中的应用

客户满意研究兴起于20世纪70年代，最早的文献可追溯到1965年Cardozo发表的“客户的投入、期望和满意的实验研究”。美国市场营销大师菲利普·科特勒在《行销管理》一书中指出：“企业的整个经营活动要以客户满意度为指针，要从客户角度，用客户的观点而非企业自身利益的观点来分析考虑消费者的需求”。

客户满意是指一件产品或所提供服务的绩效满足客户期望的程度。一般而言，客户满意是客户对企业和员工提供的产品和服务的直接性综合评价，是客户对企业、产品、服务和员工的认可。客户满意和客户信任是两个层面的问题，如果说客户满意是一种价值判断的话，客户信任则是客户满意的行为化。因此，我们说客户满意仅仅只是迈上了客户信任的第一级台阶，不断强化客户满意才是客户信任的基础。如果客户对企业的产品或服务感到满意，往往会将他们的消费感受通过口碑传播给其他的客户，扩大产品的知名度，提高企业的形象，促进企业发展。

当消费者购买一辆汽车后，通过使用会产生一个主观的评价，其对产品的满意程度就称为客户满意度。客户满意度的高低取决于在做出购车决定前的预期期望和购车后实际感受之间的关系。客户满意度越高，表明汽车产品及汽车商家提供的服务带给消费者的满意度越高，越符合消费者的期望值。

在汽车营销与服务中，汽车厂商主要应从以下三个方面来提高客户满意度。

1. 在汽车产品质量上让客户满意

汽车是一种结构复杂、技术含量高的特殊产品，消费者对其质量和性能的要求更为严格。因此，消费者在汽车购买决策中所耗时间较长，对车辆本身期望也较高。汽车厂商只有在产品研发及技术创新上下功夫，不断提高车辆性能，降低车辆故障率及维修成本，才能赢得客户满意。

2. 在汽车营销过程中让客户满意

目前汽车营销方式非常丰富，但不论采取何种营销方式，让客户在购买过程中享受到汽车营销服务的体验、乐趣和满意是汽车厂商最重要的课题。以4S店销售模式为例，4S店除了提供专业的销售顾问接待，提供免费的试乘试驾体验，提供各项购车消费业务办理服务，更重要的是充分挖掘客户的潜在需求，帮助客户购买到适合自己需要的车型，并在整个过程中让客户体会到无微不至的关怀。

3. 在售后服务上让客户满意

汽车产品由于使用期限长，购买完成之后并不意味着销售工作的结束，相反，销

售后的汽车维修、保养及相关业务办理等汽车售后服务显得更为重要。从某种程度上来说，售后服务能为稳定现有客户、挖掘潜在客户、塑造品牌形象、促进车企发展打下坚实的基础。例如，车企的召回制度、4S 店的跟踪服务等，都极大地提高了客户满意度，培养了客户忠诚度。

四、汽车服务营销策略

汽车服务营销策略是以服务营销理论为指导思想，以用户满意度和忠诚度为导向，树立全员性、全过程的服务理念来提高汽车企业的核心竞争力。汽车服务营销策略主要有以下三种：

1.“四全”服务策略

汽车服务的“四全”服务策略是指汽车厂商向客户提供“全过程、全方位、全天候、全参与”的服务，并将其作为服务商的主要经营策略。

“全过程”服务是指从卖车、消费业务办理开始，到使用过程中的汽车维修、美容、装饰、年检、救援、汽车文化和俱乐部服务，指导旧车置换和汽车报废后的绿色回收等，全程参与汽车从“生”到“死”的过程服务。

“全方位”服务是指汽车厂商力所能及地提供尽可能多的汽车服务项目，即除了“全过程”中的服务项目，还可以提供金融服务、保险服务、驾驶技术培训服务以及品牌回馈活动等，力求使客户享受到更多、更全面的“车与生活”的乐趣。

“全天候”服务是指汽车服务企业随时随地能为客户提供服务，如热线咨询服务、救援服务等。

“全参与”服务是指汽车服务企业全体员工都要以主动的姿态参与到客户服务的活动中去，尽可能为客户提供便利，并保持高度的服务热情。

2. 提高让渡价值策略

客户让渡价值代表了客户的实际利益，汽车服务企业在考虑自己合理利益的同时，要努力增加客户的利益。提高客户让渡价值的策略主要包括四种：

一是缩短服务半径，通过增设服务站点、缩短服务半径来降低客户的时间成本、精力成本和体力成本。

二是缩短服务时间，借助降低客户的服务时间成本来提高客户让渡价值。

三是美化服务环境，以提高形象价值塑造品牌形象。

四是提高服务档次，以提高服务价值来实现客户的让渡价值。

3. 超值服务策略

超值服务策略即让服务超越客户的期望，使客户 101%满意。实现超值服务价值的主要措施有：

一是价格优惠，如对忠诚的客户（经常来接受服务的客户）在服务价格上（如配件价格、工时收费）给予一定幅度的优惠。

二是增值服务，即拓展服务的广度和深度，如提供免费技术咨询或培训、免费检查调整、免费疑难诊断以及免费二次维护等，超越常规服务，让客户获得意外惊喜。

三是提升形象价值，即通过良好的硬件环境和软件环境，特别是服务人员高超的技术和热情的服务态度等，让客户感到舒心、放心。

四是减少用户的非金钱成本，如通过“四全”服务，减少客户寻求服务的时间成本和精力成本，让客户感到方便。

超值服务是对“让客户100％满意”观念的进一步提升。事实上，100％的满意只是客户应得的服务价值，而不是超值服务，只有“让客户101％满意”，才构成超值服务。这里新增的1％，并不意味着汽车服务企业的成本增加，相反可能带来汽车服务企业利益的增加。例如，汽车服务企业开展的救援服务让客户感到极为方便，因此愿意支付一定的救援费用。

五、汽车服务营销策划

1．服务形象策划

如何在众多服务中形成自己的特色，树立自己的服务形象，形成自己的服务优势，这是服务策划首先要明确并解决的问题。

（1）要明晰企业的服务理念和品牌形象。服务形象与品牌形象密不可分，服务形象是品牌形象的具体化、生动化，服务形象策划应有利于品牌形象。

（2）服务形象的策划需要确定一个寓意良好的服务名称。服务名称的选择要符合企业理念和企业形象，符合客户的心理期待，具有产品和行业特征，使人们产生美好与广阔的联想，有利于提高、传播服务形象。

（3）服务形象的策划还要营造一个区别于竞争者的鲜明特色形象，如塑造服务亲切、周到、规范的形象等。服务特色形象的策划如同企业形象策划中的行为识别，对于规范组织行为和员工行为具有重要意义，是服务规范策划的蓝本和依据。

（4）服务形象策划有必要运用一些视觉元素，如服务标志、标识、服务形象代言人、服务吉祥物和服务专用品等。服务视觉形象的运用犹如企业形象策划中的形象识别，对于识别和传播企业服务形象具有重要意义。

2．服务项目策划

（1）对竞争对手进行服务竞争调查，了解目前竞争对手提供了哪些服务项目，做出了哪些服务承诺，达到何种服务质量水平，分析每种服务项目对客户的吸引度、对企业品牌形象的贡献度有多大等。

（2）对目标客户进行服务需求调查，了解客户期望获得哪些服务，并按客户需求意愿的普遍性、强烈性和迫切性的顺序对服务项目进行重要程度排序。

（3）根据客户对服务项目的重视程度、竞争对手提供的服务项目和本企业的服务目标、服务形象、服务资源、服务成本等，提出适合本企业、具有本企业特色的服务项目。

（4）对于非理想状况的服务项目，企业需要做出取舍。服务项目要有利于企业形象特色和竞争优势，要兼顾客户需求、服务成本和服务效益的平衡。

3．服务承诺策划

（1）服务承诺对企业要富有特色，富有鼓舞性，甚至富有挑战性，对客户要富有吸引力，否则，不痛不痒的服务承诺不能引起客户的兴趣，甚至可能引起客户的反感，还可能无法达到服务经营的目标。

（2）服务成员要与企业资源、服务能力和企业的经济实力相适应，但不能脱离企业实际而一味强调市场吸引力，否则，承诺过多过高，企业可能会因此背上包袱；当承诺无法实现时，反而有损企业形象。

（3）服务承诺的确定必须参考行业惯例和竞争对手的承诺项目，即承诺的服务水平有时候不能过度刺激竞争对手，也不能陷入恶性服务的竞争中去。

（4）服务承诺还要考虑到企业的产品生命周期，对于不同阶段的产品（服务），可以实施不同的服务承诺。服务的重点在于如何兑现服务承诺，保障服务质量，而不在于增加新的承诺或使承诺升级。

4．服务规范策划

服务是无形的，具有不可存储性，不同的企业和服务人员往往存在服务水平的差异。服务的操作也存在分散性和独立性，而且服务质量在一定程度上还取决于客户的主观感受。因此，服务的标准化、规范化和服务质量显得尤为重要。

服务规范的内容通常包括：

（1）服务态度和服务语言规范。主要针对服务界面与客户直接打交道的部门和人员，要求基本用语统一、服务姿态统一、接待流程统一和着装仪容统一，服务态度要友善可亲，不得感情用事。

（2）服务技术标准规范。对于可以从技术层面进行量化的服务项目，要制定相应的标准，如维修服务的量化标准，包括工时、用料和性能指标等。

（3）服务过程规范。主要包括服务流程、服务记录、服务档案、服务环境以及操作过程等环节的规范。

5．服务模式策划

服务模式是指开展服务的组织方式。一般来说，主要包括以下三种：

（1）组建服务网点和专门的服务队伍。这种服务模式能够很好地贯彻政策，保持服务质量水准和服务形象相统一，也能够及时发现问题和解决问题。但其成本高，也容易导致特许经销商和特许维修商为争夺利益而不满。因而这种模式一般不为汽车厂商或汽车服务企业所广泛采用，他们只是建立少数这样的网点，目的是起到示范性效应。

（2）汽车厂商通过特许经营方式建立特许经销商或特许服务商开展服务，这种服务模式被国内外汽车厂商广泛采用。它十分有利于汽车厂商根据市场需求广泛拓展服务网点，充分发挥经销商及特约服务商在当地的经验优势，节约网点建设和市场开发费用。汽车厂商的营销部门通过其驻外机构，如子公司、分公司或大区办事处等对特约经销商及特约服务商进行管理。

（3）社会上的自营服务机构独立开展服务。这类服务机构不是汽车厂商的特约经销商或特约服务商，而是独立自主开展汽车服务业务的经营主体。他们往往拥有贴近用户、收费便宜且服务方式和服务时间更为灵活等优势，但也面临配件质量不能得到保证、服务技术不能得到支持、服务环境难以改善和服务形象难以提升等问题。自营服务机构主要承接技术含量相对不高的服务，或是厂商质量保修以外的服务业务。但是，目前这类服务机构的龙头企业也在开始实施品牌经营，推行服务标准战略，发展和招募加盟网点，形成独立于汽车厂商的服务体系。

思考与练习

1. 简述汽车服务的特征。
2. 简述客户满意理论在汽车营销与服务中的运用。
3. 汽车服务营销采取的策略有哪些？

课题二　汽车消费业务

- 了解汽车办证的内容及流程，掌握新车上牌流程。
- 掌握汽车保险的办理方法。
- 理解汽车贷款的类型及其要求。

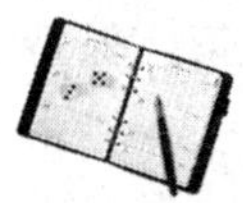

课题导入

根据《2015中国汽车消费趋势调查报告》数据显示，在有车用户中，34.4%的用户选择了信贷消费；在无车用户中，考虑在购车时选择信贷消费的达到了82.4%。而通过信贷购车的调查对象中，40.4%的用户选择了汽车金融公司的贷款产品。

2016年11月16日，由21世纪报系中国汽车金融实验室联合TNS新华信共同推出的《2016中国汽车消费趋势调查报告》中指出，信贷购车近两年发展稳定，比例保持在40%左右，吸引了近半数的80后及90后；在所有城市中，二、三线城市的消费者选择贷款购车的比例最高。报告显示，车险市场的集中性很强，超过八成的市场份额被平安、人保和太保三家公司垄断。平安在一线城市表现突出，几乎获得了半壁江山；大地车险则深耕四线城市，并且获得了10%左右的份额。从购买渠道来看，4S店和业务员仍然是最广泛的推销保险渠道，在线购买的比例也在稳步提升，在线购买的消费者表达了强烈的未来续保意愿。

一、汽车办证

1．机动车注册登记

（1）机动车查验

机动车在办理注册登记前，首先要进行机动车安全技术检验（国家机动车产品主管部门认定免予检验的车型除外）。机动车所有人或者代理人应当提交机动车来历凭证、国产机动车的车辆整车出厂合格证、进口机动车的进口凭证、车辆识别代号（车架号）拓印膜、确认和检验机动车的地点等。

（2）提交材料

1）《机动车注册登记/转入申请表》。

2）机动车所有人和代理人的身份证明和复印件。

3）机动车来历凭证、国产机动车的整车出厂合格证。

4）进口机动车的进口凭证。

5）机动车车辆购置税的完税证明或者免税凭证。

6）机动车交通事故责任强制保险单。

7）机动车技术资料档案。

8）法律、行政法规规定的应当在机动车注册登记时提交的其他证明和凭证。

2．机动车临时行驶车号牌和移动证

（1）临时号牌

临时号牌的使用带有时限性和区域性。从车辆购买地驶回使用地时，需在购买地

车管所申领临时号牌；车辆转籍、已缴正式号牌时，需在当地车管所申领临时号牌，以便驶回本地；在本地区未申领正式号牌的新车需驶往外地改装时，需在本地申领临时号牌，改装完毕后在当地申领临时号牌驶回原地区；尚未固定车籍需要临时试用。符合以上条件之一者，可向当地车管所申领临时号牌。办理时应讲明车辆行驶起止地点和使用临时号牌的时间，经管理人员审查和对车辆进行检查合格后，发给临时号牌，并签署有效期和起止地点。

办理时需提交的资料：

1）机动车所有人和代理人身份证明及复印件。

2）机动车来历凭证。

3）国产机动车整车出厂合格证明或者进口机动车进口凭证。

4）机动车保险凭证。

（2）移动证

移动证的适用范围：无牌证的车辆，需要在本地（市）辖区内移动时，如从车站、码头、生产厂家移到仓库；车主提取新车，以及新车到车辆管理机关申报牌照或报停车辆申请复驶需要检验，需办理移动证。办理时应讲明车辆行驶起止地点、使用临时号牌的时间和行驶路线。经审查后，发放移动证，并签署有效期和起止地点。

办理时需提交的资料：

1）机动车所有人和代理人身份证明及复印件。

2）机动车来历凭证。

3）国产机动车整车出厂合格证明或者进口机动车进口凭证。

3．机动车牌照

购买汽车后，首先由车主凭以下凭证办理手续：

（1）机动车销售凭证。

（2）国产车合格证（改装车还须提供底盘合格证）。

（3）车辆购置附加费（税）凭证。

（4）进口车还须提供海关进关证明。

（5）罚没车须提供海关公安工商罚没凭证。

（6）控购车还须提供控购指标证。

（7）向保险公司办理第三者责任保险。

（8）私车还须提供本人身份证及复印件等手续，到当地公安局车管所领取《机动车登记申请表》，然后到机动车检测站检测，经检验合格后，到公安局车管所办理核发牌证手续。机动车销售单位“一站式”服务工作站负责本站部门销售并经过车管所备案批准的品牌、型号车辆的牌照的发放工作，购车后可现场办理上牌手续。

4．自选号牌

（1）实行自选号牌的机动车范围

包括办理注册登记、转入业务的小型、中型载客汽车及轻型以下（含轻型）载货汽车。出租车、外籍车（黑牌）、教练车、警车暂不实行自选号牌。

（2）办理自选号牌的地点

车辆管理所负责进口机动车自选号牌的发放工作，管辖范围和业务受理范围到市所或各分所办理申领登记。授权的机动车销售单位“一站式”服务工作站负责本部门销售并经过车管所备案批准的品牌、型号车辆的自选号牌的发放工作，购车后可现场办理自选号牌手续。

（3）自选号牌编排规则及资源分配方式

“自选系统”的号牌资源分配采取系统自动分批次提供的方式。

（4）申领自选号牌的基本流程

1）在预录入窗口打表。

2）车辆查验。

3）车辆照相。

4）业务大厅登记审核岗受理业务，领取《机动车受理凭证》。

5）在号码查询机上对预选择的号码是否已被使用进行查询。

6）在牌证管理岗确定自选号牌号码，打印《号牌确认通知书》。

7）持《号牌确认通知书》到邮寄窗口办理邮政速递相关手续（不选择邮寄号牌的于10日后来所领取）。

8）在收费窗口交纳牌证费。

9）凭《号牌确认通知书》和保险单领取IC卡、行驶证、机动车登记证书及临时号牌。

5．机动车登记证书

根据《机动车登记规定》，在我国境内道路上行驶的机动车，应当按规定去机动车登记机构办理登记，核发机动车号牌、《机动车行驶证》和《机动车登记证书》，未办理机动车号牌和《机动车行驶证》的机动车辆不准上路。《机动车登记证书》可以作为有效资产证明，到银行办理抵押贷款。

机动车登记证书是车辆所有权的法律证明，由车辆所有人保管，不随车携带。此后办理转籍、过户等任何车辆登记时都要求出具，并在其上记录车辆的有关情况，相当于车辆的户口簿。

6．车辆购置税

车辆购置税是对在境内购置规定车辆的单位和个人征收的税种，它由车辆购置附加费演变而来。车辆购置包括购买、进口、自产、受赠、获奖或者以其他方式取得并自用应税车辆的行为。车辆购置税的征收范围包括汽车、摩托车、电车、挂车和农用运输车。车辆购置税的税率为10%，应纳税额的计算公式为：

应纳税额=计税价格×10%

计税价格应根据不同情况进行确定：

(1) 纳税人购买自用应税车辆的计税价格为纳税人购买应税车辆而支付给销售者的全部价款和价外费用，其中不包括增值税税款，也就是说按取得的《机动车销售统一发票》上开具的价费合计金额除以（1+17%）作为计税依据，再乘以10%即为应缴纳的车辆购置税。

例：假设购买一款车价为117 000元的车型，消费者需要缴纳的车辆购置税的税额为：

车辆购置税应纳税额=11.7万元÷（1+17%）×10%=1万元

(2) 纳税人购买进口自用应税车辆的计税价格计算公式为：

计税价格=关税完税价格+关税+消费税

车辆购置税应纳税额=计税价格×10%

车辆购置税实行一次征收制度，购置已税车辆不再征收车辆购置税。例如，将已缴纳车辆购置税的汽车转让，无论价格高低，都不再缴纳车辆购置税。车辆购置税的办税地点为当地国税局车辆购置税征收管理办公室。新车上牌前，必须完税。

办理时需带的身份证明：内地居民提供内地《居民身份证》（含居住证、暂住证明）或《居民户口簿》或军人（含武警）身份证明；香港、澳门特别行政区居民、台湾地区居民及外国人提供其入境的身份证明、护照和居留证明；组织机构提供《组织机构代码证书》。

办理时需带的车辆价格证明：境内购置车辆提供《机动车销售统一发票》（发票联和报税联）或有效凭证；进口自用车辆提供《海关关税专用缴款书》《海关代征报税联》或海关《征免税证明》；国产车辆提供整车出厂合格证明；进口车辆提供《中华人民共和国出入境检验检疫进口机动车辆随车检验单》。

二、新车上牌流程

1. 材料准备

新车上牌前，需事先准备好以下材料：

(1) 购车发票原件4联、发票联复印件3份（原件由4S店提供）。

(2) 合格证原件、合格证复印件3份（原件由4S店提供）。

(3) 身份证原件、复印件2份。

2．新车上牌一般流程

（1）缴纳购置税

缴纳购置税时需提供的材料包括发票联原件及复印件 1 份、发票报税联、身份证原件及复印件 1 份。缴费时需要带储蓄卡，不接受现金和信用卡支付。费用缴清后，税务部门将提供完税证明（小本）和打印的完税证明收据。

缴纳购置税时，一般不需要填写申请表，因为现在汽车合格证上都使用二维码，递交材料后工作人员直接扫描二维码，信息就会显示出来。

（2）拓印

需要车辆照片 2 张和拓印 2 张，一般在 4S 店交车时提供给车主。

（3）检车

检车时必须将汽车开到车管所，并递交车辆合格证原件，同时领取查验受理单，将拓印条贴在表格指定的地方，其他信息由验车的工作人员来填写。检车工作由车管所工作人员完成。

（4）购买保险

购买保险时需提供发票联复印件、身份证复印件和完税证明收据，选择保险公司及保险项目，填写保单。保费缴纳也只能刷卡支付，不接受现金。缴费后即可进行注册登记。

（5）注册登记

注册登记在车管所办事大厅办理，需提供的材料包括身份证原件及复印件、合格证原件及复印件、查验受理单、购车发票复印件、汽车照片（由 4S 店提供）和完税证明。机动车注册登记表填写及办理后，领取注册受理单，拿着受理单就可以去选择号牌了。

（6）选号或自编号

拿着注册受理单到选号点扫描，选号或自编号，机器会打印所选择的车牌号码回单。自选号一般有时间和查询车牌号机会限制，因此选号时要迅速。

网上选号需事先准备好车架号、车主姓名、身份证号、地址和电话。选号确认之后即可打印，打印出来的单子上有一个二维码。如果当时不能打印，之后再登录时将直接进入打印提示页面。

网上选号之后，一般要在 5 天之内去车管所缴费，不然号码就会被释放掉，并且不能再在网上选号了，只能去大厅自编自选。网上选号后首先要到车管所服务台确认。

（7）交选号费拿保单

选号后将选号的二维码单交给车管所工作人员，注册受理单盖章后即可去缴费，再去拿保单，最后领取登记证书、行驶证及临时号牌。有需要的可以到窗口填单办理

EMS 邮寄，车牌、行驶证、检验合格证和保单都可以邮寄。

三、机动车辆保险

机动车辆保险即“车险”，是以机动车辆本身及第三者责任等为保险标志的一种运输工具保险，其保险客户主要是拥有各种机动交通工具的法人团体和个人。

1．机动车辆保险的险种

机动车辆保险一般包括交强险和商业险。交强险全称“机动车交通事故责任强制保险”，是中国首个由国家法律规定实行的强制保险制度。而商业险包括基本险和附加险两部分。

基本险分为车辆损失险、第三者责任保险、全车盗抢险（盗抢险）和车上人员责任险（司机责任险和乘客责任险）。

附加险包括玻璃单独破碎险、划痕险、自燃损失险、涉水行驶险、无过失责任险、车载货物掉落责任险、车辆停驶损失险、新增设备损失险、不计免赔特约险等。玻璃单独破碎险、自燃损失险和新增设备损失险是车身损失险的附加险，必须先投保车辆损失险后才能投保这几个附加险。而车上责任险、无过失责任险、车载货物掉落责任险等，则是第三者责任险的附加险，必须先投保第三者责任险后才能投保这几个附加险。每个险种不计免赔是可以独立投保的。

2．2016 年车险改革

从 2016 年 7 月 1 日开始，财产保险公司在全国进行新旧车险业务系统切换，正式实施商业车险改革工作，实行新的车辆保险费率政策。2016 年的车险改革变化主要体现在以下几个方面：

（1）保险责任更宽

2016 年改革后的商业车险条款在原有基础上明显扩大了保险责任范围。

1）“高保低赔”被强制。

保费的确定和新车购置价不再相关，改革后的商业车险保单上将新增一个折旧后的车辆价格。

2）车险没挂牌，出事后照赔。

原来车辆没挂牌时出了事故不在保障范围内，新条例中这种情况可赔付。

3）自家车撞自家人可赔。

原来车辆撞了自己家人是不赔付的，新条例中这种情况可赔付。

4）其他新增可赔情况。

冰雹、台风、暴雪等自然灾害和所载货物、车上人员意外撞击导致的车损可获赔付。

5）车损险理赔方式增多。

包括向责任对方索赔、向责任对方的保险公司索赔、代位求偿等。

（2）费率与风险挂钩，出险频率有效降低

车险改革前，在实行保费浮动机制以前，小事故赔付一直居高不下，或者多车轻微刮擦，一直让众保险公司深感头疼。于是才有了如今改革后加大“保费浮动机制”，即上一年度理赔次数多了，第二年的保费就会上浮，甚至遭到保险公司拒保。例如，第一年出险一次保费不打折，出险两次保费上浮 25%，出险三次保费上浮 50%，出险四次保费上浮 75%，出险五次以上交两倍保险价格。

（3）车险计算公式的变化

原保费计算公式为“保费＝（车价×费率＋基础保费）×调整系数”，而新保费计算公式为“保费＝［基准纯风险保费/（1－附加费用率）］×费率调整系数”。

改革前，新车购置价相同，则保费相同；改革后，不同车型新车购置价相同，但因为风险的差异，保费也不一样。

（4）新车险政策对后市场的影响

1）车险价格与驾驶行为密切相关。

车险费率化后，车险定价的因子将实现从“车”到“人”的转变。车险一旦真正实现费率市场化，好车主的保费将被降下来，因为这一部分车主是不出险或出险很少的车主；而常出险的车主，今后的保费就可能很贵了，每多出一次险保费可能就会大幅上升。

2）同价位车型车险价格完全不同。

车险费率化改革后，消费者在买车时，除了关注车型车价本身，最关注的可能就是这款车的“基础保费”是多少。这个“基础保费”主要基于这款车汽车零部件更换价格的标准。如果选择购买一款“基础保费”很高的汽车，未来无论车主的驾驶习惯多么优异，也必须承受较高的车险保费。

3）二手车真实车况不再遮遮掩掩。

中国汽车保险费率市场化改革后，实现从由“车”定价到由“人”定价，将从根本上推进中国二手车交易。因为中国汽车保险费率市场化改革，需要收集、分析和应用来自驾驶者的“人”的因素，而未来二手车基于驾驶者的因素也会被记录在案。车主的驾驶行为，每一段里程、每一个动作都会被数据化。

4）现行汽车维修体系将面临冲击。

新车险政策出台后，很快就会有一大批社会维修机构出现，成为亿万私家车车主出险后汽车修理的新选择。在不久的将来，出险报案后，定损员就不会像以前那样普遍推荐去 4S 店送修，更多时候是推荐去一些经过保险公司认证的社会维修企业。

5）按里程按天气买车险成为可能。

中国汽车保险的费率市场化改革，还将有一个“创新条款”，即支持和鼓励有条件的保险公司，根据自由数据自行拟定创新条款，共同构成汽车保险的商业条款。不同的保险公司的市场发展定位是不一样的，有的保险公司需要的是保费规模，有的保险公司需要的是优质客户，有的保险公司需要的则是综合成本率可控。

车险改革后，车险公司纷纷推出新服务和新产品，如平安产险就推出了电话直赔、微信理赔、上门收单、收残、预约定损复勘、“高峰快闪”、第三方支付、查勘员位置可视化等一系列服务举措；人保财险在广东省推出了“互碰快赔”服务，即如果事故双方都在人保财险投保且满足一定条件，发生车辆互碰事故后可各自修车，其余事项由人保财险处理等。

3. 车联网技术中的车险变革

在财险市场，车险独大，占比超七成。面对互联网的崛起，车险正在变革，尤其是车联网新技术的运用正在改变车险的商业模式，并提升其车险销售、客户服务和经营能力。车联网技术的应用，在为广大家庭汽车拥有者提供便捷的同时，也将为合理安排费用支出提供条件。

（1）认识车联网

车联网又称轮子上的互联网或者数字化汽车互联网，横跨云计算、物联网、移动互联网和汽车电子四大产业。

车联网是指装载在车辆上的电子标签通过无线射频等识别技术，实现在信息网络平台上对所有车辆的属性信息和静、动态信息进行提取和有效利用，并根据不同的功能需求对所有车辆的运行状态进行有效监管和提供综合服务。车联网的实质就是实现“人、车、路、环境”和谐统一的物联网。

（2）互联网技术中的车险新特点

1）车险经营主体多，竞争激烈。

目前，我国经营车险的主体达60多家，且各种车险代理如雨后春笋般地涌现，现在仍有不少车辆保险牌照和车险代理牌照在不断申请。

2）车险同质化，竞争手段单一。

目前我国车险产品趋同，保险条款缺乏特色，费率市场处于研究和试点阶段；同时竞争手段单一，陷入价格竞争的恶性循环中，竞争很少转移到服务创新和服务深度上。

3）电销、网销占比提升。

根据业内不完全统计，电销、网销等新渠道保费收入已经占到整个保费收入的20%左右。

4）服务整合线下资源。

各大保险公司加大对线下资料的整合力度，对线下资料的争夺越来越激烈，车险竞争已经成为服务资源的整合竞争。

随着保监会费率改革的全面推广实施，国家政策逐步开放外资和民营资本的进入门槛，更多的车险服务机构应运而生，传统保险公司的综合成本居高不下的模式和立即分配模式已经远远不能适应时代的发展需求，急需新的机制和业务创新来应对多元化的竞争格局。

（3）车联网技术下的车险发展

1）一键报案，改善体验，提升续保率。

传统模式下，客户报险和理赔需要分多次提供车险机构保单号码、车牌号码、驾驶员姓名、事故地点及事故事件等具体信息，客户报险过程全部通过电话描述，来回沟通交互次数多，不易描述清楚。

而 APP 的一键报案功能，可以自动把上述信息传递给保险公司和救援单位，甚至家人。一键报案加快了报案过程，节省了时间成本，在很大程度上提高了小型事故的处理效率，减少了车险机构的理赔运营成本。与传统模式相比较，提升了用户体验，大幅改善了用户满意度，必然会提升续保率。

2）救援和理赔过程的可视化。

传统模式下的救援和理赔过程需要客户与车险机构来回反复打电话确认，客户无法知道何时能够处理完，只能被动等待，简单来说，传统模式下客户在救援和理赔过程中基本上处于被隔离的状态。

而通过 APP 能够随时了解救援车辆的位置和距离事故现场的距离；在理赔方面，客户能够准确获悉理赔审核的状态，随时把握理赔进度，了解理赔情况，及时补充理赔需要的材料。

3）客户危机关怀，整合线下服务资源。

通过 APP 融入第三方端口，如报警服务端口，客户只需一键服务即可报出自己的地理位置，将需处理的类型发送给指定机构，大大缩短救援时间。保险公司在车险服务上的关键竞争在于通过整合线下资源，如救援、维修等，为客户提供优质的服务。

4）数据信息化管理，精准的用户信息。

在传统模式中，客户的保单信息是以纸质的方式存在，当客户发生车辆事故后，需拨打车险电话，告知出事地点、事故事件、事故始末、险单号、车辆牌号等基础投保信息，报险人员到达现场处理完毕后，开具纸质回执。对于客户来说，纸质保单信息管理麻烦，报险过程和理赔过程提供的信息多而复杂，报险成本过高。

而通过车联网技术，大大简化了出险时提供相关信息的复杂程度。同时，对于理赔情况和理赔状态都提供电子化的历史记录，方便用户随时查看。

5）客户在线续保，先进灵活的网销方式。

由于保费计算的特殊性，虽然传统续保方式很多，但是大多交互的便捷性不够，用户体验非常糟糕。通过 APP 进行续保费用计算及缴费，提供了一种全新而便捷的续保途径。

四、汽车消费信贷

汽车消费信贷又称汽车消费信贷履约保证保险或汽车消费贷款保证保险，是金融机构向申请购买汽车的客户发放的人民币担保贷款，是由购车人分期向金融机构归还贷款本息的一种消费信贷业务。

1. 汽车消费贷款购车条件

个人汽车消费贷款购车条件为：年满 18 周岁且具有完全民事行为能力的在中国境内有固定住所的中国公民；具有稳定的职业和经济收入，能保证按期偿还贷款本息；在贷款银行开立储蓄存款户，并存入不少于规定数额的购车首期款；能为购车贷款提供贷款银行认可的担保措施；若为“间客式”贷款，还需持有与特约经销商签订的购车协议或购车合同；愿意接受贷款银行规定的其他条件。

法人汽车消费贷款购车条件为：具有偿还贷款能力；能为购车贷款提供贷款银行认可的担保措施；在贷款银行开立结算账户，并存入不低于规定数额的购车首期款；愿意接受贷款银行规定的其他条件。

2. 汽车消费贷款的类型

（1）信用卡分期付款

优点：审批快，手续相对简便。

办理条件：只需有一张有效期限内且信用记录良好的信用卡，提供身份证之后向持卡银行申请就可分期购车。无须财产质押、担保公司和公证介入，只收取手续费用，基本无搭车收费项目。

利息：费率在分期金额的 0%～10%。一般 3～7 个工作日内即可办理完毕。

不足：信用卡分期购车并不是刷信用卡就能买车，部分零手续费的产品实际上相当于汽车经销商负担手续费，购车价格基本没有优惠。而且申请人有一定限制，需要指定合作品牌和车型。

（2）汽车金融公司贷款

优点：可以通过 4S 店直接申请办理，门槛较低，对借款人的户口和房产等硬性条件没有要求，贷款方式灵活，贷款期限最高为 5 年，在一定程度上减轻了借款人的压力。

办理条件：除了申请贷款时需要提供个人身份证明、收入证明之外，还需提供诸如结婚证明（针对夫妻购车）、房产证明、银行个人流水账目甚至可能包括水电费、物业费、个人开办公司的一些往来账目等。

利息：首付最低为20%，贷款期限为1～5年。

费用：利息或手续费，部分产品免费。

不足：基本只提供本品牌和相关品牌指定车型业务，贷款期相对于信用卡分期较长，正常车贷利息高于同期银行贷款；审批严格，搭车收费项目较多，也没有进入以促销为主的良性模式。

（3）银行车贷

办理条件：需要提供不动产（如房产）作为抵押，部分银行会针对高端客户或者高端车型网开一面，可以用汽车本身作为抵押，但审批的周期较长。

优点：理论上对于车型没有限制，还贷时间可以在2～5年范围内灵活选择，优质或高端客户操作比较容易。

缺点：审批麻烦，放款周期长，需要不动产质押，不采用直客模式，担保公司的介入增加了车主费用，普通个人用户很难申请到车贷业务。

（4）厂商和银行合作车贷

办理条件：厂商和银行合作车贷由厂商提供贴息和手续费，银行操作审批和放款程序，购车人需要提供身份证明和收入证明，已婚人士还得提供结婚证明，也少不了本地房产证复印件等。

优点：审批程序简单，通过率高，完全免利息和手续费，由厂商贴补车主，没有任何附加条件。

缺点：车型单一，分期较短，还贷压力较大，首付需要50%车款。

以上几种贷款买车方式各有利弊，都能够缓解车主用车需求和现金压力不足的矛盾。最值得推荐的毫无疑问是信用卡分期方式，其审批流程以及可选车型范围都能让大多数人满意，适合最普通的消费群体。准备贷款买车的客户，还是要根据个人经济情况选择最适合自己的贷款方式。

（5）弹性贷款

这种贷款方式主要由少数商业银行和汽车金融公司提供，贷款期间每月支出很少的月供，等到期末有较高的收益支付尾款。同时，随着经济情况的变化，尾款还可以申请展期，降低一次性还款的压力。对于尾款，有三种选择：一次性付清弹性尾款；二手车置换，再贷新车贷款；弹性尾款申请展期。贷款期限最高可做到5年。这种方式比较适合生意投资人士。

目前几乎各汽车金融公司都有弹性汽车贷款产品，但每个公司产品名称不一样，如东风雪铁龙汽车金融公司的“百龙信贷”、福特汽车金融公司的“轻松贷”、通用汽车金融公司的“智慧贷款”、丰田汽车金融公司的“轻松融资”、大众汽车金融公司的“弹性信贷”和“‘33’弹性贷”等。

3．汽车贷款的担保方式

（1）质押担保方式

质押担保是指借款人或第三人转移对法定财产的占有，将该财产作为贷款的担保。质押担保分为动产质押和权利质押。质押物范围包括借款人或第三人由银行签发的储蓄存单（折）、凭证式国债、记名式金融债券和银行间签有质押止付担保协议的本地商业银行签发的储蓄存单（折）等。

（2）房产担保方式

抵押房产这种贷款方式在银行中最受欢迎、接受度最高，相对来说这种贷款方式比较容易批贷，贷款期限更长，车型几乎不受限制，借款人每月的月供压力也比较小。缺点是申请手续复杂，门槛高，放款时间比较长。

（3）车辆抵押担保方式

没有房车证的购车人可以直接用所购买的车辆作为抵押物向银行贷款，这种贷款方式首付最低可做到20%，贷款年限最长为5年；不过支持此种条件的贷款银行却不多，而且对于借款人往往有户口、收入和学历的限制，并要求借款人向银行指定的担保公司或保险公司支付一定的担保费或保险费。另外，贷款利率多数在10%以上。

（4）汽车贷款的还款方式

1）等额本金还款

即每月偿还相同的本金，如贷款总金额为A，还款期限为N月，则每月偿还贷款本金为A/N。除本金外，每月还需偿还当月利息。当月利息＝剩余贷款本金×贷款利率/12。采用等额本金还款法的购车者前期还款压力更大，月还款额逐月递减，适合收入较高、现金流稳定、追求高性价比的客户。

2）等额本息还款

即每月还款本金＋利息的总额是相同的。这种还款方式的优势在于容易记住还款金额，因为每月还款金额相同。等额本息还款法，前期还款额中利息占比较大，总利息会比等额本金还款方式更高，适合每月收入均衡、稳定的客户。

3）分段式还款

将贷款分成若干段，每段包含数期还款，在每个单一的还款段里，每期总额不同。其特点是月供较低，适合现金流波动幅度较大但波动相对有规律者。贷款结束时客户有两种选择：一是全额付清尾款，二是二手车置换。

4）智慧还款

将贷款分为头尾两部分，于首期和末期分别归还。在贷款结束时客户有三种选择：

一是全额付清尾款；二是申请12个月的展期；三是二手车置换。其特点是月供低，适合生活前卫时尚、车辆更新需求大，且在一定时期有较大数额的额外收入者。

5）无忧智慧还贷

俗称“贷一半付一半”，贷款期末还款50%。在贷款结束时客户有三种选择：一是全额付清尾款；二是申请12个月展期；三是二手车置换。此种方法相比智慧还款月供更低，适合有一定积蓄、现金流波动大、生活前卫时尚、车辆更新需求较大的人群。

在车贷服务方面，各家金融机构推出多项提醒服务，如还款提醒、卡异常提醒、车险续保提醒、逾期提醒、提前还贷服务、车险理赔配合服务和贷款结束解除抵押提醒等。

4．贷款购车的注意事项

（1）要量力而行

贷款购车暂不适合月收入6 000元以下的家庭。贷款购车后，除了按月偿还贷款本金和利息以外，燃油、维修、停车、路桥费等养车费用每月约为1 500元，供车与养车的月均支出在3 000～4 000元之间。因此，购车人应具有较高的家庭收入。

（2）谨慎看待零首付、低利率等优惠

一些汽车厂商和贷款中介机构以所谓的零首付、低利率甚至免利息等作为促销的手段，其实，有些优惠是“羊毛出在羊身上”，他们会以提高车价、增加手续费的方式来“弥补损失”。另外，选择优秀的网上贷款平台可有效兼顾贷款方便、优惠与车价之间的关系。

（3）莫忘按时偿还贷款本息

按照银行规定，贷款人应提前在结算账户中预存分期偿还的本金和利息，否则，银行会收取一定的滞纳金。

（4）如果资金允许可以考虑提前还贷

购车人随着收入的增加，如果贷款期内提前具备了还款能力，可考虑提前全部还贷或部分还贷，这样既能尽早取回被抵押的发票等购车手续，成为真正的“车主”，也能充分利用家庭的富余资金，做到科学理财。

思考与练习

1. 购买汽车后需要办理哪些证件？简述新车上牌的办理流程。
2. 机动车辆保险包括哪些险种？2016年车险改革后发生了哪些变化？
3. 汽车消费贷款主要有哪些类型？试选择其中一种贷款方式举例说明。

课题三　汽车售后服务

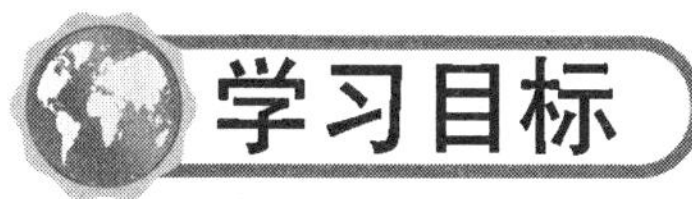

◆ 了解汽车售后服务的概念、内涵、主要特征及现状。

◆ 了解汽车售后服务的创新模式。

◆ 掌握客户关系维护的操作要点，树立新型售后服务理念。

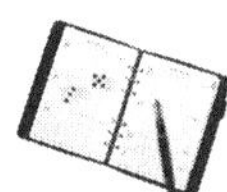

课题导入

多形式、全方位提升服务质量已成为汽车后市场的主旋律。在“互联网＋”的冲击下，汽车售后服务采用快修连锁、特约维修站及品牌专营店、独立维修企业、互联网问诊和上门维修保养等多种服务模式并存。由于互联网的影响，线上线下互动方式对新兴人类来说很实际，修车上网、服务上门已成为时尚。事实上，80%的4S店常规服务都能在上门服务中完成，只有20%的服务需要在4S店内完成。快修体系客户表现出互联网服务使用率较高的特点，其中有44%的客户通过线上预订服务，有25%的客户使用过移动上门服务。

随着维修信息公开和同质配件的认证、追溯体系的建立，车企将丧失垄断地位，届时将形成4S店、特约维修站及品牌专营店、独立维修企业多种业态并存的局面，多层次、多品牌、多车型的产业生态链也将逐渐形成。2016年汽车后市场开始重新洗牌并逐渐形成新的格局。

一、汽车售后服务的概念

售后服务是指通过一个标准化、专业化和简单化的服务流程去满足客户的需求，同时提供更多的产品或服务供客户选择，确保客户的回店率。汽车售后服务指汽车作为商品售出后由服务商为客户及其拥有的汽车提供的全过程、全方位的服务。

根据汽车在使用过程中服务的范围不同，汽车售后服务可分为广义的汽车售后服务和狭义的汽车售后服务两种。

狭义的汽车售后服务是指从新车进入流通领域，直至其使用后回收报废的各个环节涉及的各类汽车服务，包括汽车营销服务，如销售、广告宣传、贷款与保险资讯等；还包括整车出售及其后与汽车使用相关的服务，如维修保养、车内装饰、金融服务、车辆保险、“三包”索赔、二手车交易、废车回收、事故救援和汽车文化等。

广义的汽车售后服务可延伸至原材料供应、产品开发设计、质量控制、产品外包装设计以及市场调研等汽车生产领域。

通常所说的汽车售后服务，主要包括技术咨询、维修养护、故障救援、金融、保险理赔、服务质量跟踪、旧车交易、租赁、停车服务、信息反馈、服务质量投诉和纠纷处理等。

二、汽车售后服务的内涵

1．汽车售后服务的目标是满足客户需求，实现客户满意

汽车售后服务的终极目标是实现客户满意。汽车售后服务的本质是服务，汽车售后服务的质量是汽车售后服务企业的生命。客户的满意程度反映了对汽车售后服务的认同程度，因此汽车售后服务应以提高客户满意度为中心，突出服务质量。

2．汽车售后的精髓是汽车售后服务系统的整合，一体化思想是其基本思想

汽车售后服务链是把整个汽车售后服务系统从原材料采购开始、经过生产过程和仓储、运输及配送到达客户手中以及客户使用过程的整个流程看作是一条环环相扣的链，努力通过应用系统的、综合的、一体化的先进理念和先进管理技术，在错综复杂的市场关系中使汽车售后服务链不断延长，并通过市场机制使得整个社会的汽车售后服务网络实现系统总成本最小化。

3．信息技术是现代汽车售后服务的界定标志

现代汽车售后服务与传统汽车售后服务的区别在于，现代汽车售后服务是以信息作为技术支撑来实现其整合功能的。现代汽车售后服务对信息技术的依赖达到了空前的程度，可以说现代信息技术是汽车售后服务的灵魂。现代汽车售后服务和信息技术融为一体，密不可分。

4．现代汽车售后服务呈现出系统化、专业化、网络化、电子化和全球化的趋势

汽车售后服务系统化是系统科学在汽车售后服务中应用的结果。人们利用系统科学的思想和方法建立汽车售后服务体系，包括宏观汽车售后服务系统和微观汽车售后服务系统。从系统科学的角度看，汽车售后服务系统也是社会大系统的一部分。现代汽车售后服务从系统的角度统筹规划和整合各种与汽车售后服务相关的活动。现代汽车售后服务系统的运行过程是追求系统整体活动的最优化，而不是追求单个活动的最优化。

5．可持续发展是现代汽车售后服务的重要内容

汽车行业的迅速发展造成最直接的后果是汽车保有量的激增，使城市交通阻塞，噪声与尾气污染加重，对环境产生了较大的负面影响，增加了环境负担。现代汽车售后服务要从节能与环境保护的角度对汽车售后服务体系进行改进，不断提高汽车售后服务水平，促进经济的可持续发展。

三、汽车售后服务的主要特征

1. 系统性

汽车售后服务的主要特点是系统性。汽车售后服务所涉及的主要内容由原材料和配件供应、物流配送、维修检测、美容装饰、智能交通和回收解体等相互关联，组成一个有机的整体。它运用系统的思想和现代化的科学管理方法以及最新手段，将分散的、各自为政的局部利益巧妙地联结在一起，形成了一个各部分有机结合的系统服务工程。

2. 经济性

在美国，汽车售后服务业被誉为“黄金产业”，汽车售后服务业年产值高达 1 400 亿美元，汽车维修业的利润率达到 27%；在欧洲，汽车售后服务业也是汽车产业获利的主要来源。

有关统计显示，从销售额看，国外成熟汽车市场中配件占 39%，制造商占 21%，零售占 7%，服务占 33%；而国内汽车市场中配件占 37%，制造商占 43%，零售占 8%，服务占 12%。数据显示，目前国内汽车销售额中制造商的比重依然偏大。从销售利润看，国外成熟汽车市场中整车的销售利润约占整个汽车业利润的 20%，零部件供应的利润约占 20%，而 50%～60%的利润是在服务领域中产生的。

3. 广泛性

汽车售后服务系统涉及的因素很多，涉及的学科领域也较广。从逻辑学的层面上讲，涉及了系统设计、系统综合、系统优化和最优决策等各个方面；从时间关系看，包括了规划、拟定、分析和运筹等各个阶段。

4. 后进性

汽车售后服务活动作为客观存在的实体已经有很长的时间了，汽车服务活动是伴随着汽车的诞生而发生的，而汽车售后服务工程的形成仅有短短的几十年时间。汽车售后服务技术的发展落后于汽车制造技术的发展，汽车售后服务工程的产生要比汽车运用和制造的历史短暂，即后进性。其主要表现在以下两个方面：

一是汽车售后服务工程是融合了许多相邻学科的成果之后逐渐形成和发展的。电子技术、系统工程和技术经济学等都是汽车售后服务工程学科形成的重要基础。汽车售后服务工程学科对实践的指导作用，对社会经济和生产发展的价值体现，也必然依赖于相关学科的支持才能得以实现。因此，汽车售后服务工程只能在这些学科出现之后才得以诞生和发展。

二是汽车售后服务水平也在不断提高并逐步走向现代化。随着生产水平的提高和科技水平的发展，传统的依靠人的经验来进行汽车故障的检测已变成依靠智能化仪器来自动进行汽车故障的检测，但其从属地位没有发生改变，极大地限制了汽车售后服务工程的发展。只有到了生产高度发展和产品较为丰富的时期，服务成本相对上升的矛盾突出后，汽车售后服务工程的重要性才被人们认识，从而促进汽车售后服务工程的研究和发展。也就是说，汽车售后服务工程是在生产发展到一定水平之后为适应社会经济的需要才产生的，这是造成汽车售后服务工程后进性的根本原因所在。

四、我国汽车售后服务业现状

1．销售系统不完善，售后服务各自为政

改革开放初期，公务机构和各类社会团体是汽车用户的主体，对汽车售后服务的要求不高，未能对汽车售后服务业发展形成足够的压力。同时，国内的汽车服务业一直受到国家政策的保护，缺乏外来竞争。现在，国内的汽车售后服务业虽然得到了很大程度的发展，但仍然存在一些服务“盲点”，许多汽车生产厂商建立的销售系统还不能有效地与社会服务系统进行有机整合，其他服务类别也是各自为政，这些问题阻碍了我国汽车售后服务业的发展。

2．汽车售后相关法律法规还不够健全

国内汽车行业由于制造及销售环节的暴利持续时间过长，对于汽车售后服务的关注严重不足，甚至有许多不规范的情况发生。因此，除了要求相关从业人员的自律外，还要建立和完善汽车服务业的相关法律法规来规范市场，促进汽车服务行业健康稳定发展。

3．多种机制并行

目前，我国汽车售后服务多种机制并行，各种经营模式优劣有别，良莠不齐。

（1）4S店/特约维修站

4S店/特约维修站就是整车生产厂商主导的非独立渠道，零配件主要通过整车厂商的销售部门直接到达4S店/特约维修站，少部分也会走分销渠道。这类渠道目前从数量上只占总数的10%，但由于依靠汽车生产厂家，所以销售规模较大，占据52%的市场份额。

4S店/特约维修站具有良好的整体形象，服务系统周到专业，人员素质高，管理系统流程化，维修、配件质量有保障，有整车厂商的支持和监督。但投资成本高，服务费昂贵，维修车型单一，除大修外，留住常客有难度，地理位置也有一定的局限性。

（2）传统大中型维修企业

这种企业存在的时间比较长，厂房面积大，设备多，维修人员经验丰富，与公司

政府客户和保险公司通常有较好的合作关系。但投资成本高，服务收费高，服务意识差，机制不够灵活，环境不好，服务时间长。

（3）路边店

路边店的规模小，整体形象差，人员少且素质低，技术水平落后，产品来源无法确认，维修质量难以保证。但地理位置往往方便停车，占地少，投资低，多为临时经营性质，收费低，常规服务时间快。

（4）专项维修店

专项维修店都有至少一项技术专长，形象不错，服务快捷；投资低，对场地及人员要求不高；专项维修技术高；专项服务规范化、系统化，质量有保证。但服务项目比较单一。

（5）快修连锁店

快修连锁店依托强势品牌，形象好；连锁企业网点多，且靠近车主活动区域；投资适中，对人员及场地的要求一般；通常有统一服务和收费规范、服务质量的承诺。但企业也存在维修水平良莠不齐的现象。

（6）汽车俱乐部

除以上五种模式外，汽车服务市场也出现了一些新的模式，如汽车俱乐部。汽车俱乐部是提供汽车救援和各种便利性服务的全方位汽车保障机构，融汽车服务、汽车文化与汽车运动为一体。汽车俱乐部的主要服务内容有汽车租赁、保险索赔、事故处理、车辆救援、维护与修理、经验交流、信息交流和休闲娱乐等，是专为有车单位或有车一族服务的高级会所。

汽车俱乐部采用会员制，以技术过硬、设备齐全、服务周到的汽车修理厂为依托，与商场、宾馆、加油站、旅游等单位联手建立各地的服务网络，从购车到汽车美容，从娱乐到旅游购物等，只要凭着一张会员卡，就能享受到最优惠的价格、最优质的服务。

4．市场秩序相对混乱

目前，我国汽车售后服务市场秩序相对混乱。在汽车流通领域、汽车维修服务领域、汽车保险领域以及厂商的质量维修环节普遍存在着服务透明度低、收费混乱的现象。由于汽车售后服务业门槛不高，导致从业者数量众多，服务水平低，竞争手段贫乏，不惜采取低价吸引客户等恶性竞争手段，造成市场竞争秩序混乱。这也是汽车售后服务产业产生诸多问题的重要根源所在。

5．品牌优势不突出

我国汽车售后服务企业规模较小，持续经营能力差，品牌服务观念不突出。相对国外连锁化汽车售后服务巨头来说，国内的汽车售后服务企业普遍缺乏品牌服务观念，

体现不出差异化服务。

6．服务理念落后

国外汽车售后服务的立足点是提高保质期限，保证正常使用期，推行“保姆式”品牌服务，而国内汽车售后服务的立足点是“坏了保证修理”。国外售后服务内容丰富，零部件、销售、维修和保养“一条龙”，而国内则是维修服务内容单一。相对国外的汽车售后服务，国内汽车售后服务的意识和理念较为落后。

同时，由于我国汽车产业发展较快，大量从业人员加入，但对从业人员的相关培训较少，人员知识结构不合理，从而制约了汽车售后服务产业的健康、快速发展。同时，企业缺乏提高服务规范的推动力，不能满足消费者日益提升的汽车售后服务的需求。

五、汽车售后服务的创新模式

1．汽车售后服务品牌化创新模式

汽车服务品牌化是指针对汽车用户的需要，给特定的服务赋予特定的内容、程序、标准，并加以命名，使之形成一个个性化、符号化的服务项目。借用品牌管理思想，通过定位、包装、宣传和实施，在用户中形成预期的知名度、美誉度和认可度，最终达到促进汽车产品销售、提高市场占有率的目的。汽车产品服务品牌角色应该定位为一个企业的连带品牌。所谓连带品牌即自身品牌附加于汽车产品主品牌，在品牌表现时，应将这一附加品牌与主品牌一同列出。

（1）汽车服务品牌命名

根据菲利普·科特勒关于整体汽车产品概念的观点，汽车整体产品可以分为实体产品与附加服务。在品牌定位的过程中，实体产品的品牌就是平时所说的主品牌，而服务与产品是截然不同的，所以服务应该有自己的品牌。从服务本身内容发展变化上看，服务内容是不断变化的，这些服务内容的推广依靠主品牌是不合适的，只能通过一个企业的服务连带品牌建立品牌效应，使消费者认识并接受这种服务，从功用和情感方面获得利益。

在进行汽车产品服务品牌命名时，还必须考虑到产品服务品牌的核心价值。通过汽车产品服务品牌，能够让用户明确地识别并记住此连带品牌的利益与个性，促使用户认同、喜欢乃至偏爱一个品牌。例如“别克关怀”，既体现了其主品牌“别克”，也体现出其核心价值是关爱每一辆别克车，关怀每一个别克用户，从设计到推广，无不是围绕核心价值展开的。

（2）汽车服务品牌化策略

成功的汽车售后服务品牌实现，要根据企业产品自身的特色、客户的需求以及企业自身的能力来设计，而不是过度地追求服务的响应时间、完成速度以及服务时间长度。

例如，东风商用车“关爱每部车”在内容设计时，就考虑到了用户及自身的特色，服务内容确定为以下各项内容：保修期延长服务、附加升级服务、超值维护服务和超前保养服务。这些服务项目还组成了不同的服务包，以不同的特色迎合用户的需求。

汽车售后品牌因产品和用户的差异而应选择不同的内容以及不同的推广方式。根据欧美经验，汽车服务品牌推广方式有以下三种模式可以借鉴：

1）主动式。首先通过广告、新闻报道广泛宣传本企业服务的特色；其次是把握时机，创造消费热点，利用重大节日、重要事件进行特别服务，通过这种特别服务来凸显服务品牌，增加用户的服务认同感；然后是运用心理学原理，积极影响客户的消费需求，通过现场示范和培训等方式，使客户直观、真实地感受到服务效果，从而变被动接受服务为主动参与服务。

2）高效式。一是提高服务人员的劳动熟练程度，在单位服务时间内创造出更多的服务效益；二是扩大服务范围，使用户获得更多的附加服务；三是培养品牌服务标兵，提升服务人员地位，如东风汽车推出的全国劳模王涛就是一名调整工；四是运用网络等现代化手段，扩大服务时空，增加与用户沟通的机会。

3）动态式。品牌服务不同于一般的服务活动，一般服务活动结束后再无人关注。动态式的服务使具体的活动根据环境的变化不断赋予新的内容。它要求服务人员在服务过程开始前对服务对象和所销售的汽车产品有深刻的了解；在服务过程中严格执行服务标准，耐心传授产品知识，帮助客户掌握产品性能，并提供超值服务；在服务过程结束后要加强售后服务，及时对服务质量进行跟踪，获取信息反馈，不断改进，永葆服务品牌的魅力。

2．CI 化创新模式

CI 又名 CIS，即 Corporate Identity System，译称企业识别系统或企业形象统一战略，它包括理念识别 MI、行为识别 BI 和视觉识别 VI 三方面内容。

汽车售后服务 CI 化关键在于两个方面，即正确的服务理念规划和可操作的标准制定。在这方面一汽大众模式可供借鉴。

首先是先进的国际化服务理念。一汽大众紧跟国际销售理念的变化：汽车产品概念正在被需求取代，价格概念正在被成本取代，渠道概念正在被方便取代，促销概念正在被沟通取代。按一汽大众决策层对其营销服务渠道建设的最新理解，所有特约服务站应当是四位一体（销售、维修、配件、信息反馈）、形象统一的。其中形象是实施一汽大众人性化售后服务的一片天空：三面由落地玻璃装成的斜顶式大厅，本身就具有极大的开放性和包容性；用茶座式开放接待独立桌取代传统的柜台式格局；大厅中新增儿童游乐区，封闭式的休息室也改成透明的玻璃隔离墙，车主坐在休息室就能对整个机修车间的现场一览无余。一汽大众要在这样的环境中营造一个共享、互动、交流、沟通、亲情的全新氛围，体现了其理念的先进性。

其次是可执行的标准。一汽大众销售服务部专门制作了“售后服务核心流程”，并制成统一教材，在全国服务站中全面推广。为保证流程在执行过程中不走样，早在2000年，一汽大众总部通过计算机程序，把大量管理规章条例固化到了管理软件之中。

一汽大众的售后服务CI化模式既体现了服务的体贴入微与主动，又显示出服务过程的严格控制，同时还通过保持一致性保证了服务的质量，为汽车售后服务提供了有益的借鉴。

统一的维修设备配置和集中采购、统一的维修配件标准、统一的维修技术标准和统一的维修索赔标准，从整体上体现了管理的先进性。上海通用汽车的配件政策曾经是很多客户所不能理解的。政策规定，只有在特约维修站，只有在修车时才可以买到上海通用汽车的维修配件。这种单向销售与采购的渠道成功地控制了配件流向，保证了配件的纯正，防止了假冒伪劣的汽车产品，用户也逐渐感受到这个政策给他们带来的质量保证。

3. 汽车俱乐部制创新模式

汽车俱乐部制是指汽车售后服务采用俱乐部形式进行，为满足消费者需求而建立的一个与汽车用户共同追求生活品质，分享新资源、新科技的亲情化组织。在汽车俱乐部里，会员在享受汽车高品质生活的同时，也会体味到一种前所未有的乐趣：享受特有的尊贵权益和贴切的亲情服务，获得直达个人需求的个性化服务；享受再购买汽车产品的会员优惠，还会被邀请到汽车俱乐部结识天南地北的会员朋友，参加汽车知识的培训；另外还可推行“会员卡”，给用户带来衣食住行各方面的增值权益。这种有形的客户组织能使企业更好地为用户服务，实现与用户的零距离，与用户保持长久的联系。

汽车俱乐部目前有三种形式：

第一类也是最常见的是以售后服务为目的俱乐部。车主从经销商处买车，同时也可加入其组织的品牌车主俱乐部，这在一些有实力的国产车经销商中尤其常见。这类俱乐部的共同特征是结合其本身的企业文化服务车主，弘扬汽车文化，培养品牌忠诚度。

第二类是专业的车主服务俱乐部，其商业目的明确，服务专业规范，车主可自由选择。也有一些以专业服务见长的车会，如各地的越野者俱乐部，基本是四驱爱好者之家。

第三类是车主自发成立的以沟通交流为主的车主俱乐部，目前国内这一类俱乐部较为流行。虽然俱乐部没有明确的组织机构，但因车主之间的认同感而更加体会到汽车生活的魅力。各类车友俱乐部不仅活动搞得有声有色，而且在网上的精神家园更吸引了全国各地的车友。只不过这类车友俱乐部由于缺乏专业管理，更多停留在大家交流维权上，谈不上专业服务享受，但汽车服务企业可以加入其中，主动出击，在低成本的服务中实施高人力、高赞助的投入，这样有时反而在超越用户期望值方面能起到更好的服务效果。

六、售后客户关系维护

1. 新车提醒

客户购买新车后，应立即做到以下几点：

(1) 新车交车后的三周至四周内，使用电话、电子邮件、微信、QQ或信函等方式再次致谢客户，并询问客户新车的使用情况。

(2) 主动告知服务地点、营业时间。

(3) 提醒客户首次保养的里程与日期。

2. 维修回访

(1) 维修时事先与客户确定回访的方式与时间。

(2) 维修后三天内进行回访。

(3) 对客户提出的意见要有反馈。

3. 关怀函

(1) 对客户生日、节日等喜庆事件，以各种方式致函关怀、祝贺。

(2) 致函内容应重于关怀，勿出现明显的商业行为。

4. 久未回店联系

(1) 了解客户对前次服务内容是否满意。

(2) 若客户有不满之处应表示歉意，并征求客户意见，请客户来店处理或工作人员登门访问。

5. 定期保养通知

(1) 距保养日前两周致函或发信息告知客户。

(2) 距保养日前一周电话告知客户。

(3) 主动预约，主动告知客户保养的内容与时间。

6. 季节性关怀

(1) 主动告知客户季节用车的注意事项。

(2) 提醒客户免费监测内容。

7. 车主交流会

(1) 交流会内容可包括：正确用车方式、服务内容及流程、简易维修处理和紧急事故处理等。

（2）交流会人数根据企业自身情况确定，一般以10～15人为宜，时间一般不超过2小时。

（3）请客户代表发言。

（4）赠送小礼品。

（5）进行客户满意度调研。

8．信息反馈

（1）客户从事产业的相关信息。

（2）车展、新车型、道路交通法规等信息。

（3）路况信息。

（4）对客户有利的或客户感兴趣的相关信息。

思考与练习

1．简述我国汽车售后服务的现状。

2．结合实例，简述如何实施汽车售后服务品牌化创新模式？

3．在汽车售后服务中，如何进行客户关系维护？